Investigating New "Stories" in Education
Frontiers of Modern Pedagogy

教育の
新たな"物語り"
の探究

現代教育学のフロンティア

鈴木卓治・松田惠示 編
SUZUKI Takuji & MATSUDA Keiji

書肆クラルテ

はじめに

　今日、教育全般をめぐるさまざまな問題事象が深刻化して久しく、とりわけ学校教育へは過大な要求がなされると同時に不信感も増加していく傾向にあります。現場の教師にとってはこのような厳しい現状と批判に対峙しつつ教育の営みを日常的に遂行しなければならない、まさに教師受難の時代にあるといえます。教育改革を求める声が高まるなかで、教師教育についてはその一層の充実が期待され、合わせて学校や教師のあり方が鋭く問いなおしを迫られているところに、現今の学校教育論の特徴があるといえるでしょう。

　確かに、学校教育にかかわる諸課題の多様化と多元化によって教育そのもののスタイルの変化が否応なく強く求められるなかにあって、これまで教育活動の中核を担ってきた学校教育の役割は必然的に相対化されることになります。しかし、この相対化とは学校の役割を無用化（deschooling）していくことではなく、むしろその役割を再発見し学校のあり方を新しいコンテクストへ位置づけなおすことが大切だといえます。つまり、学校教育のあり方に対する今日の問いかえしの中心は、制度論的なハードの側面のみならず、むしろ本質的には学校教育制度に内在するソフトの基底部へ向けられているといってよいでしょう。端的にいえば、学校教育の批判的な"再生"を図るという取りくみが、今日の教育行政側そして教育関連の諸学に対し切実に要請されていると考えられます。

　このような社会的そして学術的な状勢を背景にして、教育学関連のさまざまな分野においては近年、従来の研究方法論（methodology）の見なおしや学際的で総合的なアプローチ法を考案しようとする動きが起きています。たとえば、日本教育学会の機関誌『教育学研究』では 2011 年に、「教育学における新たな研究方法論の構築と創造」という特集を組み、教育哲学、教育社会学、比較教育学、教育行政学などからの各論考をそれぞれ掲載し、研究方法をめぐる再検討の状況を報告しています。さらに、教職系の専門職大学院など教員養成や研究活動の場が

新たに設けられ、この動向に応じてどのような方法論をもってより"実践的"な教育・研究を進めていくのかという課題にも直面しているといえます。

　その具体的な応答の一例としては、"実践知"あるいは"臨床知"が注目されるように、教育の「ここと今」つまり"現場"や"関係"の問題として、教師と子どもの"日常性"が改めて重視されてきています。今日の学校教育への学問的な関心は、このように教育の営みとその所産について既成の学校論や教育論の枠組みではなく、より全体的な教育の「意味」の連関において捉えようとする点に、一つの傾向を認めることができるでしょう。

　翻って今日の学校教育改革では、とくに教師教育分野においてはより"実践的"であることを優先するあまり、学習指導そして生活指導上の"新たな技法の習得とその応用"へ大きく傾斜しているようにみえます。つまり現場での研修にあっては、教職に対する使命感や責任感はもとより、子どもへの指導にかかわる方法・技術の習得と学校安全マニュアルへの習熟が一面的に強調される傾向がみてとれます。今、必要なことは、子どもや保護者との実際のかかわりを基盤にすえ、教育の日常をより丁寧に振りかえるところから教育の理想を立ち上げていくという、現場における経験の"リフレクション（reflection）"のつみ重ねだと考えます。たとえば、日々の教育実践のなかから"臨床知"を見出すための解釈実践は、学校教育を支える自明化した教育理解の差異化をうながし、教師自身の教育観の主観的な偏りや隠蔽された教育の営みの多様性や多義性への気づきとなり、教育の「意味」の（再）発見につながるものといえます。

　以上のような課題意識を全体的なモチーフとして編まれる本書において、まず第Ⅰ部では、"教育"を広く考える際のよりよい手引きとなる第一線の研究者に健筆を振っていただくことにしました。教育社会学、社会教育学、教育哲学、科学哲学、日本教育史、学校教育学、教育方法学、文化社会学、スポーツ教育学の各分野から、今日の教育論議についての論点がそれぞれ示されています。そして第Ⅱ部では、本書のタイトルにもある"物語り"について学問的な解説を行い、さらに臨床教育学の立場からそのアプローチ法をとおして、子どもに関する事例の解釈つまり"語りなおし"が試みられています。

本書をもとに、今日の教育をめぐるその語り方が一義化された技術習得志向・問題解決志向から解放され、新たな視角からより豊かに"語りなおし"が展開されることによって、教育の新たな"物語り"が綴られていくことを心から期待します。なお、この"語りなおし"とは全てを否定し冷笑的な相対主義に走るのではなく、"語りなおし"をとおしてその掛けがえのない意義や価値を（再）発見することをも意味します。したがって、語るという行為のなかから"語り継いでいく"べきものを探究する、という側面も含意しています。

　私たちは、現代の風潮の一つであるニヒリズムへの囚われを超えて、つぎの世代へ"何を語り継いでいくべきなのか"、そして"何を語りなおしていくべきなのか"という根本的な問いを分かち合い、そして共に教育を考えていく「場」として、ここに現代教育学のフロンティアを紹介したいと思います。本書をとおし、混沌とした教育という風景を前にして、一定の視野につながる手がかりを得ていただけたら幸いです。

　　　　　2024 年 3 月 16 日

　　　　　　　　　　　　　　　編者を代表して　鈴木卓治

目　　次

第Ⅰ部　今日の学校・教育をめぐる課題とは

第Ⅰ部

今日の学校・教育をめぐる課題とは

第1章　現代における「成長物語」を考える
——「朝ドラ」にみる女性の「成長」——

稲垣恭子

はじめに

　現代の社会では、右肩上がりの「成長」は社会においても個人にとってもリアリティをもたなくなりつつある。1980年代以降、それまで欧米先進国を参照軸としつつそれに追いつくことを目標としてきた「キャッチアップ型近代化」（苅谷 2019）が終焉しつつあるという認識が広がるにつれて、「成長」という言葉も宙づりになっている。

　この「キャッチアップ型近代化」をまさに支えてきた教育においても、近代型の「自立」や「成長」モデルは揺らぎつつある。たとえば、経済的成長と自己形成をパラレルに見立てる「成長」観への疑念から、競争と選抜による失敗や挫折が子どもの「成長」を阻害するといったネガティブな側面が強調され、失敗させないことへの配慮が重視されることも少なくない。しかし一方では、ポスト「成長」時代における多様でレジリエントな生きかたへの関心が高まるなかで、失敗や挫折、それによる「成長」の意味が改めて問われるようになっている。

　本論は、こうした観点から、子どもから大人へと「成長」する過程を描く物語（ビルドゥングスロマン）を手がかりとして、現代における「自己形成」や「成長」に新たな光をあてる試みである。

　ビルドゥングスロマンは、若い主人公が家族や故郷を離れて出立し、失敗や試練を経験しながら乗り越えて「成長」していく過程を描いた小説の1ジャンルであり、近代的な生きかたのモデルとして社会に定着してきた。そこでは、初めて出会う社会との葛藤のなかで内面的に自立していく過程に焦点があてられ、近代社会の形成と自己形成が重なる近代的な「成長」物語の雛形になった（ロベール

2003)。

　こうした小説の主人公のほとんどは男性であり、女性を主人公としたビルドゥングスロマンは少なく、あってもあまり注目されてこなかった。しかし、女性にとっての移動、失敗や挫折、その乗り越えといった過程は、男性主人公の「成長」の過程とはかなり異なっている。近代型・男性型の「成長」モデルが失効しつつあるなかで、女性の「成長」を描く物語を新たな視点から検討することによって、ビルドゥングスロマンの概念を広げ、現代におけるもうひとつの「成長」の意味を考えることができるのではないか。こうした観点から、本章では、戦後日本における女性の生きかたの規範的モデルとして広く視聴されてきたNHK朝の連続テレビ小説（「朝ドラ」）を取り上げながら、現代における「成長」について考えてみたい。

1. 「成長物語」とは

(1)「一人前」になること

　子どもから大人になる過程はいつの時代にも存在するが、どのように成長し大人として認められるかは社会的な慣習によって異なる。近代以前の社会では、大きく括れば、好きな職業についたり好きな場所に移動して住むといった選択の自由は限られていたが、その分、既存の社会秩序のなかで大人になっていく筋道が見通せていたということができる。

　そういう社会においては、大人になっていく過程にはそれぞれの共同体がもつ通過儀礼を通して社会的に承認されていくしくみがあった。たとえば日本では、生後100日のお参り、七五三、入学式、卒業式、成人式、結婚式などの儀礼は、共同体（社会）が子どもが成長し大人の仲間入りをすることを承認する通過儀礼であり、それらを通過していくことによって「一人前になる」＝「大人になる」ことが社会的に保証されていたということができるだろう。

(2)「いかに生きるべきか」という問い：ビルドゥングスロマン

　ところが、社会が近代化し職業や結婚、居住地など、自分で人生を設計することができるようになると、「自分に合った職業とは」「いつ頃家庭を持つべきか」なども含めて、「いかに生きるべきか」が問いとして浮上することになる。ヨーロッ

3

パの社会では、経済活動の展開によって形成された新しい社会階層である市民層を中心に、自らの出自に制約されず職業や生きかたそのものを切り開いていこうとする情熱（野心）が生まれてくる。自分の生きかたを自分自身で決めることができるのは、自由であると同時に不安でもある。こうしたなかで、自分自身を見つめ「いかに生きるべきか」を考えていくことを主題とする物語として、18世紀から19世紀にかけて登場したのが、ビルドゥングスロマン（Bildungsroman）である（登張 1964）。

　ビルドゥングスロマンは、主に地方出の青年（男性）が、志をもって故郷を離れ、さまざまな出会いや経験をしていくなかで、危険や試練を乗り越え自分を見出して成長し、自立していく物語である。主人公の青年は、たいてい貧しく聡明ではあっても世事には疎い。本を通じて多少は社会を理解していてもまだ現実は知らない。旅のなかで広く社会の現実を経験しながら人間的に「成長」していくのである。だから、ビルドゥングスロマンは、基本的に主人公の地理的移動、出会いと試練、格闘と乗り越え、自立という構成になっている。

　その典型といわれるのが、ゲーテの『ヴィルヘルム・マイスターの修業時代』（岩波文庫、2000）である。演劇人を目指して出立した青年が、演劇の世界のみならず宗教の世界、職人の世界と、それまで知らなかった新しい世界と出会い、そして恋愛やその破綻を経験しながら、自分自身を知り市民として生きる場を見出していくプロセスを描いた長編のビルドゥングスロマンである。

（3）ビルドゥングスロマンの終焉？

　このようなビルドゥングスロマンはさまざまなヴァリエーションをとって生み出されていく（杉浦他：編 2018）。ドイツのビルドゥングスロマンが、ゲーテをはじめディルタイ、シラーなどの作家や思想家の影響を受けて内的・精神的な成熟や人間的成長を促す自己形成（Bildungs）に重きが置かれたこともあって、日本ではビルドゥングスロマンを「教養小説」と訳していることが多い。日本文学では、志賀直哉の『暗夜行路』や山本有三の『路傍の石』などが「教養小説」として挙げられることが多いが、近代日本では、苦労しながらも社会的に成功して立派な社会人になるという「成功物語」と重なるものも多い。そうした物語では、いったん自立すれば立派な大人として揺らがない社会的地位と尊敬を獲得する。「成長」というと、人間的にも社会的にも右肩上がりのイメージがあるのはそう

した物語が多いこともあるだろう。

　しかし近年では、深い内面的・人格的成熟をゴールとする「教養小説」や、社会的成功と「成長」を結びつける「成功物語」はあまりリアリティをもたなくなってきた。むしろ経済成長の停滞、自然・環境問題など、これまでの社会の規範のなかで成功することが、必ずしも一人ひとりの幸福や社会全体の価値につながらないことが実感されつつある。また、グローバル化が進むなかで、「移動」や「故郷喪失」の意味も変わりつつある。さらに、親子関係、教師・生徒関係なども含めて社会関係が全体的にフラット化し、ライフコースも多様化、不安定化するなかで、「大人になること」や「成長」自体の自明性が揺らぎつつある。こうした状況のなかで、近代的なビルドゥングスロマンはもはやリアリティを失いつつあるようにみえる。

　では「成長物語」はもはや必要ないのだろうか。たしかに、従来のようなビルドゥングスロマンは終焉したとしても、個人にとって「成長」を実感することの意味自体がなくなったわけではないだろう。むしろ、経済発展とパラレルな「成長物語」とは別に、自分自身の「成長」を感じる契機となる物語への関心はさまざまな形で現れている。いわゆる「純文学」という枠を取り払ってみると、女性主人公の「成長」を描いた物語や、ヴァーチャルな世界との往来を射程に入れたファンタジーなど、「成長」を描く作品がさまざまな形で生まれている。男性主人公を中心とする近代的なビルドゥングスロマンとは別の主人公や登場人物、その物語やドラマの展開のなかに、これまでとは異なる「成長」を考える手がかりがあるのではないか。

　そうした視点から、ここではビルドゥングスロマンの概念を少し広げて「成長物語」ととらえ、とくに女性を主人公とする「成長物語」に焦点をあてることにしたい。次節では、女性を主人公としたドラマとして長く続いている NHK 朝の連続テレビ小説（「朝ドラ」）を素材として、「成長」という観点からとらえ直すとともに、現代における「成長物語」の意味を考えてみたい。

2.　朝ドラと「成長物語」

（1）『おはなはん』

　朝ドラは、1961年の『娘と私』（獅子文六原作）という作品からスタートして
から現在まで続くNHKの長寿番組で、最近放送の『ちむどんどん』で106作を
迎えた。朝ドラが始まった1960年代は、お茶の間メディアがラジオからテレビ
に移っていく時期であり、ラジオでドラマを「聴く」というスタイルを引き継ぎ、
毎朝、連続して放送する長編小説という意味で「テレビ小説」とネーミングされ
ることになった。実際、第1作から第5作までは、当時の高名な小説家の原作に
よる文学的な色彩の強いものだった（椎名 2019、pp. 19-20）。

　それが「女性主人公の人生や成長の物語」というスタイルに定着するように
なったのは、第6作『おはなはん』（1966年放送）からである。明治、大正、昭
和の時代を生き抜いた「女性の一代記」を描いたこの作品は、視聴率45.8％と
いう記録的な大ヒットとなった。朝ドラの伝統である「明るく元気なヒロイン
像」を打ち出したのもこの作品である。

　女学校を卒業したおはなはんが、縁談相手がやってくるのを庭の木に登って眺
めるシーンは、「おてんば」で「愛らしい」朝ドラヒロインのイメージを体現す
る印象的なシーンだった。新人女優をヒロインに抜擢したのもこのドラマから
で、ヒロインの成長と女優としての成長が重なって視聴者が応援するというみか
たも現れた（NHKドラマ番組部：監修 2015、pp. 124-125）。

　おはなはんは、その時代の女性と等身大ではないが、非常に先進的、挑戦的と
いうわけでもない。震災や戦争の経験をしながら子どもを育てる一方で、ドイツ
語を勉強したり、女子医学校に通って助産婦の資格を取るなど、ちょっと先の生
きかたを魅せてくれる。竹内里欧によれば、当時は、専業主婦層が広がりつつ
あった時代であり、「主婦層の人生の選択（家族を守る）を肯定しつつ、若い頃
にあったであろう自己実現のほのかな願望をも、家族という回路をとおして回収
する、という仕掛けになっている」（竹内 2022、p. 318）という。当時の女性視
聴者に寄り添いながら、ちょっと先の生きかたを手の届く「成長物語」として見
せてくれたことが大人気を呼んだとみることができるだろう。

（2）女性の生きかたと「成長物語」の変容

　朝ドラの演出、プロデュースを手がけた遠藤理史によれば、『おはなはん』以降、朝ドラのヒロインは、「時代に合わせて、その時の視聴者が見たい女性像」を描いてきたという。「女性が働きに出る」ことがドラマになった初期の時代から、1970年代には「まだ女性の進出が珍しい職業に就くヒロイン」が登場し、さらに朝ドラ低迷期を経た1990年代の終わり頃からは「女性としてどう生きるか」というテーマが浮上する。そして朝ドラ人気が復活する2010年代になると、「社会とどうかかわっていくか」が物語のテーマとして浮上してきたという（遠藤 2016、pp. 127-131）。たとえば、2011年から2012年にかけて放送された『カーネーション』は戦前から戦後にかけての時代が背景になっているが、戦争の悲惨さを訴えるというよりも「自分たちが社会の一員として社会を良くしていく」ための戦いへと物語が変化したと指摘している（同、p. 131）。

　戦争は戦後日本の社会全体に共有された試練と挫折の経験であり、それをヒロインや周囲の人たちがどう乗り越えていったかという物語は、女性の視点から日本社会における「成長」を表象する物語でもある。『カーネーション』におけるヒロインの「成長」は、時代と社会の変化を映し出しながら、少し先の未来へと一歩踏み出す個人と社会の「成長物語」としてみることができるだろう。

3.　近年の朝ドラ人気はどこに？

（1）朝ドラの視聴率

　図1は、NHK放送文化研究所による1960年代から2010年代までの朝ドラの視聴率の変化を示したものである（二瓶他 2020、p. 9）。

　『おはなはん』をはじめ、朝ドラは1960年代、1970年代には40％前後という高視聴率を維持しているが、1983年の『おしん』（視聴率52.6％）をピークに、低下し続けている。それが、2010年度上半期の『ゲゲゲの女房』（18.6％）以降、上昇傾向に転じ、2013年上半期の『あまちゃん』から後は20％前後で維持されるようになっている。朝ドラ人気が低迷した1990年代に大人気を博していた民放のトレンディドラマも、近年は2桁の視聴率をとる作品が少なくなっているのとは逆に、朝ドラが視聴率を回復していることは興味深い。

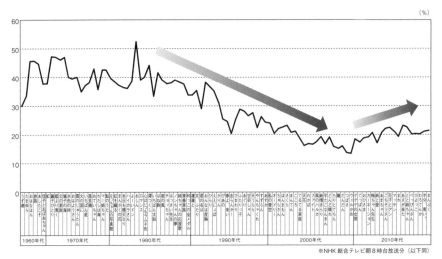

図1　朝ドラの視聴率一覧（ビデオリサーチ社　関東地区・世帯視聴率・全話平均）
出典：二瓶 互他（2020）「NHK連続テレビ小説と視聴者」『NHK放送文化研究所年報』
No. 64、p. 9

（2）近年の朝ドラ視聴者

　2010年代以降に朝ドラ人気が回復してきた背景には、長年の朝ドラ視聴者に
加えて近年になってみるようになった視聴者が増えてきたことがある。先の
NHK放送文化研究所の調査（同 2020）によれば、2010年以降の朝ドラをみて
いる視聴者（近年視聴者）は、10年前に比べて「朝ドラに出演した俳優の活躍
をよく目にするようになった」（59%）「作品のテーマや、モデルとなる人物が魅
力的になった」（37%）「朝ドラを好きになった」（44%）と感じる人が増えてい
るという（同、p. 30）。

　では近年の朝ドラのイメージはどのようなものだろうか。図2は、朝ドラのイ
メージについて、視聴者層（近年視聴者、過去視聴者、非視聴者）による比較を
したものである（同、p. 43）。

　左側が「健全」「さわやか」「明るい」「安心」「前向き」などのポジティブ・イ
メージ、右側が「地味」「古くさい」「食い足りない」「ダサい」などのネガティブ・
イメージ、その中間が「優等生的」「無難な」「落ち着いた」となっている。いず
れの視聴者層においてもイメージのパターンは似ているが、とくに近年視聴者の

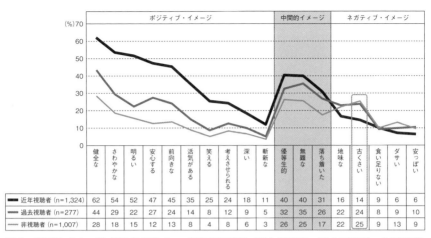

図 2　情緒的イメージ（「そう思う」）～視聴者層比較（近年視聴者・過去視聴者・非視聴者）
出典：二瓶 互他（2020）「NHK 連続テレビ小説と視聴者」『NHK 放送文化研究所年報』
　　　No. 64、p. 43

ポジティブ・イメージが非常に高いのが特徴的である。「健全」「明るい」「前向き」なことがストレートにいい評価になってきていることがわかる。

　また、「どんな朝ドラを見たいか」という問いに対して、半数以上の視聴者が選んだのは「功績を残した人をモデルとした作品」と「主人公の成長を描く一代記」である（同、p. 36）。ヒロインの成長、社会への進出、成功といったいわゆる「成長物語」が、改めて見直されてきたことがうかがえる。女性が職業をもって働くことや社会で活躍することがライフコースの上でも一般的になってきたこともその背景にはあるだろう。

　しかし、その「成長」や「成功」の中身は、男性主人公が中心の近代型のビルドゥングスロマンとも、またこれまでの「女性の一代記」ものの朝ドラヒロインの「成長」とも違ってきている。次節では、近年の朝ドラのなかでも人気の高い『あさが来た』『ひよっこ』『あまちゃん』を取り上げて、その「成長」の意味を考えてみたい。

4. 近年の朝ドラにみる「成長物語」

(1)『あさが来た』(2015年下期放送)

　『あさが来た』は、2000年代に入ってからの朝ドラのなかで、最高の視聴率 (23.5%) を記録した作品である。NHK放送文化研究所が2015年に行った視聴者評価でも86点という高得点を獲得しており、とくに女性に支持された（男性 49%、女性61%）ヒット作である（二瓶 2016、p. 2）。

　この作品は、明治の女性実業家、教育者として活躍した広岡浅子という実在の人物をモデルとした作品である。京都生まれで嫁ぎ先の加島屋の商売を立て直し、さらに炭鉱ビジネス、生命保険会社の設立などを手がけ、また女性の教育のために日本女子大学校の設立にも貢献したハンサムウーマンである。もちろんドラマでは大きく脚色されていて事実とは異なっている部分も少なくないが、ヒロイン（波瑠）だけでなく、彼女を支える夫の新次郎（玉木宏）、商売の心を伝授する五代（ディーン・フジオカ）など、その配役も人気になった。

　このドラマは、いわば女性の成功物語ではあるが、ビジネスを展開していく上での苦難や挫折、それを乗り越えて成功にいたる過程のディテールはさほど描かれていない。むしろ事業にまつわる彼女を取り巻くさまざまな人たちとの関係（夫婦、姉妹、使用人や社員、炭鉱労働者、実業家、政治家）がきめ細かく描かれている。

　では、ドラマのなかで、ヒロインのあさはどのような人たちと接触しているのだろうか。井上慧真は、ドラマの全場面（645場面）に登場する人物（99人）について、社会関係資本の視点から分析している（井上 2019）。

　図3は、ヒロインの接触相手について、男女別、親族・非親族別にその構成比をみたものである。

　これをみると、あさが接触した相手は、男性が65.7%、その内訳は親族36.8%、非親族28.9%である。また女性の接触相手は34.3%で親族、非親族の割合は同じくらいになっている。夫や家族、そしてさまざまな職業や立場の人たちとの広いかかわりや、その自由な発想とチャレンジ精神によって、軽々と試練を乗り越え人生を切り開いていく、その爽やかさで凛とした生きかたがこれまでにはない魅力となっている。

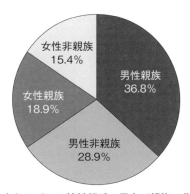

図 3 「あさが来た」ヒロインの接触相手：男女／親族・非親族による構成比
出典：井上慧真（2019）「『社会関係資本』の観点から」稲垣恭子他「ポスト近代
社会における『成長物語』」日本教育社会学会第 71 回大会

　視聴者の感想にも、夫の新次郎が自分はあまり仕事もしないけれど、あさが壁
にぶつかった時に「あんたはいざというとき力が出るタイプだと思うよ」と、力
づける心遣いと包容力を支持する声が多かった。われわれの研究グループが行っ
た首都圏に住む 20 代から 30 代の女性視聴者へのインタビューでも、「あさの応
援をいっつもしていて、夫婦でいつも夜、寝る前の会話を欠かさずしていて、そ
れがすごく印象的でした」「あさが結構意固地になってしまうところを、新次郎
さんがほぐしてあげるみたいなパターンが結構何回もあって、（中略）それ自体
すごく好きで、ああいいなあと」といった反応がみられた（稲垣：代表 2019）。
　女性が仕事をもつこと自体は普通になってきたけれど、現在でも働く女性の現
実にはさまざまなハードルがある。夫や周囲の理解や支えのなかで成長していく
プロセスは、現代の女性にとってのファンタジーでもあるだろう。
　また、あさの「成功」が爽やかなのは彼女自身の経済的、社会的な成功だけで
なく、新しい事業や社会を周りと一緒に作っていこうとするところにある。従来の
「女性の一代記」では、「成長」し立派な「大人」になってからは「社会の母」のよ
うになることがしばしばあるが、あさは常にチャレンジャーであり続けることも
新鮮である（二瓶他 2020、p. 130）。それは、視聴者の感想にも、「すべての人が
さりげなく支え合って」「社会を変えようと思う人たちが活躍する」ところに魅
力を感じたという声が多いことからもうかがえる（二瓶、前掲書、p. 12）。

(2)『ひよっこ』(2017年上期放送)

　2017年に放送された『ひよっこ』も視聴率20.4%、評価82.7点と人気の高いドラマだが、『あさが来た』とは時代背景もヒロインの性格もかなり違う設定になっている。明治の先進的な女性事業家であったあさとは違って、『ひよっこ』は、高度経済成長期に集団就職で上京して働く谷田部みね子(有村架純)がヒロインである。それでも視聴者調査では両方とも「健全」「さわやか」「安心する」「笑える」といった作品イメージや、ヒロインの魅力(印象)が強いことなど朝ドラならではの共通点もあるが、「成長」のプロセスという意味ではやはりずいぶん異なっている。

　物語は、東京オリンピックが開催された1964年に、茨城県の農村で育ったみね子が、東京に出稼ぎに出ていた父・実(沢村一樹)が失踪したのをきっかけに、集団就職で上京することから始まる。最初の就職先のラジオ工場で一緒に働いた仲間や、工場が閉鎖された後に働くようになったレストランのマダム鈴子(宮本信子)やそこで知り合った人たちに支えられながら、辛いことを乗り越えて東京のなかでしっかりと生きていける居場所を見つけていく。高度経済成長期の日常生活のなかで、上京して壁にぶつかりながらも居場所を見つけていこうとする、経済的、社会的「成功」とは違ったもうひとつの「成長物語」である。

　みね子の「成長」を支えたのは、共に上京してきた友人や東京で知り合ったさまざまな人たちである。図4は、『あさが来た』と同様に、ドラマの全場面(406場面)に登場する人物(72人)が、みね子とどのような関係にあったのかを示したものである(井上、前掲書)。

　これをみると、みね子の周りに登場するのは「女性非親族」(57%)が圧倒的に多く、それに次いで「男性非親族」(27%)になっていて、「親族」はむしろ少なくなっている。『あさが来た』では「男性親族」「男性非親族」との関係が多かったのと比べると、みね子と周囲との関係は、一緒に働く同僚や友だちといった横つながり、とりわけ女性同士の関係が中心になっているのが特徴的である。

　ドラマのなかでは、就職したラジオ工場が閉鎖されたり、お互いに恋愛感情をもったエリート大学生の島谷(竹内涼真)との交際を相手の親に反対されるなど、みね子にとって辛いことや決断しなければならないことも出てくる。恋愛と結婚は成長物語において大きな転機のひとつだが、親の反対を押しての島谷のプロポーズを断わったみね子の決断は、彼女の「成長」の節目として描かれている。

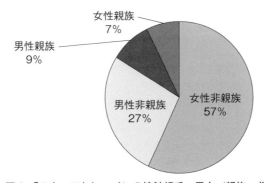

図 4　「ひよっこ」ヒロインの接触相手：男女／親族・非親族による構成比
出典：井上慧真（2019）「『社会関係資本』の観点から」稲垣恭子他「ポスト近代
社会における『成長物語』」日本教育社会学会第 71 回大会

　あまり自分を主張することがなかったみね子が、社会的に共有された価値観や生きかたとは別に、自分自身の価値観をもって生きていこうとする。それを女友だちが「みね子、そんなにはっきりものを言う女の子だっけ？」「最近ちょっと変わったな、みね子」というなど、そうしたみね子の変化を「成長」として応援する場面もある。われわれの研究グループが行った視聴者インタビュー（稲垣：代表、前掲書）においても、このシーンについて「みね子はお金持ちと貧乏は違う、家族とのかかわり方も違うっていうのを気づいた」「一緒についていくか、自分の考えとか自分の持っている意志を貫くかどっちかっていう選択肢があったと思うんですよ。みね子の性格的にも自分を貫いたというか、本当に正しいと思っている選択がちゃんと自分の意思でできたっていうところは、成長なんじゃないかな」「挫折があっての成長かな」など、「成長」という表現がよく使われている（竹内 2019、p. 10）。

　『ひよっこ』が描いているのは、当時の普通の人たちの日常生活であり、その期間も 4 年半と短く、「成長」といっても大きな危機を乗り越えて自立するという物語ではない。むしろそうした日常のなかでの心の変化や周囲との関係を楽しんでみる（「短期的視点」）の視聴者が多かった（二瓶他 2018、pp. 52-75）。「やはり『ひよっこ』の時代は好きなんですよね」（二瓶他 2020、p. 145）と脚本を手がけた岡田惠和は述べているが、〈上京、困難、乗り越え、成功〉という右肩上がりの「成長物語」が日本社会と個人の生きかたを表象する時代にあって、平

凡ながら自らの居場所と「幸福」をみつけていく物語は、先のみえない現在にあって、共感と安心感をもたせてくれるもうひとつの「成長物語」でもあるだろう。

(3) 『あまちゃん』（2013 年上期放送）

　『あまちゃん』が放送されたのは 2013 年だが、時代設定としては近年の人気朝ドラのなかで最も新しく、東北の震災前の 2008 年からの東北（岩手県）と東京を舞台とした作品である。宮藤官九郎が脚本を担当し、これまで朝ドラをみていなかった層もみるようになったきっかけにもなった。「アイドルの村おこし」というエッジのきいた方向から「地元」「ふるさと」の良さを再発見するという展開も好評で、視聴率も 20.6% と高かった。

　この作品では、高校生の天野アキ（能年玲奈）を中心に、母親の春子（小泉今日子）、祖母の夏（宮本信子）の 3 代にわたる女性の生きかたが描かれていて、「成長物語」としても厚みがある。祖母の夏は、ドラマがスタートする 2008 年に 64 歳という設定だから、『ひよっこ』と同じ 1960 年代に青春期を過ごしたことになる。ただ当時は地方から上京する若者が多かったなかで、夏はずっと地元で暮らす人生を選んでいる。一方、母親の春子は、42 歳になっているが、岩手にいた 18 歳の時に歌手になりたくて家出をして東京に出ていくが、その夢は叶わず今は専業主婦として暮らしている。

　物語は、東京の高校に通っていたアキが祖母の住む岩手県北三陸の漁村（ロケ地は久慈）に移動することから始まる。東京ではいじめられっ子で暗い性格だったのが、祖母がやっている海女の生活が気に入って、東京に戻らず海女の修行をするようになる。しかし、東京での「パッとしない」生活から、自然豊かな地元で元気と居場所を取り戻す「成長物語」を期待してみていると、予想外の方向に話が進んでいく。転校して入学した地元の高校で潜水土木科の男子生徒が「南部もぐり」の練習をしているのをみて感動し、今度は潜水士になりたいと言い出し、それまで男子だけだった潜水土木科に入っていくのである。

　さらに、仲良くなった友人のユイ（橋本愛）が町おこしのために開催された「ミス北鉄コンテスト」に選ばれる一方、アキがようやくウニを獲った動画がネットに配信されたことで観光客が押しかけてくるようになったのをきっかけに、ふたりでウニ丼を販売する地元アイドルとして活動することになる。それが東京のス

カウトマンの目にとまり、次は地元アイドルが集結するグループのメンバーになるべく再び上京するという奇想天外な展開になっていく。

さまざまな世界を渡り歩くアキの経験は、「波瀾万丈」ともみえるかもしれないが、苦難を乗り越えて成功する「女の一代記」ものとまったく違って、アキのほうはどれも中途半端で「成功」するわけではない。

しかし、何事も長続きしないアキが、女性の世界（海女）と男性の世界（潜水士）、自然と観光産業、リアルライフとメディアのバーチャルライフなど、普通は行き来がなさそうな世界を軽々と越境して移動することによって、本人もそして周囲の人たちも変化していく。そして、そのなかでの思いがけない出会いや再会によって、古い絆と新しい関係がつながり紡ぎ直され、それぞれが新しい生きかたを発見していくきっかけになるのである。

実は、アキだけでなく母親の春子も、春子の同級生の海女（あんべちゃん）やユイの兄（ヒロシ）も、それぞれ挫折やコンプレックスを抱えながら生きている。一人ひとりの力では、成功や自立には至らない。それが新しいつながりのなかで、ひとりではダメな「二束三文」でも一緒にやれば「二人三脚」に、いつも陰で目立たない「落武者」のような存在が誰かを支える「影武者」へと変わっていく。

自分の力で困難を乗り越え自立する「成長物語」とは違って、互いの弱さを認め合い補い合うことによって、劣等感や挫折を包み込み自信に変えていく、それぞれの「成長」の姿が描かれているのである。

ドラマの最終回では、そうした絆によって、震災で崩壊した地元の海女カフェを皆で再開させるという小さいけれど明るい未来が感じられる。震災という共通の痛手から、そこでともに生きようとする人たちの絆と生きかたが重なるもうひとつの「成長物語」としてみることができるだろう（稲垣 2017、pp. 53-65）。

5.　多様な「成長物語」

(1)「成功」より「つながり」

ここで取り上げた近年人気の 3 つの朝ドラは、いずれもヒロインの「成長」がひとつのテーマとなっている。また「健全」で「さわやか」で「明るい」ヒロインのキャラクターという点でも共通している。その意味では『おはなはん』以降続く「朝ドラらしさ」をもった「成長物語」とみることができるだろう。

　しかし、3つの作品にはこれまでの「成長物語」や「女性の一代記」とは異なる特徴もそれぞれもっている。もっとも大きな特徴は、いずれも「成功」よりも「つながり」に焦点があてられていることである。

　すでに述べたように、『あさが来た』のヒロインあさは、手がける事業がすべて成功していくのだが、このドラマの人気があったのはそうした「成功」と「成長」が結びついた展開ではない。それは、NHK放送文化研究所の調査でも、放送の序盤には「女性のサクセスストーリー」としてみていたのが、中盤以降は「家族愛・夫婦愛・親子愛」に視点が移ると同時に、「良かった」点として「周囲の人たちの人物像・描き方」が上昇していることからもうかがえる（二瓶、前掲書、p. 11）。

　また、朝ドラ100作を記念して行われたシンポジウムでも、朝ドラにおけるヒロインの成長の変化について話題になった。

　「女性の一代記というと（中略）途中で苦難に打ち勝って、波乱万丈で、そして成功していく。立派になって社会的にも成功して、という話ですが、（中略）いろいろな苦難に打ち勝ってというよりも、新次郎さんとかいろいろな良い人たちに支えられて、ひょいひょいと。しかも、いろいろ奇想天外な、あっちへ行ったり、こっちへ行ったりの発想があると。それが今までのモデルを破って、男性・女性にかかわらず、新しいチャレンジ、新しいアンビション、そういうものをたきつけるというところが面白かった」（二瓶他 2020、p. 133）。

　ヒロインの奇想天外な移動がさまざまな「つながり」をつくっていくのは、『あまちゃん』もそうである。何をやっても「成功」しないという点では、『あさが来た』とは対極的なのだが、まったく異なる世界を「越境」していくアキの移動によって、さまざまな人が交差し新しい関係を紡いでいく。ひとりでは「成功」できない弱い存在でも「つながり」が新しい世界へと導いてくれる。個人として「自立」するのではなく、「つながり」のなかで共に「成長」する物語が共感をもって受けとめられたのである。

　一方、『ひよっこ』は、『あさが来た』や『あまちゃん』のような波乱万丈な展開はない。地方から上京していくつも躓きも経験するが、しかしそれを乗り越えて「成功」するという一代記ものではない。むしろ周囲の支えのなかで現実をみつめ、「成功」とは別の自分らしい生きかたを見出していくことが「成長」として描かれているのである。

　われわれの研究グループが行った 20 代から 30 代の働く女性視聴者のインタビュー調査のなかで、働く女性にとっての朝ドラの機能を分析した濱貴子は、近年の朝ドラが「成功」や「上昇」への願望を焚き付け（「加熱」）てきた戦後日本の教育とは異なり、現在の自分の仕事や生活を前向きに送っていく「温める」文化装置として受容されていると指摘している（濱 2019）。働く女性の「本音」を織り込みつつ前に向くヒロインを応援する気持ちになるという矢部万紀子の視点からも、そうした朝ドラ人気の一端がうかがえる（矢部 2018）。

(2)「つながり」と「幸福」

　ここで取り上げた 3 つの作品は、ヒロインのキャラクターも物語の展開もそれぞれ異なるが、家族や地域、友人、そしてそこから広がるさまざまな「つながり」のなかで「成長」していく多様な「成長物語」が描かれているところが共通の魅力になっている。

　では「成長」を支える「つながり」とはどのようなものだろうか。ロバート・パットナムは、人々のつながりが生み出す力を「ソーシャル・キャピタル（社会関係資本）」ととらえ、その重要性を説いている。パットナムによれば、ソーシャル・キャピタルとは「個人間のつながり、すなわち社会的なネットワークおよびそこから生じる互酬性と信頼性の規範」（パットナム 2006）であり、そこには日常的に親しくしている親族や近所付き合いなどの関係から、さほど頻繁な付き合いはないが情報交換はしているような関係まで含まれる。

　信頼のネットワークとしてのソーシャル・キャピタルの重要性は、幸福感ともつながっている。内田由紀子によれば、個人の幸福を支えるのは「心の持ち方」だけではなく、他者からの評価であったり、家族や友人とのインフォーマルな交流であったり、ストレスを解消できる職場や地域の環境など、他者そして社会との関係によるところが大きいという（内田 2020）。とくに日本では幸福感を特徴づけるのは「関係性の重要性」であり、「人との結びつきは大切であり、親しい人から情緒的サポートを得られるかどうかが、日本ではとくに幸福感と関連する」（同上書、p. 66）と述べている。欧米などの「個」を重視する文化では、他者からサポートを受けることが自尊心に脅威を与え幸福感を小さくする場合があるのに対して、日本では自尊心が傷つくこと以上に、サポートによる「つながり」が幸福感をより強固にするほうが大きいというのである（同上書、p. 67）。

(3)「失敗」の経験と「成長」

　多くの「成長物語」や「一代記もの」では、主人公はさまざまな試練を経験し、それを乗り越えて社会的にも人間的にも「成長」し、社会で安定した位置をもつようになる（大人になる）という展開になっている。「個」としての「自立」を重視する文化では、失敗や挫折は自らの力で乗り越えなければならないという規範意識が強く、その痛手は大きく感じられる。だから、男性型・近代型の「成長物語」では、その乗り越えが大人として自立する上で重要なのである。しかし、深い挫折を乗り越えて内面的に「成長」するという男性教養人の自己形成の物語は、今やリアリティをもたなくなりつつある。自己形成における失敗や挫折の意味が変わっていくのにつれて、むしろ近年は、失敗や挫折を避けるようになっている面もあるように思える。

　一方、ここで取り上げた3つの作品では、ヒロインはさまざまな形で失敗や挫折を経験するのだが、個人の力でそれらを乗り越え「自立」するというのではない。『あさが来た』ではあさの奇抜なアイデアや発想と、それに共感をもつさまざまな人たちのサポートによって困難を突破していくのであり、『ひよっこ』や『あまちゃん』もひとりでは自信がもてない存在だったのが周囲の励ましやサポートのなかで自分らしい生きかたを現実のなかに見出していく。そして、それが本人の「成長」だけでなく、周囲の人たちの「幸福」にもつながっていくのである。

(4)「社会に出る」から「社会を変えていく」へ

　もうひとつ、3つの作品に共通するのは、ヒロインを支える周囲の人たちが、必ずしも家族や親族、親しい友人などの固定した関係に限られていないことである。前節でもみてきたように、ヒロインの移動に伴ってさまざまな思いがけない人たちとも出会い、それらがつながって新しいコミュニティができていくきっかけにもなっている。震災で崩壊した「海女カフェ」をみんなで再建しようとする『あまちゃん』のエンディングは、そうした人々の集まりと新しいコミュニティを感じさせる。

　レイ・オルデンバーグは、居酒屋やカフェ、本屋など、家庭とは異なるけれど「アットホーム」な居心地をもたらしてくれる場を「サードプレイス（第三の場所）」と呼び、そうした居場所の重要性を論じている（オルデンバーグ 2018）。

　サードプレイスは、仕事や家庭のなかでの関係とは違って、肩書きや責任から離れてさまざまな他者と会話を交わし友好的な関係をもつことで、そこに集う人たちの視野が広がり、他者への寛容性が広がっていく可能性をもった場としてとらえられている。

　古典的な「成長物語」が「社会に出る」物語だったとすれば、近年の朝ドラにもみられるような「成長物語」は、職業や階層、ジェンダーや年齢にかかわらず、むしろ既成の社会への適応を超えて、周りとの柔軟な関係性のなかで未来に向けて「社会を変えていき」、「新しい現実を作っていく」方向へと後押しするファンタジーとしてみることができるのではないだろうか。

＊本研究は、「NHK アーカイブス学術利用トライアル」（2016 年度）、「放送文化基金」稲垣恭子「連続テレビ小説における女性の表象と受容に関する文化社会学的研究」（2017 年度）、「放送文化基金」稲垣恭子「NHK 朝の連続テレビ小説における女性の表象と生き方モデル―調査研究に基づく映像教材の作成」（2018 年度）、「科学研究費補助金（挑戦的研究（萌芽））」稲垣恭子（研究代表者）「ビルドゥングスロマンと『女性の生き方』の表象に関する比較文化社会学研究」（令和元年度～令和 3 年度）による助成を受けて行った成果の一部である。

[引用・参考文献]
・稲垣恭子（2017）「変容する家族の物語」稲垣恭子『教育文化の社会学』放送大学教育振興会
・稲垣恭子：代表（2019）、放送文化基金助成『NHK 朝の連続テレビ小説における女性の表象と生き方のモデル』2018 年 4 月 1 日～2019 年 3 月 31 日（本研究において、首都圏で働く 20 代～30 代の女性視聴者 18 名を対象に、『あさが来た』『ひよっこ』を含む朝ドラについてグループインタビューを行った。インタビューは、2019 年 1 月 26 日～27 日に 3 回実施した。）
・井上慧真（2019）「『社会関係資本』の観点から」稲垣恭子他「ポスト近代社会における『成長物語』―『連続テレビ小説』を手がかりに」日本教育社会学会第 71 回大会（発表資料）、2019 年 9 月 12 日、大正大学
・内田由紀子（2020）『これからの幸福について　文化的幸福感のすすめ』新曜社
・NHK ドラマ番組部：監修（2015）『朝ドラの 55 年　全 93 作品完全保存版』NHK 出版、pp. 124-125
・遠藤理史（2016）「時代とともに変化するヒロイン像」『中央公論』130（7）、2016

年7月
・オルデンバーグ，R.：著、忠平美幸：訳（2018）『サードプレイス』みすず書房
・苅谷剛彦（2019）『追いついた近代、消えた近代―戦後日本の自己像と教育』岩波書店
・ゲーテ，J. W.：著、山﨑章甫：訳（2000）『ヴィルヘルム・マイスターの修行時代（上・中・下）』岩波文庫
・椎名健人（2019）「『朝ドラ』草創期の風景―小説への意識と映像的課題の間で」『研究紀要　教育・社会・文化』第20号、京都大学大学院教育学研究科教育社会学講座
・杉浦清文・武井暁子・林久博・山口隆史：編（2018）『教養小説、海を渡る』（中京大学文化科学叢書第19輯）音羽書房鶴見書店
・竹内里欧（2019）「成長なき時代の『成長物語』―NHK『連続テレビ小説』にみる」『研究紀要　教育・社会・文化』第20号、京都大学大学院教育学研究科教育社会学講座
・竹内里欧（2022）「朝ドラ―主婦層を支えたビルドゥングスロマン」筒井清忠：編『昭和史講義　戦後文化篇（下）』
・登張正実（1964）『ドイツ教養小説の成立』弘文堂
・二瓶亙（2016）「連続テレビ小説『あさが来た』はどのように見られたか―視聴者調査から見た特徴と成功の要因」『放送研究と調査』NHK放送文化研究所
・二瓶亙・亀村朋子（2018）「視聴者は朝ドラ『ひよっこ』をどう見たか」『放送研究と調査』NHK放送文化研究所
・二瓶亙・齋藤建作・吉川邦夫・亀村朋子（2020）「NHK連続テレビ小説と視聴者―"朝ドラ"はどう見られているか」『NHK放送文化研究所年報』No. 64
・パットナム，R. D.：著、柴内康文：訳（2006）『孤独なボウリング―米国コミュニティの崩壊と再生』柏書房
・濱貴子（2019）「『朝ドラ』にはどのような機能があるか」稲垣恭子他「ポスト近代社会における『成長物語』―『連続テレビ小説』を手がかりに」日本教育社会学会第71回大会（発表資料）、2019年9月12日、大正大学
・矢部万紀子（2018）『朝ドラには働く女子の本音が詰まってる』ちくま新書
・ロベール，M.：著、岩崎力・西永良成：訳（1975）『起源の小説と小説の起源』河出書房新社
・シンポジウム「検証〈100%〉朝ドラ!!～視聴者と歩む過去・現在・未来～」『文研フォーラム2019』2019年3月8日、NHK放送文化研究所

第2章　〈わたし〉を担う「よきこと」
── 自己の自己性を問う ──

牧野　篤

はじめに ──「よきこと」がもたらす自己認識

　人生100年を考えなければならない社会に、私たちはすでに生きている。それはまた、社会構造の変容により、従来のような学齢期を経て進学、新卒一括採用、終身雇用、定年退職、年金による老後の生活という、いわば男性原理による英雄譚のモチーフに支えられた単線型の人生設計が通用しなくなった（若林 2018）ということでもある。近代資本制社会における発達や進歩そしてそれらに支えられる拡大再生産という社会的価値を体現していたエディプスは死に（ドゥルーズ 1986）、雇用をベースにした社会的なジェンダーの配置そのものが無意味化する社会が到来しているのである。この事態は端的に、記憶や経験が社会に蓄積され、人々に共有されるものではなくなり、その結果引き起こされる人々の孤立、社会の砂粒化として現れている。

　これらはいわば、これまでの産業社会（近代資本制社会）の基礎である人間の在り方に対して、私たちに再考を促す社会の構造的な変化なのだといえる。私たちには、従来のそれとは異なる社会イメージを創造し、それを社会に実装して、社会を革新していくこと、そしてそのための人間観、とくにこれまで自明とされていた主体の根拠としての自己の自己性を問うことが求められているのである。

*

　筆者らは、各地で地域学校協働活動やまちづくり実践の共同研究にかかわっているが、そのうちの一つの取り組みにおいて、たとえば次のようなことが起こり、筆者らに新たな発見をもたらしてくれている。

　コロナ禍の当初、マスク需要の急増に生産が追いつかず、品薄が続き、多くの人々がマスクを買えない状態が続いていた。その時、この共同研究に小学生の頃にかかわり、当時、中学生になっていた子どもたちが、家で保護者からミシンの使い方を教わり、布マスクを縫い、地元の自治会長に届けるという出来事が起こった。このことは、地元でも話題となり、新聞にも取り上げられた（中日新聞2020）。

　その後、子どもたちの心遣いに応えるかのようにして、今度は地元の高齢者の呼びかけによって、住民が、学区の小学生のためにマスクを手縫いし、全校児童の低学年にはひとり3枚、高学年にはひとり2枚の布マスクが届けられることとなった（東京大学大学院　2020）。

　この出来事に筆者らが見出そうとしたのは、「よきこと」に気づき、それを贈りあう、子どもや高齢者さらに地域住民の相互の配慮に満ちた他者（誰か）への思いであり（同上）、それが彼ら自身の自己認識と結びついている姿である。

　以下、この事例を手がかりに、上記の課題すなわち主体における自己の自己性について、検討を試みたい。

1.「よきこと」の社会的基礎

(1) 自己感受へと還る価値生産

　子どもたちは、マスクをつくる過程で、過去触れあい、コロナ禍でマスクが手に入らず困っている地域の高齢者たちを心配し、彼らがマスクを受け取って、身につけてくれて、喜んでくれる姿を想像して、うれしかったのだという。マスクを子どものために縫う住民たちも、高齢者を思ってマスクを縫い、届けてくれ、また自分たちが縫ったマスクを受け取って、喜んで身につけてくれる子どもたちを思い描いて、心弾む思いがしたのだという。何かの時に、咄嗟に他者のことを思い、何が必要なのかを感じとり、そのために行動を起こす、そういう配慮と実践を支え、またそれらに支えられて相手への思いが促される、こういう関係がここでは生まれている。しかもそこには、他者を思い、行動する自分を感じとってうれしく思うという子どもや住民それぞれの自己への感受が生まれ、それがさらに他者とのかかわりを深めようとする、とどめのない、いわばそうせざるを得なくなってしまうかのような運動とでも呼ぶべき自己の在り方が生み出されて

いる。これを筆者は自己への駆動力と呼んでいる。自分を自己認識へと駆り立てないではいられない力が生まれてくるのだといってよい。

それは顔見知りの具体的な他者が起点となりながらも、そこから見知らぬ他者へと自分がつながりつつ、その他者が自分へと入り込んでくる感覚をともなって、ともに喜びあう関係をつくり出すことへとつながっている。だからこそ、子どもたちは高齢者を思いつつ、マスクを縫い上げ、住民たちは子どものことを思いつつ、大量のマスクを準備して、贈りあう、その過程で、そのように他者を慮り、行動できる自分を感じて、うれしく思い、それを成し遂げることができたのだといえる。

そこには、その思いと営みそのものを超え出て、自分と他者というかかわりの在り方そのものが「よきこと」として気づかれ、実践されることで、それが相互に贈りあわれる関係、だからこそ自分がますます他者へと広がり、また他者もますます自分へと入り込んできて、自分が他者と喜びあう関係がつくられ、そうであるからこそ、自分が「よきこと」と感じるように変わることで、他者も「よきこと」へと変わっていく、そういうある種の相互運動といってもよいものが生まれているようにみえる。

ここには、ハイデガーのいう「道具」とそれを用いる人々の「存在」の在り方をみることができる（ハイデガー 2013）。子どもたちは高齢者を慮り、マスクという道具を製作するが、その時、そのマスクはすでに社会的に機能が決められており、どのように用いるのかが定められているものとしてある。このことは、子どもたちはマスクをつくる以前に、すでにマスクの社会的機能によって、その製作を方向づけられていること、だからこそ子どもたちはコロナ禍にあって、マスクを購入できないで困っている高齢者を慮り、高齢者の健康を心配して、マスクの製作を思いついたのだともいえることを示している。

この意味では、子どもたちはマスクを製作する以前にすでに他者によって、つまり自分が存在している世界すなわち他者とのかかわりによって規定され、他者（ここでは高齢者）にとっての使用価値をつくろうとしていたことになる。それはまた、市場社会における商品生産とは、他者にとっての使用価値を生産することであるという規定（マルクス 1969）と重なっているようにみえる。しかも、子どもたちはそのような他者とのかかわりを自分の在り方としている存在であるといえる。

　それゆえ一見、商品生産であるかのようにみえるマスクの製作であっても、それは単に他者にとっての使用価値を生産していることに留まらない「何か」を生み出している。そこには、他者が高齢者として子どもたちによって配慮されているという関係が貼り付いており、子どもたちは見知らぬ他者によって規定されている使用価値を、顔見知りの高齢者に向けて生産するという二重の使用価値生産のなかにある。そこでは、他者にとっての使用価値が顔見知りの高齢者にとっての使用価値へと組み換えられるようにして、子どもたちの価値生産の在り方を規定している。ここで生産されている価値は、他者にとっての使用価値でありながら、自己感受へと還ってくる他者への「気づかい」（ハイデガー）によって規定されているのだといえる。つまりその価値は、自分にとって「親しい」ものであり、自分がその他者とのかかわりをもつように「世界」に投げ入れられているために、他者を慮り、そうせざるを得ないかのようにして、自己を他者とのかかわりにおいて感受せざるを得ず、そうであるがために、自己はつねに他者を組み込んだ新たなかかわりの在り方として自己に感受されざるを得ず、それがうれしさとして感じられることで、自己を他者へと駆動してしまうかかわりの「運動」として生み出さざるを得ない。そこでは、つねに他者を通して自己感受へと還らざるを得ないかかわり、つまり「親しい」価値の生産がなされ続けているのである。自己によって気づかれ、顧慮されざるを得ない自己が、他者への配慮を介して生まれ続けるのである。

(2)「よきこと」の社会的意味

　子どもたちは、世界によって規定されている自己でありながら、自己の生きる高齢者との関係を自己の内面へと組み換えつつ、世界を自分と高齢者とが生き生きと息づく具体的な環境へと組み換えている。だからこそ、子どもたちは高齢者を想像して、高齢者のためにその使用価値を生産することを、高齢者の役に立つこと、高齢者のために働けることとして感受し、それをうれしく思っているが、そのうれしさとはつねに自己の在り方にかかわるものとして受け止められることで、自分が高齢者のために実践することが、うれしさを自分へと還してくれるかかわりを生み出している。つねに、自己は世界から自己へと還って自己を肯定するように感受され続けているのである。このかかわりを〈関係〉と呼んでおく。

　ここでは、高齢者へのかかわりが、つねにそのつど、子どもたちを高齢者との

かかわりにおける存在へと生成し続け、彼らにその存在を感受させ続けている。つまり、自分の存在という一回性の生成が継起し、それが彼ら自身を生成し続けること、つまり自己存在の生起を駆動し続けているのである。この関係にあっては、子どもたち自身は、高齢者とのそのつどのかかわりの在り方、つまり〈関係態〉とでも呼ぶべき存在となっている。

　しかも、このマスクには予めの他者、つまり見知らぬ他者としての世界すなわち人々とそのなかにある「親しい」他者である高齢者、いわば非人称の他者とそのなかにある二人称そしてそこから広がる三人称の他者が貼りついている。だからこそ、子どもたちは、見知らぬ他者と自分が構成する世界に内在する存在として規定されつつ、その世界によって規定されているマスクの機能を高齢者の使用価値として生産するが、このことが高齢者を媒介とすることで、他者への配慮として展開する可能性を示している。見知らぬ他者という自己を規定している世界とのかかわりが、高齢者という具体的な対象を通すことで、質感のある他者へと生成し、自己を他者に役立つ、つまり質感のある他者にとっての使用価値を生み出す自己として、社会に位置を占める感覚、つまり社会的な存在としての自己の実感すなわち〈このもの〉性をもたらすこととなる。

　これは、子どものためを思ってマスクを縫った住民にも、そのつど起こっていたことである。それゆえに、ここでは、他者にとっての使用価値の生産は、商品生産と同じでありながら、資本主義的市場経済におけるそれのように価値の一般形態へと転化されて貨幣量によって衡量される商品となって、生産者の自己疎外つまり社会的な存在である自己という質感を奪うことにつながるのではなく、生産された使用価値は純粋贈与として人々の間に流通し、それが次の純粋贈与を生み出して、世界を純粋贈与の連鎖のかかわりへと生成していくこととなる。恩送りである。これが「よきこと」の社会的な意味である。

　つまりここでは、二人称の他者を通して、三人称の他者に質感が与えられ、それがさらにいわば非人称である一般的概念としての他者、すなわち人々一般のなかにおける一人称としての自己を、それらを組み込んで世界に位置を占める存在の在り方として感受すること、つまり普遍的であるがために個別的で具体性をもった自己として自己性を感受することとなっているのだといえる。

(3) 質感のある〈態〉へ

　「よきこと」は、子どもたちに、他者にとっての使用価値を生み出すこと、つまり「もの」（ここでは、「道具」でもあるマスク。他者にとってのあらゆる使用価値の生産は、それが規定するように使用されることで他者自身の生活を変化させるという意味においては「道具」であるともいえる）の使用と生産を通して、そのつど生成せざるを得ない世界に内在させられる自分を、世界に内在するがゆえに、「もの」を通して、他者に規定され、他者に規定されているがゆえに、「よきこと」を咄嗟に思い、それを実践することで、世界とのかかわりを組み換え続ける社会的存在である自分として質感をもってとらえさせること、つまり自分を世界とのかかわりの在り方、すなわち〈関係態〉である〈わたし〉へと感受させることへと結びついている。

　〈わたし〉はつねに「よきこと」の実践によって、そのつど、社会に位置づく存在としての自己へと還り、かつつねにそのつど、他者との〈あいだ〉に生成し続ける〈関係態〉として、自己を感受し、意識化する。その時、それが他者との〈あいだ〉においてなされる「よきこと」の実践、つまりそれそのものが〈あいだ〉によって操作される受動的な実践であることで、〈わたし〉はその実践によってそう自己を感受させられ、そう意識化させられるという絶対的な受動性によって規定されている。つまり〈わたし〉は、「よきこと」そのものがすでに世界によって規定されたものであるという受動性をもっていることによって、自己を〈関係態〉として生成し、他者を配慮し、世界を構成し続けることで、自己の一回性の生成をつねにそのつど継起し続ける絶対的な能動性をもつものとして、生まれ出てこざるを得ない。〈わたし〉とはつねに〈態〉としてこの世界のなかに存在している、その在り方なのだといえる。しかもこの〈わたし〉は絶対的に受動性を背負うがために絶対的な能動性を獲得せざるを得ないという二重の拘束性を担うことによって、そのつどの主体性、つまり自己という存在の在り方を獲得している。

　このことはまた、本来、市場とはこの〈関係態〉としての〈わたし〉が相互に構成する〈あいだ〉であったが、その〈あいだ〉が、他者にとっての使用価値生産の質感を失うこと、つまり他者にとっての使用価値生産を一般的価値形態へと還元し、私をその一般的価値形態のなかに組み込んで、私が〈わたし〉であることを否定する関係がつくられること、すなわち私を労働力という一般的価値に還元し、それが一般的価値形態の表象である貨幣量によって衡量することで価値づ

ける関係へと変質させられることで、私は〈関係態〉から疎外態である個体へと
組み換えられてしまうことを意味している（牧野 2021）。これが価値生産の資本
主義的基礎なのだといえる。

2.　ひらかれた対他的対自性

（1）AAR 連鎖運動のプロセス

　上記のような〈関係態〉としての〈わたし〉の生成はまた、人間の行動と存在
の在り方を考える時、つねに自己を束縛する枠組みを崩しつつ、新たな枠組みを
つくり、さらにそれを崩し続けて、新しい自分の価値観や存在の在り方をつくり
出し続けるプロセスそのものなのであり、何か目的を達成することではない。そ
れはつねに予定・予測できるものとしての目的・目標が設定されるのではなく、
予測不可能な一回性の自己生成が継起すること、生まれ続けることであるといえ
る。そこには、つねに予測不可能性がつきまといつつ、試行錯誤の一回性の継起
プロセスが続く、否、そのようなプロセスそのものが自己の生成であることとな
る。ここではこの自己生成プロセスを〈学び〉と呼んでおく。

　私たちは、絶対的な受動性をもったものとして世界に投げ込まれることで、他
者の言葉を身につけざるを得ず、世界を我が身に受け止めることで、自分の固有
性を生み出し、言葉を用いて他者を対象化することで、自己を産出せざるを得な
い。ここではこの言葉を〈ことば〉と呼んでおく。〈学び〉のプロセスとは、私たち
が〈ことば〉によって自己産出し、かつ世界を他者と自己とのかかわり、すなわち
〈社会〉として生み出さざるを得ないという二重の被拘束性のなかで、自己を生
成せざるを得ず、他者を介して自己を意識する関係において、つねに自己を生み
出しつつ、他者をも生み出し続ける〈社会〉生成のプロセスのことをいうのだとい
える。それは近代資本制社会における自己存在、つまり対他性なき即自性、閉じ
られた自己参照の再帰性とは異なる、他者へとひらかれた対他的対自性である。

　この〈学び〉のプロセスでは、思いもよらぬことが起き、それがさらに次のプ
ロセスを生み出す駆動力となる。それはいわば、AAR の連鎖運動とでも呼ぶべ
きものである。AAR 連鎖運動は、OECD が提唱する 21 世紀の新しい教育活動の
考え方（OECD 2018）で、anticipation-action-reflection の連鎖をいう。

　OECD は従来の学校教育実践のような知識伝達を基本とする蓄積型・注入型の

学校教育ではなく、楽しいことを予期して、実践する、プロセス重視型の教育、つまり試行錯誤を繰り返しつつ、新たな価値の探究と交流そして変革・創造を生み出す教育を提唱している。筆者はその考え方を援用しつつ、人と組織の在り方としての AAR 連鎖運動を考えている。

　たとえば、図1に示されるように、人も組織も問題に直面し、また変化が生まれなくなることで、臨界点を迎え、そこを超えると精神を病んだり、組織が解体したりする。これは「諦め」によるものであり、「諦め」が起こることで、人や組織は急速に悪化する。しかし、この臨界点の手前の分岐点にあたるところで、第三者がかかわり、しばらく寄り添う関係が続くと、逆臨界点がやってきて、そこからは自ら回復しようとする力が人や組織に働くようになり、状況が改善される場面が生まれることとなる（小田切 2014）。

　この分岐点から逆臨界点に至るまでの間の様子を詳しくみてみると、そこでは第三者を媒介とした自己との対話や自己と他者との対話が生まれ、試みてはやめ、やめては試みる試行錯誤のプロセスが重なっていることがわかる。しかも、この試行錯誤の過程では、第三者との間で第三者を媒介として自己と対話することで、それまで自分を取り巻く環境から作用され、枠づけられることで自分の苦しい状況が招かれていたが、それはじつは自分が作用されるだけではなく、環境

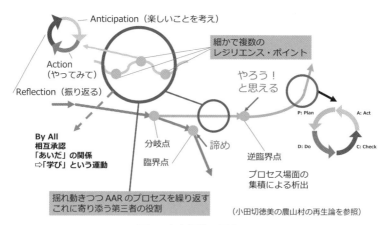

図1　人や組織の再生図

出典：小田切徳美（2014）『農山村は消滅しない』岩波新書、p. 165 の
　　　「図4-1　集落再生のプロセス（概念図）」を参考に作成

に作用し返すことで、環境に自己を適応させてしまった結果でもあったことがとらえられている。いわば、自分が環境との相互作用の関係において、自分で自分を枠づけした結果、そこから逃れられなくなってしまっていること、ある種の自縄自縛状態になっていたことがとらえられるのである。さらに、他者も同様の状況に陥っていたことが見出され、かつその関係を誰もが組み換えたがっていることを知ることで、自己と他者さらに第三者を含み込んだかかわりあいの在り方、つまり〈関係態〉として自己の存在がとらえられて、改善の方途が生み出されることとなっている。

　つまりこのプロセスは、人が第三者を梃子として自己との自己認識の〈関係〉に入るプロセスでもある。そして、このプロセスで起こっていることを詳しく観察すると、それが AAR の連鎖運動をつくっていることがわかる。AAR とは既述のように anticipation-action-reflection であり、anticipation とは楽しいこと、愉快なことの到来を期待してワクワクすることであり、その気持ちを抱いて action つまり行動することで、そこに自動的に reflection つまり振り返りが生まれ、うまく行っていればさらに anticipation が促され、うまく行っていなければ、別の anticipation が生まれて、AAR の際限のない連鎖運動が展開していく、このことを示している。

　すなわち AAR 連鎖運動においては、失敗はあり得ず、つねに他者や第三者と自己とがひとつの世界を構成しつつ、その内部にある自己が、世界を通して自己を他者との〈関係〉の在り方として認識することで、自己の在り方を組み換えることが運動として生まれることとなる。この運動を図示すれば、図 2 のようにな

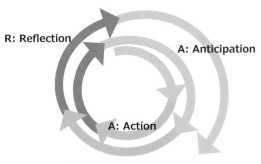

図 2　AAR 連鎖運動模式図

（筆者作成）

る。これはまた、他者へとひらかれた対自性の在り方、つまり開放的な試行錯誤による自己の不断の生成の在り方である。

(2)「スキマ」「ズレ」による自己産出

　しかも、私たちはこの世界との〈関係〉において、ある種の違和感を感じざるを得ない。つまり、私たちは「道具」の使用について、そのように用いるように世界から強いられてはいても、それは「目的」によって「道具」の使用の仕方が規定されているということであって、その使用のより具体的な在り方、つまり身体所作の具体的な在り方との間にはある種の「スキマ」または「ズレ」があることに気づいているということである。

　それぞれの個人は、普遍的・一般的な人間として世界に曝されているのではなく、世界に投げ込まれていることによって、いいかえれば世界を担わされることで、その個人への世界の現れがそれぞれ異なる、つまり「スキマ」「ズレ」が生じているのである。その「スキマ」「ズレ」がそのつど、その個人の固有性を生み出す、すなわち個人は世界に投げ込まれることで、他者に呼びかけさせ、その呼びかけに応答せざるを得ず、つまり他者との〈あいだ〉として自己を立ち上げざるを得ず、かつ他者とはズレてしまう自己を生み出さざるを得ないのである。

　このことは、人間が孤立した個体として存在しているのではなくて、たとえ孤独を感じていようとも、人間という世界における存在の深い「基底」において、私たちが明確にとらえることのできない何らかの「共動」的な関係を有していることを気づかせてくれる。ハイデガーのいう「存在者」であり、その「存在者」が「世界-内-存在」である「現存在」（存在としての現れ）としての私たちを互いに見ず知らずの関係にありながらも結びつけ、現存在の在り方を規定しつつ、現存在の在り方として現前化することを通して、現存在の固有性が生み出され、そのことによって現存在の自己が意識化されることで、能動性が産出され、世界そのものを組み換えて、新たな世界へと生成変化させていく運動を構成することとなる（ハイデガー、前掲書）。

　そしてここには、すでに明らかなように、自己感受を意識化するための言葉が介在している。言葉は世界においては自己にとっての他者のものであり、かつ自分が学ばざるを得ず、学ぶことで他者をも自己内在化せざるを得ない「道具」としてある。自己は世界に投げ込まれていることで、世界つまり他者から言葉を与

えられ、呼びかけられ、それを身につけることで応答し、自己を分有して世界から引き剥がし、自己産出するが、それが新たな世界つまり自己と他者との〈関係〉を生み出すことになる。ここではこの言葉を〈ことば〉、自己と他者との〈関係〉つまり世界を〈社会〉と呼んでいる。

　〈ことば〉はつねに他者つまり〈社会〉のものであることによって、つねに自己すなわち〈わたし〉を生み出し、〈わたし〉は〈ことば〉を用いることで〈わたしたち〉として自己を構成しつつ、〈社会〉をつくり、〈わたしたち〉の〈わたし〉として自己産出を繰り返す〈態〉となる。自己認識つまり自我がそのつど自己産出するのである。

(3) ナラティブ・アプローチのアポリア

　この議論はまた、ナラティブ・アプローチが構成する語り手と聞き手の関係の在り方を問うことで、人々がその関係に何を立ち上げているのかを問うことにつながっている（牧野 2011）。

　私たちが自らの経験を語るその時、そこに訪れているのは、たとえば、再帰的な自己言及である。経験を肯定し、反省し、悔い、また教訓とする、そのいずれをも問わず、私たちが言葉で過去を自ら語る時、それは、現在の私が過去を語り、その過去から現在の私を現在において意識するという、再帰的な自己認識へと入らざるを得ず、それは現在の言葉が言及できる限りにおいて、過去を現在において言及し、その過去から現在を言及し返すという、閉塞した、自己肯定さらには自己同定でしかあり得ない。それは、つまり、現在において評価された過去によって現在を肯定し返すという、予め規定された閉じられた自己参照でしかない。

　この議論はそのまま、再帰的に自己の統合を図ることで自我の一貫性を保とうとする近代資本制社会の人間観と通底している。私たちはつねに現在起点の過去から現在を語ることしかできず、現在は過去からの必然とならざるを得ないのである。

　この閉塞した自己参照に陥った自己認識は、他者への寛容を自らのものとすることはできない。自分の現在を肯定すべき単一の過去へのまなざし、すなわち歴史観を他者に強要することで、自らの存在を担保しようとする情念を抱くことができるのみである。それはまた、過去に呪縛され続けること、そしてその呪縛されている現在の自分を他者によって肯定され続けることを求めることしかできな

いことを示している。他者のもつ自己のものとは異なる歴史観を認めることはできず、硬直した、単一の歴史観にもとづいて、自らの存在を肯定することを他者に求めることができるのみなのである。

　この再帰的自己参照による自己認識の在り方は、心理学などで採用されている手法としてのナラティブ・アプローチと深くかかわっている（やまだ 1995a、1995b）。ナラティブ・アプローチは一般的に、語り手と聞き手とが截然と分けられ、聞き手が語り手を対象化し、いわば観察するかのような立場にある、つまり聞き手が主導しつつ、聞き手が語り手の語りを構成する形式をとっているが、それは語り手に再帰的自己であることを強要する、または聞き手が語り手のなかにその自己を見出そうとすることと同じである。それゆえに、このような自己は、即自的な閉じられた存在として、孤立することとなる。

　この再帰的な自己参照が一貫した自己の同一性の根拠であり、その自己である個人が構成する共同体は閉じられたものでありつつ、普遍性を成員に強要する、つまり再帰的自己参照による自己の同一性の確保とアイデンティティの統合、そしてその世代間の継承としての生成的ライフサイクルモデルを形成することに連なっていく。それはまた、世界を存在と見なし、言葉で語り尽くせるものと仮構することで、世界の意味、つまり自己の存在の意味や意義にとらわれとなり、自己に閉塞することと同じである。ここにナラティブ・アプローチのアポリアがある。

　しかも、ここで問われなければならないのは、この孤立した自己参照による自己閉塞のアポリアにもかかわらず、このナラティブ・アプローチが成立し、有効に機能するように見えるのはなぜなのか、ということである。それは、結論先取り的にいえば、聞き手が語り手の語りを聞く時、そこにはすでに一貫した同一性をもつ自己の観念が聞き手と語り手に分有され、それが双方の中に「親しさ」を生み出しているから、つまり予め分有された一貫した同一性のある自己が、ナラティブ・アプローチによって意識化され、それを自己だと認識する（認識させてしまう）構成があるからである。ここにナラティブ・アプローチの本質的なアポリアがあるといえる。

3.　二重の拘束性による〈あいだ〉

(1)「生きる」をともにする「社会我」

　ナラティブ・アプローチのもつ再帰的自己参照の閉じられた自己認識の機制に対して、既述の AAR 連鎖運動はまた、仮説検証による客観的な再現性モデルの構築ではなく、むしろそのつどの〈関係〉の生成とその組み換えという一回性の生成を繰り返すことで仮説を次々とつくり出しては変革し続ける、終わりのない仮説の継起的生成の開放的なプロセス、つまり一回性の生成を継起させることでつくり出される仮説生成の開放型の試行錯誤プロセスであるといえる。

　しかもこれが、自己と世界という相互の入れ子の〈関係〉にあってなされているのであり、それが可能となるのは、自己と他者の生活を深く掘り下げていった「基底」にある種の普遍性が存在しているからである。たとえば、誰でもが「幸福」に生きたいと願っている、そういう主観的だが普遍的な「価値」が存在している。「幸福」の定義や価値は一人ひとり異なり、普遍的な定義を下すことはできないがゆえに、主観的・個別的でありながら、「幸福」に生きたいというある種の形式においては普遍的なのだといえる。だからこそ、誰もが「幸福」に生きようとすると、「生きる」というレベルにおいて、他者と「生きる」ことを共有することになるために、他者の「幸福」を侵害することはできず、誰もが自分の「幸福」を考えるのであれば、他者の「幸福」を考えざるを得ず、他者の「幸福」を通すことでしか、自分の「幸福」を考えることができなくなる。

　これが「世界-内-存在」である「現存在」としての自己の存在の在り方である。いわば、普遍的・一般的な非人称の「生きること」が、二人称・三人称の具体的な個人の「生きること」を借りて、個人の「生きること」を生きるかのようにして、一人称の私へと現前している、つまり普遍的な「生きること」が私の「生きること」として具体的な質感をともなって生み出されているのである。これが既述の「ズレ」とそれにもとづく自己の固有性の感覚をもたらすことになる。

　その意味で、私は〈わたし〉であり〈わたしたち〉であるという在り方を〈わたし〉が獲得するのである。つまり、「生きること」という抽象的な表象が私の「生きること」として現前することで、世界において個人の固有性を産出するかのようにして、〈わたし〉という固有性つまり自己を生み出すのであり、そこで

は、〈わたし〉は世界を抱き、かつ世界に抱かれて「生きる」存在という在り方、つまり世界との〈関係態〉として生成され、世界は〈わたし〉が〈わたしたち〉である〈社会〉へと構成される。ここでは、「生」という抽象概念が私という個人の生を生きることで、私は他者を媒介として〈わたし〉として自己を生み出し、自己意識を獲得している。これをたとえば寺中作雄は「社会我」と呼んだ（寺中1946、p. 3）。

　このような「社会我」としての人間の在り方においては、自己のなかにつねにそのつど、世界が感受されつつ、世界のなかにつねにそのつど自己が認識されるため、仮説の生成においても、つねに自己と世界との〈関係〉の組み換えとしてそれがなされ、完成することのない永遠のプロセスとして、一回性の仮説生成がつねに全体性をともなって継起していくこととなる。このことはまた、教育や学びにおける「知」の在り方においても同様である。教育や学びの営みにおいても、そこでなされる個人の育成とは、つねに他者や世界を自己に宿し、かつ自己を世界のなかに見出しつつ、人々の「幸福」のために自己を生成し続ける「社会我」としての自己だからである。

　このような「社会我」の形成はまた、既述の「よきこと」の実践と深くかかわっている。「よきこと」そのものは対象化し、客観化して、数値化することができない極めて主観的なものでありながらも、相手を慮り、「よきこと」をしたいと考え、それを実践することで、相手を想像し、自分を振り返り、さらに「よきこと」を生み出し、実践すること、こういうことにおいて互いにつながりあっているという感覚をもつことと結びついている。それはまた「社会我」とは、つまり自己のなかに社会を感じ、社会のなかに自己を見出し、自己そのものが社会的な存在であり、他者と結びつかないではいられない存在でありながらも、自己という個性をもそこに立ち上げている個人の存在の在り方であることを示している。つまり「社会我」とは、そのつどの生きることの「基底」において他者との普遍性をもちつつも、他者とのかかわりによってそこから自己を立ち上げている個性をもった存在である、その自己の在り方でもあるのである。

（2）　過去との〈あいだ〉

　この議論は、言葉のもつ性質とそこから導かれる自己という存在の在り方に関する次のような知見へと結びついていく。つまり、言葉が事前に制約されてい

る、つまり自己言及的であり、かつ自分のものでありながら自分ではない他者の
ものであり、それだからこそ、語ることで自己を自分から他者へと移行させ、そ
の他者から自己を見つめるまなざしをもたらしながら、自己を自分へと還してく
れる、〈あいだ〉そのものであるというその性格である。それをここでは〈こと
ば〉と呼んでいる。自分は、〈ことば〉を用いることで、他者とのかかわりで〈わ
たし〉となり、他者を介することで自分は〈わたし〉として私へと帰還し、〈わ
たし〉との関係において、他者は〈あなた〉へと生成する。つねに他者の他者、
つまり〈あいだ〉として自己が生成されるのである。

　世界へと投げ込まれている私は、そうであるがゆえに他者に呼びかけさせ、応
答せざるを得ず、そうすることで他者とは「スキマ」があり、「ズレ」ている自
己を感受し、他者の言葉で世界と自己を認識することで、その自己感受を自己認
識へと組み換えて、自己を産出するが、その時、自己はすでに〈ことば〉によっ
て他者との関係を〈あいだ〉へと組み換え、それを自己つまり〈わたし〉へと立
ち上げている。〈社会〉が構成されるのである。

　既述の議論に戻せば、過去を語るとは、過去を通して、過去との〈あいだ〉と
して自己を立ち上げ、その過去の自分のまなざしから自分を見つめつつ、自己を
過去を語っている〈いま〉の自分へと還すということであり、それはさらに、語
る自分を語られる自分が追い求めつつ、語られる自分を語る自分へと同定して、
自分を歴史的な自己へと立ち上げていくことに他ならない。

　ここで問われなければならないのは、語る自分が語られる自分を語る自分へと
同定する過程に介在する〈ことば〉のもつ他者性であり、その〈ことば〉を語る
ことで自分へと自己を還してくれる他者の存在の在り方である。いわば、言葉の
もつ再帰性に破れをもたらし、〈ことば〉を介することによってこそ、他者へと
自己を移しつつ、他者を通して自己を見つめるまなざしを獲得する、そうするこ
とで、歴史を生きる自己をいま現在において認識し返しつつ、いまの自分を歴史
へと活かしていく、その在り方をとらえることであるといえる。それはそのつど
の他者とのかかわりにおいて、〈わたし〉を生成することであり、かつ〈あなた〉
を立ち上げることであるといってよい。それゆえに、ここにおいて〈わたし〉は
世界とともにあるという十全感を纏うこととなるのである。

(3) 他者との〈あいだ〉

　この〈ことば〉が生み出す存在の在り方は、語り手と聞き手がその場において
そのつど構成する関係のなかに過去を生きている一回性の生とそのつどの存在と
いう観点を導くこととなる。この一回性が世界と同値しつつ、「ズレ」ざるを得
ない存在としての自己を「親しさ」をもって立ち上げるのである。

　語り手が語る歴史的経験は、それが、いかに彼らの立場からみた社会や歴史の
状況であろうとも、それは彼らそのものの、その場つまり聞き手との関係におけ
る自己の表出でしかないという性質をもっている。語り手が語る社会や歴史、そ
して彼ら自身の経験は、それが彼ら自身による価値づけと選択によるものである
以上、それは過去のものとして記憶化されているものではなく、聞き手との間の
その時その場で価値づけされ選択された、〈いま・ここ〉で彼らに訪れている歴
史そのものの経験でしかない。この意味で、聞き手は、語り手を再び歴史の渦中
へと〈いま・ここ〉という時と場において投げ込み、彼らに、その経験が喜ばし
いものであろうと、忌まわしいものであろうと、再度、聞き手との関係において
それを経験しつつ、その否応なしに訪れる経験を経験することで、それを表出さ
せざるを得ない。つまり語り手は、聞き手との関係において、過去に投げ込まれ、
過去との〈あいだ〉をつくり出し、その〈あいだ〉を、〈ことば〉で表出せざる
を得ない〈なにものか〉として現前させざるを得なくなることになる。それは、
語り手そのものではあり得ないにもかかわらず、いくら客観を装ってはいても、
その語りは、自己を語る他はないのである。つまり、その自己とは聞き手との関
係における過去との〈あいだ〉でしかあり得ず、それはそのまま語り手と聞き手
とが生み出す〈あいだ〉でしかない。

　語られているのは、聞き手との関係において〈いま・ここ〉で彼らが生きてい
る彼ら自身でしかなく、その彼らが生きているという証を、語り手は〈いま・こ
こ〉で語りかけているのである。つまり、彼らが語るのは、第一義的に、彼ら自
身の、彼ら自身によっても言葉ではとらえられない、〈このもの〉の存在である
ということである。それはまた、こういうことができる。語り手の語る歴史的経
験とは、彼ら自身を語るだけではなく、自らの生活においてかけがえのない人々
が、聞き手との間において、〈いま・ここ〉に生きている歴史的経験を否定せず、
自己の〈いま・ここ〉の歴史的経験へと連接されて、構成される〈いま・ここ〉
であるということである。その〈いま・ここ〉こそが、語り手のその「場」にお

ける自己〈このもの〉、つまり自己という「世界-内-存在」の在り方なのだといえる。

　語り手は、聞き手との関係において、自己〈このもの〉を語っているのであり、その自己〈このもの〉の語りこそが、聞き手において、彼ら語り手の歴史的な主体を構成することとなる。この自己〈このもの〉の、〈ことば〉によって語られる社会や時代そして自分の生活の在り方や考えという、それら言語化されて、聞き手という他者によって彼らに還されてくる自分、つまり聞き手という他者に自分を映し、移すことでとらえられる自分では語り得ない残余としての自分、その自分を彼らは〈いま・ここ〉において生きているのである。

　そして、その自己はまた、かけがえのない人との〈あいだ〉として、自己を選択し直すことで、歴史をそのつど、再構成しながら、〈いま・ここ〉においてその歴史を生きようとする。これが、世界そのものであり、そこに息づいている生き生きとした自己なのである。世界とは他者とのかかわりにおいて、そのつど、自己を立ち上げる「親しい」ものであり、自己とは、つねに他者との関係性において、〈いま・ここ〉つまり語るその時に立ち上がる〈わたし〉なのである。

　しかも、このような語りがつくり出す〈いま・ここ〉の〈わたし〉は、人々が用いる言葉つまり〈ことば〉と深いかかわりをもちつつ、私たちを〈いま・ここ〉において構成し直すこととなる。〈わたしたち〉である。私たちは世界に投げ込まれてあることで、世界をすでに分有して、世界に親しんでつながっており、〈ことば〉によって〈わたし〉が他者との〈あいだ〉として立ち上げられる時、世界は他者との〈あいだ〉つまり「よきこと」の分有として、〈わたしたち〉を生成するのだといえる。つまり、私たちは〈ことば〉を用いることで、〈あいだ〉そのものとして自己を、すなわち〈わたしたち〉を生み出さざるを得ないのである。

4.　〈いま・ここ〉にそのつど、つねに、すでに在る

　上記のように〈あいだ〉としての自己がとらえられる時、改めて過去との〈あいだ〉であり、かつ他者との〈あいだ〉である自己の存在の在り方とは一体どのようなものであるのか、つまり自己という存在の様態をとる〈わたし〉の自己性とは、自己がどのような〈あいだ〉として生成することで生まれるものなのかをとらえることが求められることとなる。

(1)　自己と自己との〈あいだ〉としての時間

　自我の問題を時間とのかかわりにおいてとらえようとしてきた大森荘蔵は、上記の〈いま・ここ〉の質的固有性をいうために、「他我」を導入し、「自我」と「他我」とが一対として世界のなかに発生する場として知覚されるところを「今という瞬間」つまり「現在」であると規定している（大森 2023、pp. 18-19)。

　この大森の議論を、精神病理学者の木村敏の議論と重ねると、次のような自我の在り方が見えてくる。木村は精神病者をその時間制（いわゆる時間ではなく、それぞれがもっている自己に課した時間の在り方）において分析することで、ポスト・フェストゥムとアンテ・フェストゥムという概念を提示する（木村 2006)。

　ポスト・フェストゥムとは、「祭のあと」、つまりやっちまった感にとらわれてしまって、取り返しのつかない自分を抱えて、その自己に没入している、完了態を生きようとするうつ病者の状態である（同上書、p. 192)。また、アンテ・フェストゥムとは、「祭のまえ」、つまりいまだやってこないのに、何かがやってきてしまっているという、時間先取り的になり、落ち着かない自分を抱えて、自我統合が困難になっている分裂症患者の状態をいう（同上書、p. 198)。木村は次のように述べている。ポスト・フェストゥムとは「もはや手遅れで回復不可能な『あとのまつり』という性格を帯びた基礎的事態」であり（同上書、p. 192)、アンテ・フェストゥムとは「過去志向すらも巻きこんだ未来の先取であり、過去・現在・未来の全時間様態をつらぬく一貫した将来への先駆の、一つの部分的局面」である（同上書、p. 198)。

　見られるように、木村の議論であるポスト・フェストゥムとアンテ・フェストゥムは、時間つまり「既に在る」（「あってきた」）自己と「未だ在らざる」（「ある」ことを課せられた）自己との〈あいだ〉にあって、「既に在る」自己にとられながら「未だ在らざる」自己に後れを取る、つまり負い目を感じて、自己になれない自縄自縛な状態に「ある」病理なのか、「未だ在らざる」自己が望ましいものとして実現し得るかどうか、決定を不安のなかで待って「いる」病理なのかを描くものであるといえる。いわば、自己とは「既に在る」自己と「未だ在らざる」自己との〈あいだ〉として「ある」のである。

　そして、この自己との〈あいだ〉が自己であることによって、その「既に在る」ことと「未だ在らざる」こととが時間を生み出し、過去と未来とを〈あいだ〉において生成することとなる、つまり自己が時間の場となるのである。時間とは自

己に固有の存在の在り方、つまり時間性なのだといえる。

(2)「先駆的決意性」：時間性と空間性の統合としての自己

　この議論は、木村がハイデガーを参照しつつ議論を進めているように、ハイデガーのいう時間論と重なっている。ハイデガーは、世界に被投である現存在は、世界に被投であることによって気分づけられている、つまり「情態」づけられているという。しかも、その情態性は「死への先駆」においても、生じている。死を先取りすることで、つまり自己の死を死ねない私たちは死を先取り的に感受することで情態づけられ、その死を感受する不安に駆られることで、世界つまり〈ひと〉としてのその他大多数に身を隠している状態から身を引き剥がして、自己の固有性を認識し、現存在として〈いま・ここ〉に立ち現れている自己を意識し、自我を形成することになる。これをハイデガーは、「〈ひと〉からじぶんを連れもどすこと、つまり〈ひとである自己〉が本来的な自己存在へと実存的に変容する」（ハイデガー、前掲書、p. 211）ことだという。

　そして、ハイデガーは、この「本来的な自己存在」とは「決意性」だといい（同上書、pp. 212-213）、それをもたらすのは「良心」だという（同上書、p. 219）。

　自己が「世界-内-存在」である現存在であることによって、自己が予めもっている「良心」を呼び醒まし、かつその呼び声に〈ことば〉が与えられることで、自己が自己を呼び醒ますこと、つまり「決意性」をもたらし、自己を投企主体へと生成することとなる。自己は、「死への先駆」という時間性が世界という空間性へと展開しつつ、「世界-内-存在」としての自己という時空間を開示するものとして、生成されるのである。

　ハイデガーは、これを次のようにいう。「本来的に到来的に、現存在は本来的に既在して存在している。」（同上書、p. 455）つまり、木村のいう have been myself が回帰的に have to be myself へと到来する（木村、前掲書、p. 202）、すなわち「既に在る」自己が「未だ在らざる」自己によって現れて在らしめられ続けることで、現存在の時間が生成され、かつそれは世界に被投であることによって、〈ひと〉から自己を引き剥がした固有の時空として生成しつつ、〈ひと〉そのものが、そのように自己生成する時空間として措かれるというのである。

　それゆえに、ハイデガーは次のように現存在である自己を定義する。「既在しつつ現在化する将来としてこのような統一的な現象を、私たちは時間性と名づけ

る。」（ハイデガー、前掲書、p. 457）現存在とは時間性なのである。

　ハイデガーは将来（先駆性）が現存在を情態づけることで、既在が現在へと立ち現れ、自己という現存在を生み出す（決意性）のだというのである。いいかえれば、現存在が自己として自己によって意識化されるとは、固有の時空間として自己を生成し続けることだということである。

（3）AAR 代謝としての自己へ

　ここで筆者は、この将来を未在と読み換えたいと思う。つまり、未だ在らざる自己を漠然と感受して（「じぶんに先だって（なんらかの世界）の内ですでに存在している」（同上書、p. 461））、不安に駆られることで、それが既在つまりこれまで既に在ったであろう自己（「当の存在者はそれが存在しているかぎり、そのつどすでに被投的なもの」（同上書、p. 464））を召喚して、現れ在らしめることで、現存在としての自己が現在化する、つまり自己を〈いま・ここ〉において意識化して、自我を立ち上げる（「現存在であるならば、つねにひたすら被投的な事実として「みずからを見いだす」」（同上書、p. 465））のであり、「情態性において現存在は、なお存在しつつあるにもかかわらず、じぶんがすでにそれであった存在者として、つまり既在しながら不断にそれである存在者としてじぶん自身によって襲われる」（同上）のである。私たちの時間の構造はこのようになっており、だからこそ私たちは世界内にあって、〈ひと〉に没入しつつも、自己の固有性を生成し続け得るのだとはいえないだろうか。

　〈わたし〉という自己は、未在によって既在が〈いま・ここ〉において召還されて現在となるその在り方であり、かつ世界に被投であり、未在・既在・現在が時空間を構成するその〈関係〉の在り方、つまり〈関係態〉としてある〈わたしたち〉なのだといえる。

　そして、この自己の在りようはまた、大森が過去を問うことで、次のように述べていることと重なっている。「想起体験の中でのみわれわれは『過去』を経験できる……」（大森、前掲書、p. 22）。想起という営みを体験することのなかで、「過去」を経験する、つまり想い起こすことを体験することで、過去が「過去」として意識される、とは、いわば過去が改めて「過去」として立ち上げられるということである。だから大森は続けて次のようにいう。「想起とは過去の知覚体験の再生ではなく、過去の風物の初体験なのである」（同上）。ハイデガーのいう

未在によって既在が召還されて現在化するそのありようを示しているかのようであり、かつ既述の〈いま・ここ〉に自己を立ち上げる語り手の在り方を述べているようである。そして、大森はさらに次のようにいう。「想起体験の内容が過去だと意識されることの中に、それが想起体験自身よりも以前だということが含まれている」（同上）。

　大森が措いている想起する主体である自己は、未在が既在と共振するかのようにしてそれを情態づけているハイデガーのいう世界へと被投である存在の様態であり、かつ想起によって現在化している「過去」を認識している現在（現れて在る）存在のことであるように読める。つまり、大森が認識の主体として前提的に措いている「自我」に先立つ自己とは、未在と既在の共振の場としてありながら、未在が既在を召還して現在として立ち上げている「過去」を〈ことば〉によって認識している現在つまり現存在の在り方なのだといえるのではないだろうか。自己とはつまり、未在と既在が共振しつつ現在として現れて在る時空間の在り方、すなわち自己との〈関係態〉なのである。

　そしてこの自己は、既述の AAR の連鎖運動と重ねられることで、代謝運動として構成され直すこととなる。しかもその自己はつねに世界に被投であることによって、世界に呼びかけさせ（情態づけられ）、そうすることで応答し（未在によって既在が召還され）、〈いま・ここ〉に現在することになる固有の時間を生きる、つまり「生きる」ことをともにする〈わたしたち〉の〈わたし〉として立ち上がることとなる。この〈わたし〉において、既述の過去との、そして他者との二重の拘束性による〈あいだ〉とは、情態づけられ、未在によって召還された既在が現在化し、〈ことば〉によって認識されたものとして「過去」つまり〈わたしたち〉が構成されることであり、また世界によって呼びかけられ、応答することによって、〈ことば〉によって認識され、生み出される他者を組み込んだ「他我」と一対をなす「自我」である〈わたしたち〉が構成されることによって生み出される、〈わたし〉の在りよう、つまり存在様態であることとなる。

　〈わたし〉とは〈わたしたち〉のなかに自己を見出し、〈わたし〉のなかに〈わたしたち〉を見出しつつ、自己との〈あいだ〉として固有の自己を生成し続ける存在の在り方なのである。

　この自己の在り方を上田假奈代の議論（上田 2022）を借りて、AAR 代謝のジグソーパズルモデルと呼びたいと思う。それはまた、個体を中心とした自己実現

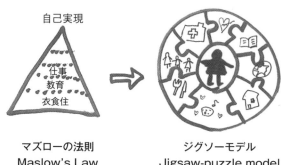

図3　個体から関係態へ
（マズローの法則とジグソーパズルモデル）

出典：上田假奈代氏提供。東京大学大学院教育学研究科社会教育学研究室主催公
開講座「社会教育の再設計・シーズン3」における講義資料の一部（第2
回「こえとことばとこころの部屋ココルーム」2022年2月17日、オンラ
イン）

を価値とする均質な直線的時間軸に沿った発達のモデル（たとえば、マズローの
法則に見る自己像）ではなく、むしろ他者とのかかわりにおいて「はまる」こと
（世界に被投であること）で、自己を思わぬ形で引き出され、開発され、そのつど、
つねに、すでに、〈いま・ここ〉において新たに生まれ続ける（未在によって召
還される既在が生み出す現在という存在の在り方）、つまり代謝し続ける〈わた
し〉が〈わたしたち〉として〈社会〉を構成し続ける、（世界・時間そして他者
との）〈関係態〉としての自己である。（図3、図4参照）

おわりに ── 対話的自己へ

　上記の議論からは、さらに次のことを指摘することができる。つまり、そのつ
ど「よきこと」を実践しようとする、共通善の社会的実践を通した「社会我」（寺
中作雄）の形成、すなわち自己の生成は、自己と他者とのその場その場の〈関係〉
に駆動されて、その〈関係〉をよりよいものへと生成し、変化させようとすると
いう、いわば再現性ではなく、一回性の継起として、自己と他者とをそのつど、
つねに、生成する、すなわち、すでに在る（既在の）自己を召喚することで、な
されているということである。しかも、その自己と他者との〈関係〉は、自己を

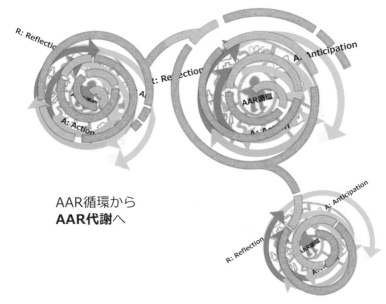

図 4　AAR 代謝のジグソーパズルモデル

(筆者作成)

時空間として生成し続ける自己の固有の在り方なのでもあった。

　自己形成そのものが、他者と自己との〈関係〉の在り方の組み換えのプロセスとしてあり、自己そのものが、その〈関係〉の在りよう、つまり他者を意識し、かつ他者に自己を見出して、自己との〈あいだ〉をつくり出す自己の存在の在り方――ここではこれを〈関係態〉と呼んでいる――、すなわち「社会我」として生まれ続けているのである。ここでは、自己の在り方そのものが、自己と対話的であるのだといえる。これはまた、普遍的・一般的な非人称の存在の在り方としての「生きること」が、二人称・三人称の他者を経て、一人称の私の「生きること」へと接続される時に生じる違和感、つまり「スキマ」や「ズレ」の感覚が私の固有性を生み出しつつ、私を〈わたしたち〉である〈わたし〉へと産出する、その在り方を、つまり〈わたし〉という自己の自己性は、「スキマ」「ズレ」の違和感を生み出す〈あいだ〉として生成していることを示している。

　対話的自己であるとは、つまり自己が他者との〈あいだ〉として、対他性を媒介として自己へと還ってくることで、自己との〈あいだ〉を生成する在り方であ

り、そのプロセスにおいて「よきこと」を感受することが自己感受へとつながりつつ、自己を形成する実践が「よきこと」を実現する営みであり、その「よきこと」の実践を通して、自己を「社会我」つまり〈わたしたち〉の〈わたし〉として生み出しつつ、その実践を通して、〈わたし〉が〈わたしたち〉として世界に現前し、それがさらに〈わたし〉を産出するという、終わりのない一回性の、自己産出の継起が続くことである。いわば、〈わたし〉は「よきこと」を生み出し、実践し、それを通して〈社会〉を構成し、その「よきこと」に担われることで、自己変革と社会変革を〈関係態〉つまり〈あいだ〉として生成し、そこに自己の自己性をみているのだといえる。

［引用・参考文献］

・上田假奈代「こえとことばとこころの部屋ココルーム」東京大学大学院教育学研究科社会教育学研究室主催公開講座「社会教育の再設計・シーズン3」における講義（第2回・2022年2月17日、オンライン）
・大森荘蔵（2023）『時間と自我』（新装版）青土社
・小田切徳美（2014）『農山村は消滅しない』岩波新書
・木村　敏（2006）『自己・あいだ・時間―現象学的精神病理学』ちくま学芸文庫
・『中日新聞』（岐阜版）2020年4月17日
・寺中作雄（1946年1月）「公民教育の振興との構想」『大日本教育』
・東京大学大学院教育学研究科社会教育学・生涯学習論研究室「ぎふスーパーシニア」共同研究チーム『ともに当事者になるということ―「ぎふスーパーシニア」共同研究第3年目の報告』（学習基盤社会研究・調査モノグラフ19）2020年5月
・ドゥルーズ，ジル／ガタリ，フェリックス：著、市倉宏裕：訳（1986）『アンチ・オイディプス』河出書房新社
・ハイデガー：著、熊野純彦：訳（2013）『存在と時間（一）』岩波文庫
・牧野　篤（2011）『認められたい欲望と過剰な自分語り―そして居合わせた他者・過去とともにある私へ』東京大学出版会
・牧野　篤（2021）『発達する自己の虚構―教育を可能とする概念をとらえ返す』東京大学出版会
・マルクス：著、エンゲルス：編、向坂逸郎：訳（1969）『資本論（一）』岩波文庫
・やまだようこ（1995a）「生涯発達をとらえるモデル」無藤　隆・やまだようこ：編『講座　生涯発達心理学1　生涯発達心理学とは何か―理論と方法』金子書房
・やまだようこ（1995b）「『発達』と『発達段階』を問う―生涯発達とナラティブ論の視点から」無藤　隆・やまだようこ：編『講座　生涯発達心理学1　生涯発達心

理学とは何か―理論と方法』金子書房
・若林　恵（2018）『さよなら未来―エディターズクロニクル 2010-2017』岩波書店
・OECD（2018）, THE FUTURE OF EDUCATION AND SKILLS, *Education 2030*, Position Paper.

第3章　教師の養成・研修の「臨床性」
── 奈良女子大学・奈良教育大学の 法人統合の現場からの覚書 ──

西村拓生

はじめに ── 開放制と目的養成の邂逅

　これからの時代に、教職を志す学生さんたちが教師になるために、また（後述するように）教師に「なり続ける」ために、求められる教師の養成と研修のあり方とは如何なるものか。──その問いを、ここでは奈良女子大学と奈良教育大学という2つの国立大学の「法人統合」の現場に即して考えてみたい。結論めいた見通しをいうならば、それは教師の養成・研修の「臨床性」を臨床的に考える試み、ということになる。

　本章の筆者はかつて奈良女子大学に勤務し、文学部の教育学・人間学コースというところで、必ずしも教員養成に限定されない教育学一般の研究・教育に従事しつつ、全学（文学部、理学部、生活環境学部および大学院）の教職課程の運営を担っていた。自ら教職課程で担当していた授業は「教職論」「教育原理」「教育実習」「教職実践演習」などである。奈良女子大学は、いわゆる教員養成系ではない一般の総合大学である。そこで教職を志望する学生さんたちは、それぞれの学部で専門の学問を修めつつ、国語、社会科（地歴、公民）、英語、数学、理科、情報、体育、家庭科、そして小学校、幼稚園などの教員免許取得のために教職課程を履修している。すなわち「開放制」の教員養成である。

　さて、この奈良女子大学が、2022年4月から同じ奈良市内にあるもうひとつの国立大学、奈良教育大学と「法人統合」することになった。これは大学の運営組織（私学だったら学校法人にあたる）を統合して運営の合理化を図るもので、それぞれの大学本体は引き続き2つの別々の大学として存続する。（この法人統合の動き自体が今日の教員養成をめぐる大きな問題状況に直接的に由来するもの

なのであるが、そのことは後述する。）教職課程も基本的には引き続き別々では
ある。しかし私たちは、この法人統合を機に、両大学が行う教師の養成・研修の
連携や部分的統合を進めようとした。それは、ひとつには合理化の一環ではある
のだが、そのような外在的な理由よりも（じつは統合によって合理化できる部分
はそれほど多くはない）、むしろ、これからの教師の養成と研修を考えた時に、
両大学の連携が、ある種の歴史的必然であると考えたからである。それはどうい
うことか。

　奈良女子大学の前身は、明治43年に創設された奈良女子高等師範学校である。
これは女学校（中等教育）の教師を養成するための学校であった。大学への入学
が許されていなかった戦前の女性にとって、奈良と東京の2つの女子高等師範学
校は唯一開かれた高等教育機関であり、いわば女子の最高学府として、全国から
優秀な女子学生が集まっていた。他方、奈良教育大学の前身は、（細かくはいく
つかの流れがあるのだが）その歴史が明治21年まで遡る奈良師範学校である。
優秀な小学校（初等教育）教員を輩出し、奈良県の学校教育を主導してきた学校
であった。この2つの学校、じつは第2次世界大戦後の学制改革のなかで「奈良
学芸大学」というひとつの大学に統合されるはずであった。ところが、奈良女子
高等師範学校の同窓会（佐保会）がこの方針に強硬に反対し、GHQや政財界に
働きかけて統合方針を撤回させ、単独で2つ（後に3つ）の学部をもつ一般の総
合大学として奈良女子大学になったという経緯が伝えられている。そこで奈良師
範学校のほうは当初、奈良学芸大学、後に昭和41年に奈良教育大学（この改称
の意味についても後述する）という教員養成のための単科大学になり、その後の
70年あまり、2つの大学はかなり隔たった別々の道を歩んできた。

　この時の経緯から、奈良女子大学はアカデミズム志向の強い大学であったが、
しかし女子高等師範学校の伝統は根強く、戦後も多くの教員が輩出してきた。現
在でもおよそ半数から3分の1の学生が教職課程を履修する。その意味で私たち
は、一般大学における「開放制」教員養成のトップランナーを自認してきた。こ
の教員養成の「開放制」の意義は、今日ではあまり省みられることはないが、戦
前の、帝国大学と別枠のいわゆる「師範教育」によって国家に従順な存在として
養成された教師たちが子どもたちを戦争に駆り立てることになってしまった反省
から、教師は閉ざされた専門教育ではなく、開かれた大学教育によって養成され
るべきである、という主旨で確立された制度である。単なる高度な専門教育と大

学教育との違いは何か。それは後述するように「教養教育」の有無である。それ故、戦後に各地の師範学校が大学になった際の名称も「学芸大学」であった。この「学芸」は英米語で「教養」に相当する「リベラル・アーツ」の訳語に由来している。従って、奈良女子大学における教員養成は、単に各専門分野における高度な学問を修めて教師になる、というだけでなく、大学が「大学」である所以の深い教養を身につけて教師になる、ということを志向するものである。（教養に敢えて「深い」という形容詞をつけること——普通は「幅広い」といわれることが多いかもしれない——や、それを「身につける」という言葉のニュアンスについては後述する。）

　しかし、この「開放制」教員養成の意義は、今日もはやあまり意識されないのみならず、むしろ逆風にさらされている。奈良女子大学では 2019 年 4 月から文学部に幼稚園・小学校の教員養成に特化したコースを新設した。この変更により、幼稚園・小学校の教職課程の履修はコース所属の学生に限定され、他の学部・学科・コースの学生には閉ざされることになった。文部科学省と中央教育審議会の方針に従ったものであるが、私たちとしてはきわめて不本意な変更であった。奈良女子大学が幼稚園・小学校の教員養成について「開放制」を放棄せざるを得なくなった理由は、少なくとも初等教員養成において近年、「目的養成」が強調されるようになっているからである。「目的養成」とは、しばしば「開放制」と対になって使われる言葉であり、もっぱら教師になるという「目的」に特化して「養成」を行うという意味である。その限り「開放制」とは相いれない。近年それが強調されるのは、戦前の師範教育のような国家統制を再び強めたいという意向によるというよりは（それも警戒すべきではあるが）、学校教育が直面するさまざまな困難に対応できるように教師の専門性を高めたい、という「善意」によるものと思われる。一部の教育学者もそれを熱心に推進している。（さらに後述するような縮小圧力に抗して国立の教員養成大学・学部を擁護したい、という動機もあるだろう。）このような状況に直面して、私たちは、あらためて「開放制」と「目的養成」の関係の問い直しを求められることになった。

　そのような折に、奈良教育大学との「法人統合」の話が持ち上がった。先方はいうまでもなく「目的養成」を旨とする教員養成大学である。両大学の連携は、戦後、一度は統合されるはずだったにもかかわらず別々の道を歩んできた 2 つの大学の軌跡が、ここに来て再び交わる、という歴史的因縁にとどまらず、教員養

成における 2 つの原理が、相反するのではなく、あらためて有意義に協働する可能性を追求する契機となるのではないか。それは、日本の教員養成が抱え続けてきた歴史的課題への、あらためての取り組みとなるのではないか。——私たちは、そのような構えで連携に臨もうとしていた。では、そこでは何が志向されたのか。本章は、それを確認するための覚書でありつつ、これからの時代に求められる教師が育つためには何が必要なのかについて、私たちの固有の場での取り組みを通じてひとつの提案を試みるものである。

1.　教科の専門性と実践体験からの学び

　まずは、あらためて「開放制」と「目的養成」、それぞれの利点を奈良女子大学と奈良教育大学に即して考えてみよう。
　奈良女子大学の卒業生は全国各地の高校・中学で教師として活躍している。たとえば分子生物学の最前線を学んだ理科の先生とか、万葉集に造詣の深い国語の先生とか、大学での学びにもとづき、それぞれの教科について高い専門性をもつことが教師にとって大切であることは論を俟たない。そして、そのことはじつは教科指導に限られない、教育関係の基盤である教師の「権威」の所以にもかかわる問題である。初等教育の段階では、教師は教師であることだけで、子どもにとって権威であり得る。しかし中等教育段階になると、生徒たちは、教師もまた、けっして完璧ではないひとりの人間であることがわかってしまう。それでもなお、教師が権威たり得るとしたら、その拠り所は教師の専門性である。あの先生、人間的には欠点もあるけれど、歴史の知識はすごい、とか、数学の力はとてもかなわない、とか。「開放制」の教員養成は、奈良女子大学のような一般大学において、そのような高度な専門性をもった教師を育てることができる。
　今、中等教育段階では、という話をした。では、初等教育段階では、教師にそのような専門性は求められないのだろうか。たしかに小学校では専科の先生は例外的で、基本的には教師はすべての教科を教える。一見、高校・中学のような教科の専門性は求められないようにみえる。「目的養成」志向が強まっているのも、まずは初等教員養成においてである。しかし、本当にそうだろうか。
　奈良女子大学には附属小学校がある。大正新教育の時代以来、子ども中心の（今風にいえば）総合学習やアクティブラーニングを実践し続け、常に新たな試

みのモデルとなっている学校である（奈良女子大学文学部附属小学校学習研究会2003）。そこでの子どもたちの学びは、一見したところ「子ども中心」で、教師は「教えない」ようにみえる。しかし、よくみていると附属小の教師は、子どもたちの活動をじっくり見守りつつも、的確なタイミングで問いを投げかけたり、議論を方向づけたりしており、それによって子どもたちの学びが深まっている。ただやみくもに子どもたちに委ねて、話し合わせているわけではないのである。では、子どもたちが自ら学ぶ力を信じながら、それを阻害しないように「出る」——という言い方が附属小ではされる——タイミングを教師に教えるものは何か。それは、子どもたちの学びの道筋についての透徹した見通しである。すべての教科についてそれを極めるのは大変だろう。しかし、ある教科において的確に「出る」ことのできる能力を磨けば、それは他の教科にも応用される。実際附属小の教師たちはそれぞれが専門の研究教科をもっており、逆説的なことに、特定教科のエキスパートだからこそ、総合学習やアクティブラーニングのよき導き手たり得ているのである。その意味で、高度な専門性は初等教育においても、じつは決定的に重要である。

　おそらく「開放制」の奈良女子大学での教師養成は、このような教科の専門性においてアドバンテージをもっている。その利点を奈良教育大学と可能な範囲で共有できないか、というのが連携のひとつの眼目であった。では、「目的養成」のほうの利点は何か。最初から教職を志望する仲間たちと、教職課程を中心におくカリキュラムで学ぶことによるモティベーションの高さ、ということはあるかもしれない。しかし奈良女子大学でも、最終的に教職に就く学生さんたちのモティベーションは非常に高い。教職課程のカリキュラム自体は文科省の基準に従っている限り、差異は無い。大きな違いは、カリキュラム全体に占める教職課程の位置づけだろう。実際、奈良女子大学で教職課程を履修する学生さんたちは、専門教育に加えて多くの授業を履修するので、かなり忙しい。では、それと比べたら余裕があるはずの教育大学の学生さんたちだからこそ可能になっていることは何だろう。近年の教職課程の動向からすると、それはインターンシップのようなさまざまな実践体験を通じた学びかもしれない。奈良教育大学のような、地域に人材を輩出してきた地方の教育大学・学部は、必然的に地域の学校現場とのつながりが強い。加えて近年、教員の「養成・採用・研修」の一体化を推進する文科省の意向を受けて、奈良教育大学は奈良県教委との連携を強化している。

それに比べると奈良女子大学は、学生の出身も就職先も全国に広がるため、奈良という特定の地域とのつながりは強くない。そこで、上記のようなカリキュラム上の物理的時間的制約はあるにせよ、奈良女子大学で教職を志望する学生さんたちにも、奈良教育大学が有する地域の学校現場とのつながりを利用させていただき、より豊かに実践に即した学びを体験させたい、というのが、連携のもうひとつの眼目であった。

　ただし、ここで考えねばならないのは、体験すればそれでよいのか、という問題である。さまざまな教育現場に赴いて観察したり実践したりする体験が本当に教師としての力量につながるためには、それを然るべき仕方で反省・省察すること（リフレクション）が必要である。これは、たとえば教育実習やインターンシップの事前・事後指導の課題であるのみならず、現職教員の研修にとっても、じつは死活的な問題である。そのことを、奈良女子大学において私たちは教職大学院（福井大学・奈良女子大学・岐阜聖徳学園大学の連合教職大学院）への取り組みを通じて考えてきた。それは次々節であらためて論じることにしたいが、「目的養成」の場で学生さんたちに用意され、求められているさまざまな実践体験を、真に有意義な学びにつなげるためには何が必要なのかを追究し、教員の養成と研修のカリキュラムに具体化していくことも、私たちの連携にとって本質的に重要な課題であった。

　もうひとつ、奈良女子大学と奈良教育大学とのカリキュラムを比べて、さしあたり女子大のほうのアドバンテージと思われたのは、教養教育の厚みである。科目の数も多様性も（そして、それ以上に大切なのが後述するようなコンセプトなのであるが、その点でも）豊富な女子大の教養教育科目を教育大の学生が履修できるようにする、ということが期待されていた。しかし、ここでもちょっと立ち止まって考えてみたい。たしかに上述のように、戦後の教師教育改革においては教師の「教養」が重視されたが、そもそも教師にとって「教養」とは何なのか。如何なる意味をもつのか。どのような「教養」が求められるのか。――奈良教育大学には近年、教育委員会から「新人教師にもっと教養を身につけさせること」が求められるのだそうである。それは、「学校以外のことを知らない世間知らずの教師では困るから」だそうである。このような期待や要請には、かなりナイーブな誤解と本質的・原理的な問いかけとが含まれているように思われる。そこで次に、あらためて教師の養成・研修にとっての「教養」の意味について考えてみ

たい。

2. 教師に必要な教養？

「目的養成」の奈良教育大学はカリキュラム全体が教師養成に方向づけられているので、そこでの教養教育も、それを前提としたもの——と考えるべきだろうか。しかし「教養」にしても「リベラル・アーツ」にしても、本来の意味は、特定の職業に就くための教育ではなく、人間が「人間」になるために不可欠な、普遍的な人間形成の営みを意味するものであった。少なくとも歴史的かつ原理的には、そうである。「一般教養」という言い方がされるのも——これも非常に誤解を招きやすい言葉ではあるものの——この普遍性を意味している。それ故、教師にせよエンジニアにせよ、何か特定の職業のための教養、というのは本来、形容矛盾である。そして歴史的には、この教養教育こそが、大学が「大学」たる所以、それを単なる高度な専門学校と分かつ、不可欠の要素であった。戦前までの日本がモデルにしたドイツ型の大学の「教養」にしても、戦後の新制大学のモデルとされた米国型の「リベラル・アーツ」にしても同様である。

　しかしながら、新制大学発足当初には重視された教養教育は、次第に形骸化して、軽視されるようになっていった。国立の教員養成単科大学の名称が1966年に「学芸大学」から「教育大学」に変えられたのも、その傾向とおそらく無縁ではない。かつては大学設置基準で、すべての大学において専門教育の前に人文科学・社会科学・自然科学の三領域にわたって合計36単位分の科目を履修する教養課程の設置が義務づけられていたが、これは学生の学びのモティベーションを低下させ専門教育の効率を阻害するものとして批判されるようになり、1991年の設置基準「大綱化」によって教養教育科目の履修は各大学の裁量に委ねられることになった。その結果、起こったのは、教養教育の「崩壊」といわれる事態であった。そうなってみると、今度は手のひらを返したように「教養」の涵養を大学に求める声が社会や産業界から上がるようになり、近年、教養教育の再構築が大学教育の課題のひとつとなってきた経緯がある。

　では、あらためてそこで求められる「教養」とは何か。簡単に論じることはできない大きな問題だが、ここでもやはり、私たち自身の取り組みを通して語ってみたい。奈良女子大学では2012年から教養教育の再構築に取り組み、およそ3

年間の学内議論を経て、独自の教養教育のコンセプトを確立した[1]。私たちはそれを次のような5つの問い（後述するように、敢えて学生さんたちに「問い」を提起する形をとった）と7つのアプローチにまとめ、「奈良女子大学的教養」と名付けた。

　5つの問い──1.　大学ならではの学びとは何ですか？／2.　女性ならではの知というのはありますか？／3.　奈良で学ぶことを通じてあなたは世界にどんな貢献ができますか？／4.　大学で学ぶことはあなたと未来の世代の人たちにとってどんな意味がありますか？／5.　あなたがよく生きるために必要な知と技（わざ）は何ですか？

　奈良女子大学ならではの「教養」のあり方を敢えて「問い」の形で提起したのは、まずは教養を「幅広い知識」とか「一般常識」──学生さんたちに「教養」とは何か、と問いかけると、9割方、このような答えが返ってくる──といった「実体」としてとらえることをやめ、学んだ知識を（知識は大切ではある）活用して「よく生きる」ことができる、そういう「機能」としてとらえ直そう、というのが私たちの結論だったからである。しばしば耳にする「幅広い教養」という言い方には、どうしても、あれこれの知識（たとえば、かつてのような三領域にまたがる36単位分の授業内容）を知る、という意味合いが強い。そういう通念を打破したい。敢えていうなら、求めるのは「幅広い」ではなく、仮に狭くても「深い」ことである。そこで、これが「教養」です、というような実体視されがちな定義を避け、5つの問いを自ら考え、共に実践すること、それ自体が教養教育であり、その結果、身についたもの──「身につく」というのは単に「持つ」ことではなく、「機能」が身に備わるということである──が「教養」である、と提案することにしたわけである。この5つの問いには、「奈良」「女子」「大学」という固有の場で学ぶことの、時間と空間の広がりを視野に入れた、意味や価値への問いかけが含まれている。そして、あれこれの知識よりも、それを使いこな

1）この経緯については、学内議論を主導した奈良女子大学教育システム研究開発センターの当時のニューズレターに詳しい。Newsletter 15（2011年7月7日）～Newsletter 40（2017年3月30日）http://www.nara-wu.ac.jp/crades/newsletter.html（参照日 2024年2月1日）

す「機能」が大切なのだから、必然的にその学び方が重要になる。それが次のような7つのアプローチである。

　　7つのアプローチ——1. 知の創造に参加する／2. 社会的実践に飛び込む／3. 本物に触れる／4. 背伸びする／5. しっかり書く／6. 問いをあたためる／7. 他者と学ぶ、他者から学ぶ、他者を学ぶ

　まず1は、大学とは学校であると同時に知の創造の場であり、奈良女子大学の教員は一人ひとりが第一線の研究者であるので、教養教育においても、多様な分野の教員の研究の最先端に触れることを通じて学ぶ、ということ。2は、そのような大学の知は社会の現実と切り結ぶなかで創造され、社会は豊かな学びの源泉でもあるので、仲間と共に社会的な問題の解決に取り組む実践を通じて学びの意味を認識し、実感できることを重視する、ということ。3は、奈良はさまざまな「本物の」文化財や出来事に接する機会に恵まれた地なので、大学でも本物のモノや人や古典に触れることを通じて学ぶ、ということ。4は、大学は受け身で知識を与えてもらう場ではないので、教師が敢えて教えず、学生が少し背伸びして、自ら行動し、調べ、考え、気づくことを大切にする、ということ。5は、よく生きるためには物事を論理的に、そして深く考えることが必要なので、言葉を正確に読み取り、聞き取り、的確に要約して書くトレーニングを徹底的に行うことを通じて、タフで懐の深い思考の力を養う、ということ。6は、学問研究の対象も社会的現実も、簡単に短絡的にとらえることができない複雑さに満ちているので、安易に答えに飛びつかず、「正しさ」を疑い、問いを持ちこたえ、あたためることを大切に学ぶ、ということ。そして7は、大学の仲間たち、社会のなかで立場や専門や利害を異にする人たち、異なる文化に生きる人たち、といったさまざまな「他者」と積極的にコミュニケーションし、共に問題解決に取り組む経験を通じて学ぶ、ということである。

　以上のような教養教育のコンセプトにもとづき、私たちはカリキュラムの全体を見直すと共に、新入生が少人数ゼミで担当教員の専門的な研究に触れることを通じて、大学の学問が高校までの学習と如何に違うのかを体験してもらう「パサージュ」（この名称には、高校から大学への移行路であり、大学の学問のショーケースである、という意味をこめた）や、異なる専門領域の教員が学生と協働し

てひとつのテーマを追求する「教養コア科目」といった新しい試みを行ったのだが、さて、ここで問うべきは、このような学びによって涵養される「教養」と教師の仕事との関係である。

　「奈良女子大学的教養」は 3 つの学部に共通するものであり、特定の専門研究や専門職を前提とするものではまったくない。その意味で一般的なものだからこそ、教師になる学生にとっても等しく有意義であるはずである。もしもそれに加えて、敢えて教養教育としてとくに教師になる学生にとって必要な知識や技能の習得を志向するのであれば、それは教養と専門基礎の混同であり、教養を「機能」としてとらえようとする私たちの教養教育のコンセプトにもそぐわない、ということになる。しかし、「奈良女子大学的教養」から教師の仕事と教養との関係を考えることは無意味なことでもない。何故なら、教養があれこれの知識の集積ではなく、一人ひとりの学生がそれぞれに「よく生きる」ことを志向して学ぶことそれ自体だとしたら、教師を志望する学生が、そして現職の教師が、他ならぬ教師として「よく生きる」ために学ぶとはどういうことかを、私たちは問うことができるし、問うべきだからである。先に、新人教師にあらためて教養を求める教育委員会の要請について「ナイーブな誤解と本質的・原理的な問いかけ」と書いた。それが単に一般常識をわきまえるといった意味なら、アルバイト体験のほうがよほど有効かもしれない。しかし、たとえば奈良女子大学で「5 つの問い」を問いながら「7 つのアプローチ」で学んだ学生なら、学校現場で本質的に求められる教師になっていかれると、私たちは自負していた。

　教養は決して特定の職業に役立つためのものではないが、それが教師の仕事にとってどのように「機能」するのかを考えること、それを踏まえて教養教育と教師教育をつなぐ新たな学びのかたちを構想することは、奈良教育大学との連携のなかで私たちがあらためて取り組むべき大きな課題であった。そのひとつの大きな手がかりを、私たちは教職大学院の取り組みのなかに見出していた。そのキーワードが「リフレクション」である。

3.　教師に「なり続ける」ために

　2008 年に専門職大学院の一種として教職大学院の制度が作られ、現在では奈良教育大学を含むすべての国立の教員養成系大学・学部がこれを開設し、さらに

多くの大学が従来からの修士課程を教職大学院に一本化する流れにあった。奈良女子大学は教員養成系ではないのでこの流れに直接かかわることはなかったが、2018 年から 2024 年まで、福井大学および岐阜聖徳学園大学と連合を組んで、教職大学院をもっていた。その詳細な経緯にここで立ち入ることはできないが、理由は大きく 2 つあった。ひとつは、幼稚園、小学校、中等教育学校とある奈良女子大学の附属学校園における教員研修機能を強化するため、という戦略的理由である。もうひとつの理由は教育学的なものである。福井大学が展開してきた他に類例のないユニークな教職大学院の方式が、これからの教師の養成・研修にとって最も理に適った、優れたものであると考えたからである。それを「学校拠点方式」という。他の教職大学院では、現職教員の院生は、1 年目は学校現場を離れて大学で学び、2 年目は現場復帰しながら修士論文を書く、という方式をとる。しかし学校拠点方式では、現職教員は現場を離れず、むしろ大学院のスタッフがその学校を訪問して、教員の学校改革をサポートする。現職教員院生が大学に来るのは基本的に月に 1 回、土曜日に開催されるカンファレンス（他に年 2 回、全国から教員が集まるラウンドテーブルに参加する）。そこでは小グループに分かれて互いの実践について報告し、それを聞き合う。スタッフはそのファシリテーターを務める。学部から直接進学したいわゆるストレートマスターの学生も、拠点校という協力学校でインターンシップに従事しつつカンファレンスに参加する、という同様のシステムである。大学院での学びの中心は、自らの教育実践を振り返って語る「リフレクション」である。夏休み、冬休みの集中講義では大学に通ってテキストを読んで議論する座学もあるが、それもまた、各自のリフレクションを深める手がかりを得るためである。そして最終的に各自が 100 ページを超える「長期実践報告」を書いて修了する。スタッフの役割は、その息の長い道のりの伴走者であり、リフレクションの聞き手である。

　なぜこの「学校拠点方式」が優れていると考えたのか。そもそも教職大学院という制度が作られた背景には、教師の仕事を取り巻く状況が以前にも増して困難さを増している（その内実や理由をここで立ち入って論じる紙幅はないが）が故に（西村 2013）[2]、教職により高度な専門性が求められている、という状況認識

2）とくに第 4 章における臨床教育学の立ち上げをめぐる状況と、第 6 章における高度成長期以後の教師を取り巻く状況の変化についての考察を参照されたい。

があった。そのため（かつてもそうであったろうが、いっそう）今日では、教育実習をして教員免許を取って就職しても、直ちに「教師になれる」わけではない。実践のなかで、さまざまな子どもたちの姿に即して、同僚と共にリフレクションを重ねながら、常に「教師になりつつある」過程を生きることが、教師には求められているのである。そのための学びは、教職大学院の2年間で終わるわけではない。必要なのは、生涯にわたって実践とリフレクションを通じて「教師になり続ける」力を身につけることである。福井大学の方式は、そこに照準されているのである。

　もうひとつ、従来の教職大学院を含む教職研修には、理論と実践の関係をめぐるひとつの暗黙の素朴な前提があったように思われる。それについては次節であらためて論じるが、一言でいうならば、理論の学びが実践の外側に想定されている、ということである。だから従来の方式は、現職教員は大学に来て（ストレートマスターは現場に出る前に）学び、その学びの成果（理論）を携えて学校での実践に赴く、という想定である。しかし、果たして教師にとっての学びや理論は、そのように実践の外側にあるのだろうか。

　福井大学の方式の大きな原理的基礎のひとつであり、連合教職大学院でも必読のテキストとなっているのがD. ショーンの『省察的実践とは何か—プロフェッショナルの行為と思考』（D. A. ショーン　2007）である。ショーンは、「専門家」の活動に対する私たちの社会で支配的な見方は、それを科学的な理論と技術を厳密に適用する道具的な問題解決である、とする「技術的合理性」のモデルである、とみる。その典型は医学や法律、ビジネスや工学である。それに対して教育や社会福祉、都市計画といった仕事は往々にして「マイナーな」専門性とみなされがちである。しかしショーンは、技術的合理性モデルは専門家が直面する状況の複雑性を削ぎ落とすことによって成り立っているに過ぎない、と喝破する。それが有効なのは、特定の目的が合意され、問題の枠組みが明らかに確定している時だけだ、と。ところが人間にとって切実な関心の多くは、それぞれ固有で、不確実・不安定で、多様な価値が葛藤している状況のなかにある。教育や社会福祉、都市計画といった領域の専門家は、敢えてそのような「低地のぬかるみ」のなかで、容易に言葉で語ることのできない基準やルールに従って判断し、行為している。それを可能にしているものをショーンは「行為の中の省察（reflection in action）」と呼び、それにもとづいて「技術的合理性」モデルよりもはるかに複雑な実践に

従事している専門家たちのことを「省察的実践家」と称する。教職とは、このような意味でこそ高度に「専門的」なのである。

　だとすれば、高度な教職研修で求められるのは、実践の外側で理論を学ぶことではなく、むしろ自らの実践に即してリフレクションする力である。その力を育てるために設計されているのが、学校拠点方式の教職大学院なのであり、それが、私たちが福井大学と連合を組んだ所以である。ただし、現職教員が求める研修には、もうひとつ、上述のような教科に関する専門性を深めたいというものがある。教職大学院以前の教員養成系大学・学部の修士課程は、むしろそのようなニーズに応えてきた。その重要性は依然としてある。にもかかわらず、制度を作った以上、教職大学院を「成功」させねばならない、という政策的理由で従来型の修士課程が事実上廃止される流れは憂慮すべきである。教科の専門性を深めたい現職教員のニーズの受け皿がなくなってしまいかねない。そのような状況のなかで、奈良教育大学との連携は、学校拠点方式を基盤としながら、両大学のもつ教科の内容および教育法のそれぞれの専門性の強みを加えて従来型の修士課程へのニーズにも応え、教師に「なり続ける」教員を育て、サポートする、これからの教師の養成・研修のあり方を提起することを期していたのである。

4. 教育現実を構成する「言葉」、　実践において生成する「イデア」

　ここまで述べてきたように、教師にとっての「教養」の意味を考える際にも、教職大学院における教師の研修のあり方を構想する際にも、私たちが大切にしていたことを一言でまとめるならば、それは「臨床性」ということ——学生や教師一人ひとりの具体的な「今、ここ」に即して考えるということ——である。奈良女子大学における教養教育を考える際に、それを敢えて問いの形で提起したのは、教養というのが死んだ知識ではなく、一人ひとりの学生のなかで生きて機能すべきものと考えたからである。教職大学院で学校拠点方式にコミットしたのは、それが一人ひとりの教師の具体的な実践の場に即したリフレクションから学びを立ち上げる仕組みだからである。

　「臨床」という言葉は、30年ほど前から教育学のなかでもしばしば使われるようになっている。臨床教育学という学問領域もあるが、しかし多くの場合、この

言葉は単に「現場に役立つ」といった素朴な意味で使われているように思われる。「役立つ」ことが悪いわけではないが、そのような志向は、ともすればそれが「何のため」という問いを覆い隠してしまう。上述のショーンは、教師のような省察的実践家の仕事は「それぞれ固有で、不確実・不安定で、多様な価値が葛藤している状況の中にある」と述べていた。つまり、そもそも「何のため」かがけっして自明ではない状況から、教師の仕事は立ち上がるわけである。「臨床」という以上、私たちはそこから考えなければならないだろう。

　ショーンはさらに、省察的実践家の仕事は状況の中から解決すべき事柄に「名前を与え」、その文脈に「枠組みを与える」ことから始まる、とも述べている。この言葉のなかに、教師の養成と研修を「臨床」的に考えようとする私たちは、2つの大切なポイントを読み取ることができる。ひとつは、教師の仕事を方向づける「何のため」は、実践の外から与えられるのではなく、実践のなかから生成する、ということである。もうひとつは、その際に教師が実践について「語る」言葉の決定的な重要性、ということである。まずは後者から、もう少し考えてみよう。

　臨床教育学という学問領域が始まった時期にその原理的な基礎づけを行った皇紀夫は、P. リクールの議論に依拠して、私たちが教育の「現実」とみなしているものと、それを「語る」言葉との関係をラディカルに問い直している[3]。「理論」というのが言葉による構築物であるとしたら、これは上述のような理論と実践の関係の見方に根本的な転換を迫るものでもある。リクール－皇の議論にもとづいて、私たちは以下のように考えることができる。——私たちの日常的な教育行為は、いつもあらかじめ或るかたちをもち、構造化され、方向づけられている。教師として私たちは、決して行き当たりばったりで行為しているわけではない。意識していなくとも、その行為は何らかの方向性や構造をもっている。そのかたちはどこに由来するのか。それは、これまで私たちが読んだり聞いたりした教育に関する言葉である。ニュースや新聞記事かもしれない。小説やドラマの登場人物の台詞かもしれない。学校での出来事についての家族や友人との会話かもしれない。教職課程での授業内容かもしれない。要するに、教育に関する広い意味での

---

3) リクールに基づく皇の理論については、詳しくは、西村前掲書のとくに第5章を参照されたい。

思想や理論である。思想や理論の言葉は、そのようにして「現実化」している。他方、そのように私たちの教育行為を構造化し、方向づけている言葉は、けっして無から考えられたものではなく、その言葉の語り手や書き手の現実の日常的な教育の行為や出来事に由来したものである。私たちの教育的な行為や現実と、それを語る言葉とは、このように循環し、相互に規定し合っている、と。

　だとすれば、大切なのは、この循環を意識化し、よりよい方向での反省を可能にすることである。私たちがリフレクションを重視するのも、そのためである。自らの実践を振り返って語ることによって、まずはそれを無意識のうちに規定している教育理解が意識化、対象化される。さらに、聞き手や他の教師の言葉、そして新しい思想や理論の言葉との出会いを通じて、その理解は語り直される。語り直された教育理解は、言葉のままにとどまらず、再び現実の日常的な教育の行為や出来事の理解を方向づけ、私たちの実践そのものが変化するのである。このような営みとしてのリフレクションは、まさに教師が教師に「なり続ける」ための学びの核心といえるのではないだろうか。

　また、それはもうひとつのポイント、教師の仕事を方向づけるものは実践のなかから生成する、という見立てにもつながる。先に「理論と実践の関係をめぐるひとつの暗黙の素朴な前提」と述べた。それは、いわば理論と実践の関係を循環としてとらえるのではなく、与えられた（たとえば教職課程や教職大学院で学ばれた）理論が外から実践を導く、という理解である。それを端的に反映しているのが、近年、学校教育の現場でしばしば耳にする「PDCAサイクル」という言葉である。Plan（計画）-Do（実行）-Check（評価）-Act（改善）というサイクルを繰り返して教育を改善していくという、もともと経営学において企業の生産管理や品質管理の手法として提唱されたこの図式は、Planの前提となるものが、工場での生産活動における製品の仕様書や設計図のようなものであるならば、たしかに有効かもしれない。しかし——そもそも人間の教育をモノの生産と同じにとらえてよいのか、という疑問はさておき——それはまさにショーンが批判している「技術的合理性」モデルそのものである。とても教師の仕事の最も繊細で複雑な姿をとらえたものとは言い難い。では、それを語り得る言葉はないのか。

　昭和の初期から敗戦直後にかけて、西田幾多郎に学び、美的な色彩の濃い教育哲学を論じた木村素衞という教育哲学者がいた。彼は、彫刻家の制作の美学的考察に託して教師の教育行為の機微を原理的に考察している（木村 1997）[4]。——

彫刻家の鑿の一打一打を衝き動かしているのは、潜在的にはすでにみられているが、未だ顕現していない「美のイデア」である。しかし、それは未だ顕現していないが故に、次の一打を如何に打つべきかを客観的に知ることはできない。それ故、彫刻家は制作への衝動と躊躇との間で果てのない葛藤にさまよう運命にある。それを克服して彼が敢えて冒険的に次の一打を刻むことができるのは、むしろ彫刻家の思うようにはならない「外」としての素材が「歴史性」を帯びて、彼を限定するからである。それ故、彼の制作を導くイデアは、あらかじめどこかに存在しているのではなく、彫刻家の「内」なる制作衝動と「外」なる素材の限定とが切り結ぶ鑿の一打の切っ先において、その都度、生まれ出ているのだ、と。

　芸術的制作をめぐるこの議論は、如何なる意味で教師の営みの機微を語っているのか。教師にとって「鑿の一打」とは何か。——たとえば、授業中に立ち歩く子どもがいた時、その子にどのように働きかけるのか。着席を促すのか、そのままにするのか。大声で叱るのか、おだやかにいうのか。どのような言葉を発するのか。叱責や指示か、懐柔か、理由を尋ねるのか、あらためて集中できそうな課題を与えるのか。離れて声をかけるのか、近づいて語りかけるのか。その時の自分の表情や声色や姿勢は厳しいのか、柔らかいのか。そこには無数の可能性がある。どうしたらよいのか、マニュアルはない。判断基準が示されているわけでもない。けれどもたいてい、私たちは立ち往生せずに、その子に何か働きかける。その子にとって、あるいは学級にとって、よかれ、と思って働きかける。常に意識して判断しているわけではないけれども、一瞬一瞬、自らの行為を調整している。そこで働いているものは、何か。一方では、その子が、そしてその子も含めた学級が、どのように育ってほしいのか、という教師の願いがあるだろう。その子や学級にとっての「よかれ」である。それは、潜在的にはみられているけれど、未だ実現されていない子どもたちの姿＝イデアである。教師の行為はそれに促される。衝き動かされる。けれども、何が最善の行為かは、直ちにはわからない。その時、他方で教師の行為を制約しつつ支えるのは、当の子どもたちである。子どもたちにはそれぞれ一人ひとり固有の性格や学びの経験や、生育歴や家庭環境がある。その教師との関係の積み重ねがある。学級としての関係性がある。ある

4）木村の思想については、詳しくは、岡部・小野：編（2020）の第2章「木村素衞におけるイデアと救済」（西村拓生）を参照されたい。

いは、その教師がこれまでも他の子どもたちとかかわってきた経験がある。これ
らは教師にとって、いわば木村の語る「歴史的」な「外」である。（子どもたち
の存在を「素材」になぞらえることにはもちろん問題もあり、木村の議論も単純
ではないのだが、今はそこに立ち入らずにシンプルに議論を進める。）「外」であ
る子どもたちは、その「歴史性」の故に、けっして教師の思い通りにはならない。
けれども、そのことがむしろ教師の行為を支え、一瞬一瞬子どもたちに働きかけ
ることを可能にしている。——このように考えるならば、教師の営みは彫刻家の
それと原理的に同じであり、それを導くものは、あらかじめどこかに備わってい
たり外から与えられたりするのではなく、目の前の子どもたちと向き合う一つひ
とつの行為＝「鑿の一打」のただなかで、その都度その都度そこに生成している、
ということに、私たちは気づくことができるのである。

　木村素衞の思想にもとづいた以上のような理解は、PDCAサイクルのような単
純な語り方では言い当てられない、教師の営みの繊細な豊かさを明らかにしてく
れる。先述の、教育を語る言葉と教育の現実や実践との関係を踏まえれば、その
どちらかが正解でどちらかが間違っている、ということではないだろう。PDCA
で語れば、教師の実践はそのように単純に切り詰められていく。木村のように語
れば、教師の実践は繊細な奥行きをもったものとして立ち上がってくる。後者の
構えで教師の仕事をとらえるならば、その養成と研修は、実践の前に、あるいは
実践の外側で、必要な資質や能力や知識を装備させるようなものではなく、ある
いはそれに尽きるのでなく、あくまで自らの実践に即して、実践の内から、それ
を豊かな言葉で反省し、語り直し、新たに方向づけていく営みをこそ促し、支え
ることを志向するものでなければならない。それが、私たちの意味での「臨床性」
ということである。

5.　教師の仕事の臨床性と公共性

　教師の養成と研修を「臨床」的に考える際に、最後にもうひとつ、看過しては
ならないポイントがある。それは、教師の仕事の社会的文脈への眼差しである。
小論の冒頭で、2つの大学の法人統合の動き自体が今日の教員養成をめぐる大き
な問題状況に由来する、と述べた。端的にいうならば、少子化に応じて学校の教
員数の抑制・削減が財政政策的に要求され、そのため国立の教員養成系大学・学

部に対して縮減圧力がかかっているため、「生き残り」をかけて奈良教育大学が奈良女子大学に法人統合を持ちかけた、というのが事の発端であった。しかし、少子化だから教員数も減らすべし、というのは自明の理屈だろうか。少子化傾向のなかで教員数を維持すれば、一人ひとりの教師の負担は軽減され、多忙化をはじめ学校現場が抱える多くの問題が解決するだろう。そういう政策もあり得る。もちろん国家財政は有限だから、政策に優先順位をつけることは避けられない。要は、私たちの社会や国が教育にどれだけ優先的にお金をかけるのかという、優れて政治的な問題なのである。

　さて、これは教師にとって死活的に切実な問題であるはずだが、それについて教師たちが自ら声を上げる姿は、もはやほとんどみられない。今日の日本では、教師の世界からも、また学校教育のなかからも、「政治」は放逐されてしまっている。それには歴史的な経緯がある。かつての冷戦期、学校教育は激しいイデオロギー対立に巻き込まれた。政権党が学校教育をいわゆる「逆コース」に利用しようとしたのに対して教職員組合が激しく反発し、それを押さえ込むために、学校における政治的活動を抑圧する施策が一貫してとられた。たしかに教師には、戦前戦中にそうであったように、生徒に対して特定の政治的主張を教え込むことができる潜在的な可能性がある。しかし、その意味での教育の政治性が原理的・学問的に問われる以前に、学校教育における「政治」は抑圧され、もっぱら忌避される対象となってしまったのである[5]。

　教師の養成と研修の「臨床性」というと、このようなマクロな文脈とは一見かけ離れた事柄のように響くが、しかし、一人ひとりが教師として「よりよく生きる」志向においても、一人ひとりの子どもにとっての「よかれ」をリフレクションする際にも、それぞれの生きる社会的文脈を捨象して考えることなど、本来できないはずである。木村素衞のいう「外」の「歴史性」ということにも、それを教育に即してとらえるならば、当然、一人ひとりの子どもと教師の生きる歴史的・社会的状況が含まれねばならない。教師の仕事は、その状況に限定されつつ、それに働きかけ返すのである。そこまで視野に入れてこその「臨床性」でなければならないだろう。

　では、かつてのようなイデオロギー対立へのコミットメントとは異なる仕方

5）詳しくは、西村前掲書、第 6 章を参照されたい。

で、教師の仕事と政治との関係を考えることは如何に可能だろうか。その手がか
りとなるのが、近年の教育学における「公共性」をめぐる議論である。上述のよ
うな冷戦期の状況では、教育学においても政治は教育の世界の外部にある（べき）
ものと位置づけられ、その悪しき力から教育を擁護する、という姿勢がとられが
ちだった。しかし、高度成長期を経て教育の私事化傾向の強まりと新自由主義的
な教育政策によって、かつて学校教育を支えていた公的基盤が掘り崩されるとい
う状況の変化に直面して、さらに教育学の内部ではポストモダニズムの影響を受
けて教育関係に内在するミクロな政治性が意識されるようになって、あらため
て、学校や教育の外部からマクロな政治の姿でそれを支えつつ支配する「公」と
は異なる公共性のあり方が、教育学的な問いの対象となってきた。過去20年あ
まりのことである。（その経緯についてここで詳述することは紙幅が許さない。
別の拙論（西村、前掲、第3章）を参照していただければ幸いである。）

　この時代の新たな教育の「公共性」論に、私たちはひとつの共通した特徴をみ
ることができる。それは、学校のあり方や教師の仕事の根拠や基礎づけを、学校
の「外部」に求めるのではなく、学校における人々の議論やコミュニケーション
そのものの内に見出そうとする構えである。それらのなかでおそらく最もよく知
られた、佐藤学の構想を例に挙げてみよう。佐藤は、学校という場を、子どもた
ちが学び合うのみならず、教師たちが互いに専門家として学び合い、また保護者
や市民も学校教育に参加して、教育の公共圏を創造しつつ学び合う「学びの共同
体」として再構築することを提唱している。それは、学校の外部にそれを基礎づ
ける公共性を求めるのではなく、むしろ学校を公共性創出の過程そのものと再定
義し、その過程以外の何ものにも立脚しないことによって、逆に学校を民主主義
的な公共性実現のために本質的な契機とする、という構想である（佐藤 2006 な
ど）。

　このような新しい教育の「公共性」論においては、教育の「語り直し」が本質
的な重要性をもつことになる。たとえば「学びの共同体」において教育の公共圏
がつくり出される過程を、佐藤学は「小さな物語の紡ぎ合い」と表現していた。
親も教師も社会の人々も、そして子どもたちも、さしあたりそれぞれ多様な教育
の「物語」を生きている。「物語」とは、上述のように私たちの「現実」と不可
分の言葉の構築物に他ならない。教育のあり方や教育問題をめぐる議論やコミュ
ニケーションのなかで、一人ひとりの物語は異なった物語と出会い、葛藤や対話

を通じて「語り直される」。この「語り直し」の過程を通じて、教育の「公」が、いわば共有され得る物語として確立されていく。その先に、教育に内在するポジティブな意味での「政治」の可能性をも、私たちは展望することができるのである。

　学校づくりや学校運営といった大きな文脈のみならず、一人の子どもの教室での様子をどのように理解し働きかけるのか、といったレベルでも、語り合い／語り直しということには意味がある。たとえば先に挙げたような、授業中に立ち歩く子に対して、教師は木村のいう「一打の鑿」のように、その都度「よかれ」と願って働きかける。その行為は、リクール－皇の議論に依拠して論じたように、たとえ意識されていなくとも、常にあらかじめ構造化され、方向づけられている。それが「うまくいかない」時には、その子について、また自らの働きかけについて、他の教師と語り合うことによって、そこに別の見立て、別の筋立てがみえてくるかもしれない。あるいは、むしろ「うまくいっている」と思っている時こそ、そこに陥穽があるかもしれない。その時もまた、同僚の異なった語り、異なった視点に傾聴することで、自分にはみえていなかった現実に開かれるかもしれない。そのように語り合い／語り直すことにより、教師の実践はよりしなやかになり、教育現実がより豊かに重層的になる。

　このようなことは、ベテランの教師にとっては、あらためて「臨床」とか「物語」などと言わなくても、かつてはごくあたりまえに学校で行われていたことなのかもしれない。しかし近年、学校現場の多忙化や教師の気質の変化によって「同僚性」が希薄になり、互いの実践や子どもの姿について語り合う場や雰囲気も乏しくなっている、という指摘がされている。だとすれば、私たちはあらためてその大切さを確認して、その場や機会を意識的にもたねばならないだろう。「学校拠点方式」の教職大学院が目指しているのは、現職教員の院生がそれぞれの学校で、そのような語り合い／語り直しの場を自分たちで立ち上げる、その営みをサポートし、リフレクションを通じてそのための力を養うことに他ならない。同じことが、ストレートマスターにとっても、延いては教師の養成全般においても、大切な課題となることはいうまでもない。では、そのような教師は如何に育つのか。――教科の教育内容や教育方法の知識や技能だけでは、おそらく足りない。たとえば近代日本の学校教育の歴史を通じて、今の学校の現実が如何に作られてきたかを学ぶこと。たとえば教育社会学の知見を通じて、現代社会で学

校が期待されている、あるいは果たさざるを得ない役割をクールに認識すること。それと共に、それらの学びを単なる知識にとどめずに、子ども・教師・学校の「今、ここ」に即して、それを「よりよく」するために機能させること。そのためにこそ、やわらかく学び続け、豊かに語り直し続ける力と構えを身につけること。——要するに、先に論じた、本来の・本当の意味での（私たちの場合だったら、「奈良女子大学的教養」として具体化したような）教養教育である。

　教師の養成・研修の「臨床性」ということで私たちが志向しているのは、一人ひとりの教師の「今、ここ」から立ち上がるリフレクションが、協働的な語り直しを通じて公共性へと——冷戦期のそれとは異なるオルタナティブな政治性へと——開かれ、それがまた、一人ひとりが教師に「なり続ける」過程を支える、そのようなあり方である[6]。「開放制」の奈良女子大学と「目的養成」の奈良教育大学の連携においてその具体化を模索することは、あるいは戦後日本の教師養成が充分に果たし得なかった夢、未完のプロジェクトの継承であり得たのかもしれない。しかし、そういう言い方は後付けである。ここで述べてきたことは、あくまで私たち自身の教師養成・研修の現場から立ち上がったリフレクションだからである。なんとなれば、私たちもまた、教師を育てる教師であるのだから。

＊本稿を最初に執筆したのは2019年、法人統合に先立つ3年前であったが、その後、両大学の法人統合では、奈良女子大学側の工学部新設だけがいびつなかたちで追求されることになった。残念ながら教職教育における連携は等閑視され、筆者は2021年9月に奈良女子大学を離れたため、本稿は「未完」ならぬ「幻の」プロジェクトの覚書になった。しかし、ここで論じたことはもちろん、かつての奈良に限定されるわけではなく、これからの教師の養成・研修において今でも私たちが追求すべき可能性であり、教師教育の「物語」のひとつのプ

6）そのようなあり方を具現化したひとつのモデルとして、連合教職大学院における筆者の同僚でもあった、奈良女子大学附属中等教育学校の鮫島京一教諭（2024年4月より福井大学教職大学院教授）の次の論考を参照されたい。鮫島京一（2018）「高等学校における「自己指導能力」を形成する生徒指導についての臨床教育学的考察—ある生徒の高校時代の生活史の「語り」を手がかりに」『教育システム研究』第14号、奈良女子大学教育システム研究開発センター。この論考は次のウェブサイトでも閲読可能である。http://www.nara-wu.ac.jp/crades/journal/journal_14.pdf（参照日　2024年2月1日）

ロットである。

　なお、本書の刊行が当初の予定より遅れたため、本稿は奈良女子大学への置き文として、同大学教育システム研究開発センターの紀要『教育システム研究』第 16 号（2021 年 3 月）に予め転載させていただく、という異例をお認めいただいた。

［引用・参考文献］

・木村素衞（1997）『表現愛』こぶし書房
・佐藤 学（2006）『学校の挑戦―学びの共同体を創る』小学館
・ショーン，D. A.：著、柳沢昌一・三輪健二：監訳（2007）『省察的実践とは何か―プロフェッショナルの行為と思考』鳳書房
・奈良女子大学文学部附属小学校学習研究会（2003）『「学習力」を育てる秘訣―学びの基礎・基本』明治図書
・西村拓生（2013）『教育哲学の現場―物語りの此岸から』東京大学出版会
・西村拓生（2020）「木村素衞におけるイデアと救済」岡部美香・小野文生：編『教育学のパトス論的転回』東京大学出版会

第4章　学校日常のポイエティーク

鈴木晶子

1. 実践をとらえるポイエティーク

（1）学校日常に潜むワザ

　学校で行われる毎日のルーティーン。毎朝の登校指導、ホームルーム、出席確認、連絡票の配布、いつもの授業、給食、昼休憩、そうじ、下校の指導等々、学校という場で毎日繰り返し行われる半ば習慣化した行為が、教師の、そして生徒の学校日常を形作っている。習慣化した行為は、手筈が分かってしまっているという安心感と、それゆえに新鮮味がないものとなり、いつの間にか流れ作業のように自動化していく。しかし、学校日常は、「毎日が同じで、毎日が異なる」ところに特性がある。

　いつの間にか知らぬ間に、日々更新されていく学校日常をいかに生きるかが課題である。日常実践の反復性の影に潜む新しさ、昨日とは異なる何かに気づくこと、また、それをどう受け止め、理解し、活かしていくか。それによって、日常実践のなかから何を吸収し、自らの糧にしていくことができるかが決まってくる。派手な出来事や事件は印象も強いが、日々の繰り返しのなかで、いつの間にか醸成されていく事柄にはなかなか目が届かないものである。

　学校の建物という空間、時間割によって運営される学校時間、そうした秩序だった時空間に生じる亀裂や切れ目は、人知れず発生し、気がついた時にはまるで突然生じたようにみえる。突発的に生じたようにみえる事態も、よくよく振り返るならば、それまでの日々の積み重ねのなかで少しずつ起きていた変化がもたらしたものである場合も少なくない。日常の些細な出来事が大きな教育課題の前兆を暗示していることもある。

　人は、あまり意識しすぎてしまうと逆に身動きがとれなくなってしまうものである。教師の振る舞いは、言葉、態度、しぐさ、表情などを通して、さまざまなメッセージを周りに伝えている。自分が意識的に伝えようとした事柄だけでなく、思わず知らずに口をついて出た言葉は、思いのほか周囲に伝わるものである。建前と本音の使い分けなど無縁だと思っていたにもかかわらず、何かの拍子に思わず口にした言葉、反射的に出てしまった物腰や態度、そのなかで思わず自分でも意識しないままでいた本心が出てしまうこともある。教師の学校日常もまた、意図する・しない、あるいは意識する・しないにかかわらず、そうしたものが入り混じった混沌の相を呈している。

　習慣化を通してぎこちない動きを滑らかにし、馴化させていくことは、あらゆるワザの修練の基本である。何度も何度も同じ所作を繰り返すことを通して、イメージを重ね、ワザを身体に馴染ませていく。ワザは熟達によりその姿を消すことによって完成するといわれる。ワザを用いているとはもはや外からは判断できないほどに、ごく自然な所作のなかに溶け込み発動できるほどに磨き上げることで、ワザすなわち技巧を自然に還すことができるというわけだろう。

　教師のプロフェッショナルな技能も、その教師の人となりや、自らの仕事への取り組みなど、流儀や様式にまで練り上げられてこそ、それに続く多くの若手世代の学びにつながっていく。学校日常を生きる教師の日々の姿を通して、プロフェッショナルなワザは伝承されているのである。

　日常実践をこなしていくためのワザの馴化の過程と、その過程に潜む日々の実践での新鮮な気づき。この均衡こそワザの実践からワザを磨き、またそのワザを後続世代へと伝えていく鍵だといえるだろう。別の言い方をすれば、自分の眼に映る風景から将来を展望する順路の眼差し（Rout-view）と、自ら到達点を俯瞰的にみる眼差し（Bird's eye view）の交差である。学校の日常的実践を通して教師の内に積み重なっていく経験は、イメージを助けとしてこの2つの眼差しが交錯する線上で生み出される。

　この2つの眼差しがイメージの線上で交差することにより、個々の体験とその体験が自分のワザ修練の全体のプロセスにどんな意味をもつかを展望することが可能となる。イメージの力によって個別具体の体験と、その体験から得られるエッセンスによって支えられた自らの教師としての学びの全体がそこで結び合わされる。これが経験を糧とする学びの過程に他ならない。

　それは、同じ事柄が違ってみえるという体験を引き寄せていく過程でもある。一見したところ、同じことの反復にしかみえない日常的実践は、じつはワザ修練の基盤である。繰り返しにしかみえず、時には退屈な日常的実践のなかに、ワクワクするような気づきを得るためには、どんな心構えや準備が必要となるだろうか。

　フランスの思想家ミッシェル・ド・セルトーは、その著『日常的実践のポイエティーク』のなかで、日々を暮らすためのワザや智恵が日常的実践を通してどのように磨かれていくかを分析した。日常の暮らしにおける、もののやり方、道筋のつけ方、物事の展開のさせ方など、日常を構成している時間や空間、人々とのやりとりを通して、人は、日常を生き抜くための実践的技倆を磨くとともに、日常的実践を創作（ポイエシス）しているのだと彼はいう。

　ポイエティーク（poiétique）はギリシャ語の poiein に由来する語で、制作する、詩を作る、創造する、発明するという意味がある。日常的な実践を、日常の創造・創発とみなすことにより、その実践を支えているワザ、芸、術、技巧、技法、巧、コツといったものに光をあてようとセルトーは企図していた。

　日常的実践のための技倆は、ものをいう術、ことを為す術など言葉の運用法すなわち修辞法（レトリック）に始まり、読むこと、話すこと、住むこと、歩くこと、料理など暮らしのさまざまな営みを可能にしている。そこには、必ずしも言語作用や認知作用によって把握することがかなわないような、身体を介したさまざまな実践が含まれている。詩作の学としての詩学から、さらに広義の日常実践を創造するワザの学としてポイエティークは人の創造的営み全体に光をあてようとするものである。

　教師の学校日常は同様に、その日常の多様な実践と、その際に用いられるさまざまな技倆の総体の基礎の上に成り立っているとみることができるだろう。学習指導案の作成法、板書法など、授業や教育上の指導などを可能にしている技術のノウハウのみに注目していたのでは、教師の日常的実践を可能にしているワザを理解することは難しい。学校という場で行われるあらゆる日常的な実践、その実践を下支えしている判断や決断、思い、期待など、あらゆる行為とその行為を可能にしている教師の日常そのものを、学校日常の実践ととらえる必要がある。

　そこでまず、学校日常をつくりあげているさまざまな要素に気づくことが重要となる。また、学校での自らの日常的実践を成り立たせている眼差し、すなわち

渦中の眼差しと俯瞰の眼差しをイメージの力によって組み合わせて眺めてみよう。と同時に、それぞれの実践の場面を、ひとつの共有の場として成立させているさまざまな要素、たとえば、自分の振る舞いはもとより、生徒の発言、行動、表情、目線、身振りなど、生徒間、生徒・教師間でのやりとりも含め、多くの要素が重なり合って生み出されている、その場の雰囲気や流れ、リズム、そうした要素の調和・不調和を、五感すべてを使って感じとってみよう。教師は学校日常を生きている。

　学校日常を生きる教師にとって、自らを含め目の前の実践をどうみるか、みてとることができるかということこそが、そのワザを磨いていく土壌に他ならない。学校日常のなかに何をみ、何を感じとり、何を問題としてとり上げ、何に意味を見出すか。学校日常への自らの眼差しそのものが、じつは実践の質を決めていることに気づかされる。

(2) ワザの実践：教育的タクト

　ワザはそれを用いることによってしか磨くことがかなわない。畳の上の水練よろしく、いくら教育実践を成功させるための解説本を紐解いたところで、実際の学校日常を生きてみないことには、絵にかいた餅に終わってしまうだろう。ワザ修練の世界では、習うより慣れろといわれている。とにかく身体を使ってやってみなければ分からないというのがワザの世界である。

　教育学が教師のための専門的知識や知見を集めた学問として、大学で教えられるようになったのは、ヨーロッパでは18世紀半ばのことだった。職業としての教師の仕事の専門性が認められるようになったのも公教育制度が確立していくこの時期である。理論的根拠をもちつつも、実践に臨機応変に対処する実践的技倆ないし実践知の重要性は、この時期、プロフェッショナルな技倆のトレーニング法の開発を促した。

　とはいえ、小児医学や心理学など教育学に隣接する人間諸科学の知見を手がかりにした、学問上の理論的知見と、個別具体の実践から得られた智恵の間には、そもそも大きな開きがある。実践に実際に役立つよう、理論を噛み砕く必要がある。また、一人ひとりの教師がこれまでの実践を通して培ってきた智恵は、他のすべての教師の実践にも役立つものとしてエッセンスを抽出し、理論体系に収まるものにしなくてはならない。自然科学を範とする近代科学として教育学が認め

られるためには、この理論と実践、科学的知見と実践的智恵との間を埋める必要があった。しかし、日々の教育実践は時を俟たない。目の前の生徒にどんな言葉をかけるか、どう問題に対処するか――学校日常を生きる教師にとっては、日々行われる実践のなかでの判断や決断のなかで、知見と智恵とを結びつけていかなければならないのである。

　近代教育学の創設者ともいわれ、教師のための実践的学問として教育学を構想したドイツのヘルバルト（J. F. Herbart 1776-1841）は、理論と実践の間を媒介するような教育術に注目し、さまざまな教育術の総体を「教育的タクト」と呼んだ。それは、教師の判断や決断を支える実践知であり、教師が具えるべき最高の教育術として磨いていくことができるという。

　タクトはもともとラテン語の触覚を意味する tactus に派生する。タクトは触覚知性として、五感を総合的に働かせていく共通感覚としての働きをなすという。と同時に、人付き合いの智恵として、相手の感情を損なわずにやりとりする配慮ができる能力とも考えられていた。タクトは音楽用語としても定着した。タクトといえば、オーケストラの指揮者が手にする指揮棒を思い浮かべるだろう。タクトは、リズムや拍節の意味で用いられてきた。それは、音楽演奏において、演奏の只中にあって、その音楽世界を構築していくナビゲーションの役割を果たす。

　ヘルバルトは、この臨機応変のタクトの働きに注目し、それを教師の資質の中心に据えた。教育的タクトは、瞬時の判断や決断を可能にする。しかも、その際、外してはならない教育上の根本原理を踏まえ、かつ、目の前の状況を的確に把握し、最適な行動を取捨選択する。その意味で、教育的タクトは理論と実践を仲介する。瞬時の臨機応変の判断や決断が可能になるためには、十分に教育の根本原理を自身の日々の教育実践に照らして身に沁み込ませておかなければならない。単なるマニュアルとしてではなく、自身の行動の導きの糸となるまで練り上げておく必要がある。

　また、教育的タクトは、生徒への注意や指示、助言などについても、生徒それぞれの性格や置かれた個別の状況を鑑みながら裁量する。こちらのメッセージが誤解されることなく届くための伝え方を選びとるのもタクトの働きである。杓子定規な対応に終始することなく、相手に最適な対応をするためには、日頃からその生徒のことをよく知り、深く理解していなければならない。

(3) 教育実践のポイエティーク

　では、教育実践の最適化を可能にするこのような教育的タクトを磨くには、ど
のようにしたらよいだろうか。ヘルバルトによれば、教育的タクトは、日々の実
践を適切に振り返り、その経験を糧とし、次なる実践への細やかな心の準備を積
み重ねていくなかで磨かれていくという。そこでは、理論から学びとったものを
自らの実践の導きの杖となるまで身を通して理解すること、日々の実践のなかで
体験した事柄からそのエッセンスを抽出することが重要となる。

　もちろん教壇に立ち、生徒と実際にかかわってみなければ教育実践というもの
を、身をもって理解することは難しい。実践を重ね経験値を上げていくことの意
義は疑うべくもない。とはいえ、ただキャリアが長ければよいというものでもな
い。経験が邪魔をしてしまう場合もある。長年、教師としての経験を積んできた
からといって優れた教師とは限らない、と前掲ヘルバルトも指摘する。キャリア
の長い教師は時として、自らの過去の経験にとらわれ、自分の思い込みで日々の
実践を独りよがりに理解してしまう危険もある。

　経験を糧にしていくための鍵は、自らの経験の一つひとつをどのようにとらえ
るかにかかっている。経験をとらえる際、教師は自らの物の見方をフィルターと
している。そのフィルターは、それまでの理論の学習を通して、また、過去の経
験からの学びを通して形成されたものである。ヘルバルトはこのフィルターを思
考圏（Gedankenkreis）と呼んだ。この思考圏をつねに柔軟なものにしておくこと
がそこでは重要となる。思考圏が硬直していると、経験を通して出会った状況や
出来事を、自分本位に理解したつもりになってしまうこともある。そうなると、
一つひとつの出来事のもつ分かりにくさやその背後に隠れている要素に気づきに
くくなってしまう。

　一見、事情は理解できたと思った事柄の背景に、じつは重要な要素が隠れてい
るかもしれない。同僚や生徒の視点、あるいはまた彼らの言葉や反応などを手が
かりにすることで、自らの見落としに気づくこともある。そのためには、多角的
に実践の体験を振り返ることが重要となる。それだけではない。過去の体験や経
験の意味を探り、その印象をより鮮明に自らの記憶に刻み込んでいくためには、
自分自身の情動を含めた内面の変化、たとえば、違和感や高揚感といったものに
も敏感にならなければならない。また、他者の発言内容のもつ表面的なメッセー
ジだけではなく、表情やしぐさ、声の調子、沈黙が語る別のメッセージにも注目

する必要がある。

　ヘルバルトがタクト養成の鍵として提案していたのは、未来志向型のイメージ訓練であった。教師は来るべき授業に備え、予めその授業で起こり得る場面についてのイメージを膨らませることを彼は推奨した。学習指導案を作成する、あるいは授業教材の準備をするなかで、すでに教師はその授業の展開はもとより、生徒らの反応、理解のつまずきが予想される点などについて予め思いを巡らせる。授業をデザインする段階で、教師は意識して、来るべき場面を予想し、そうした事態へのさまざまな対処法をシミュレーションするなかで、授業に臨むための心の状態を整えていく必要があると彼は指摘する。

　たとえば、担当するクラスのどの生徒がどんな反応を示すか、これまでのクラスのグループ学習やグループでの共同作業などを通して、授業のテーマにかかわってどんな反応が予想されるか。言葉で理解するタイプの生徒と、直観的に理解するタイプの生徒とでは、物事の把握の仕方や反応の点でどんな違いがみられるか。最短距離で分かってしまう生徒には、紆余曲折を経てようやく理解に至る生徒でなければ気づかないこともあること、理解に至るまでの道のりの多様さにも気づかせてやりたい。事前のイメージ訓練において、生徒一人ひとりの顔を思い起こしながら準備することを通して、授業の場で眼にする事柄をより深く、より多角的にとらえることが可能となる。

　授業後の振り返りもまた、重要である。うまく説明できた、予定した通りにうまくいったと教師自身が思っている授業でも、生徒の側からすると別の印象を与えている可能性もある。立て板に水よろしく饒舌に説明したからといって、授業の核心がうまく伝わるとは限らない。教師本人からするならば決して滑らかに展開できていなかったと思った授業が、逆に生徒にうまく届いていたということもある。自らがこうあるべき、こうであるはずという思い込みの強さが、細部への眼を濁らせてしまう場合もある。

　また、授業の振り返りにおいては、教師自身がその授業のなかで感じたこと、その感情の揺れに注目することが鍵となる。自らの内面をみつめ、その情動的な変化に注目しながら授業を振り返ることにより、体験はより深く刻まれていく。自らの授業の進め方を通して教室内に生まれていくリズムや雰囲気、生徒の集中の度合いなど、授業の場で生まれてくるそうした要素を察知する眼を磨いていく必要がある。

　授業前のイメージ訓練と授業後の多角的な振り返りを通して、教師の思考圏は磨かれていく。そのタクト練磨の一連の過程で、思考圏は新たな体験を糧に再構成され、更新されていく。別の言い方をするならば、授業前、授業の只中、授業後と、それぞれの活動のなかで形成されていくイメージが交差することで、個々の出来事や経験を構成するさまざまな要素を明らかにし、体験の噛み砕きが行われる。そして、各要素に分解された体験の断片が、イメージ線上で、実践の智恵や技倆として再構成されていくのである。イメージ線上で行われる思考圏の更新は、旧い思考圏の崩壊と再生の連続である。これは自らの思考圏に対してつねに批判的な眼を向ける教師にのみ可能である。教育実践はその意味で、イメージ線上のポイエティークに他ならない。

　実践に資する学問の有り様とは何か。17世紀の自然科学を範とする近代科学革命の影響で、あらゆる学問がエヴィデンスにもとづく科学の基準を充たすよう求められるなか、実践学としての教育学は、伝統的な教育法によって培われてきた智恵の集積をも活かす道を探っていた。そのためには、自然科学的なアプローチだけでなく、実践学としての独自のアプローチを編み出していく必要がある。前掲のヘルバルトは、それを教師の実践的技倆の練磨を軸にしながら展開を試み、教師の導きの杖ともいえる教育学的配慮全体を総覧するための地図として実践学の有り様を構想したのである。

　教育の営みを支えているもの、それは必ずしも科学的知見ばかりではない。人は変わり得る存在であるという教育可能性への確信や期待など、教育実践を突き動かす、その原動力をどう扱っていったらよいか。この課題は決して古いものではない。実践学としての教育学は、この課題と取り組みながら今日に至っているといったほうがよいだろう。

2.　ポイエティークから人類学的思考へ

（1）歴史・文化人類学的アプローチ

　日常実践のもつ創造的作用を詩作に代表されるポイエティークすなわち詩的創造をモデルにしながらとらえる詩学的思考は、ヨーロッパの人類学的研究、とりわけ教育作用のもつ創造的働きに注目する教育人類学・教育人間学のなかで、美的なもののもつ教育的意義や身体を通した文化学習の研究に活かされていった。

以下では、1980 年代からドイツのベルリン自由大学を中心に展開されてきた歴史・文化人類学を取り上げる。

　歴史・文化人類学は、ドイツの民族学や、カントやヘルダーに始まる哲学的人間学、フランスのアナール派による心性史、アメリカの文化人類学など一連の人間探究をめぐる人間学・人類学の伝統を引き継いでいる。なかでも歴史・文化人類学は、人間のさまざまな営みの現象や構造について、歴史、哲学、文学、宗教学など人間諸科学の所産を踏まえつつ、従来の西洋中心の近代科学の枠組みを乗り越えていこうと試みている。

　それは、ディシプリンとしての厳密な学問体系の構築ばかりを求めることで、しばしば閉鎖的になりつつある近代的な学問のなかで生じてきている弊害を乗り越えようという問題意識に支えられている。と同時に、理性や認知など近代科学の研究俎上に載せられてきた、いわば人間の合理的な側面だけではなく、非合理的な部分、たとえば感情や感性、身体知、信頼、美的なもの、宗教、儀礼など、これまであまり研究されてこなかった主題に光をあてようとしている。

　さらに、国際的、学際的なフィールド調査を通し、多様な研究者間の対話や議論を重視している。異なる文化的背景を有する研究者チームが同じフィールドに入ることで、研究者自らの先入観や価値観による思い込み、あるいは文化観の共通性などに気づく過程を研究手法の一部として活かすところが特徴的である。フィールド調査での体験と自らが背負っている文化的背景そのものに関する自己分析とを交差させ、研究者が互いに議論を重ねていく過程も研究の一環として重視されている。

　歴史・文化人類学は、近代科学的アプローチとは一線を画す試みであり、学問体系の構築を前提とした従来のディシプリンとは性格を異にする。むしろ、「人類学的思考」として分野の壁を超えて波及しつつある。その学際的・国際的な共同研究には、現在では、欧米はもとより、アジア地域からの研究者も参画している。

（2）儀礼および儀礼的なもの

　学校生活には、行事や儀式はつきものである。とくに入学式や卒業式は、人生の節目となる重要な意義を有する。また、始業式、終業式、文化祭、スポーツ大会等々、実にさまざまな学校行事が盛り込まれている。こうした授業以外の活動

は、集団生活を営む上での決まりを守り、社会秩序を乱すことなく社会の一員として生きていく上で重要な事柄を学ぶ機会と考えられてきた。

他方、定例的な段取りや式次第に縛られた格式ばった行事ばかりが重んじられることは、集団のもつ活力を弱めることになるという批判もある。近年では、形骸化した行事は廃止あるいは簡略化する方向で整理され、参加した者みなが楽しいと思えるもの、感動を呼び起こすような催し物に代替する動きもある。

過去には学校儀礼の教育的意義が強調された時代もあった。軍事教練に始まる戦時下のさまざまな学校行事はその典型である。こうした行事の強制に対する根強い批判もあって、最近では、堅苦しい儀式の数は減少した。とはいえ、授業外で、ひとつのことに向かって一致団結し協力することで生まれる帰属意識や友情、信頼など、学校日常を支えるいわばソフトパワーの醸成が重要な働きをしていることも確かである。生徒間、生徒・教師間の葛藤状況を解決していく際にも、信頼の醸成や感情の共有などソフトパワーが大きな鍵を握っている。

人類学的にいうと、儀礼（rituals）が人間の成長発達に果たす役割は計り知れない。コミュニティの崩壊やアイデンティティの危機、秩序や安全の喪失といった社会問題があらわになってきている現代社会では儀礼のもつ働きの意義が再び見直されつつある。社会の縮図ともいうべき学校という場でも、儀礼は、状況打開のための糸口となり得るかもしれない。デジタル化を通して、学習の個々人への最適化技術が進展し、対面での集団によるコミュニケーションの機会が失われていくなか、自分とは異なる考え方や感じ方、価値観を有する他者と接し、異なるものを受け入れ、共同で物事を為していく経験を得ることはますます困難になっていくことだろう。

儀礼や儀式の働きについて振り返ってみよう。儀礼にはおよそ次のようなものがある。通過儀礼（誕生、イニシエーション、青年期、結婚、死）、制度や役職に就く儀礼（新しい任務や役職に就くこと）、季節の儀礼（クリスマス、誕生日、記念日、国民の祝日）、関係をより濃くするための儀礼（食べる、情愛の確認）、反抗の儀礼（平和運動、エコロジー運動、若者の儀礼）、交流・交際の儀礼（挨拶、別れ、葛藤）である。

儀礼研究ではこの他の分類法も色々あるが、ここでは、今あげた6つの儀礼の種類に着目しながら、学校儀礼の働きについて検討してみよう。

学校という場はそもそも通過儀礼の場である。入学式、卒業式、始業式、終業

式などは制度としての儀式に相当する。学級委員などクラスでの役割分担の任命などは役職に就く際の儀礼を伴う。また、学年暦に予定されたさまざまな学校行事、たとえば文化祭やスポーツ大会などは季節によって割り当てられた儀式としての性格をもつ。

　そのほか、イベントとして日程を組むような儀礼や儀式以外に、学校の日常的実践の一部となった習慣化した儀礼的行為は数多い。毎日の朝礼、ホームルーム、給食、授業開始や終了の挨拶など、繰り返し行われる日々のルーティーンは儀礼的行為によって構成されているといってよいだろう。

　伝統的な儀礼では、その準備や執り行いの手続など、その儀礼に参加する人々が伝来の多くの知見を用いることで成り立っている場合、まずはそれを学習することが求められる。しかし、その学習の過程で、もはやここは簡略化してもよいと判断した部分は省略され、また新たに儀礼への参加者のニーズや時代の要請に合った形で、新たな要素を追加していくというアレンジメントも同時に行われる。儀礼はつねに改変、更新されていく。あまりに形骸化した儀礼的行為は簡略化される、もしくは廃止の方向に向かう。儀礼はそれを執り行う人間の手によって、つねに最適化されていく。このような儀礼的行為の組み換え、更新の過程こそ、儀礼的行為の学習過程の特質といえる。日常的実践は、こうした儀礼的行為の継承と改変の過程に他ならない。

　慣習とは、一見したところ旧態以前として硬直化してしまったもののように思いがちだが、じつは、つねに変化の波のなかにある。慣習の最適化とは、言い換えるならば、それぞれの時点で折り合いのついた調律点が行為の形としての継続可能性を保障していく過程だといえる。

　儀礼的行為の反復と改変は、他者との相互作用をひとつの形として様式化する。そのなかで働いているのは実践知である。儀礼には設えが必要である。儀式を執り行うための場の設営から、席順など人々の配置、式次第、場合によっては、雰囲気を盛り上げるための楽曲の選定、役割分担等々も必要となる。こうした儀式全般にわたる細々とした仕事に参加しながら、人は何をすべきか、何に留意しなくてはならないか、振る舞い方を学んでいく。この見様見真似の学びを通して、儀礼一切にかかわる事柄が吸収され、次世代へと伝承されていくのである。

　と同時に、儀礼の改変と創造が同時に行われている点に留意する必要がある。見様見真似の学びとは、単にそれをコピーすることではなく、時代や状況に適合

する形へとアレンジメントを施していくことを意味している。この儀礼を通した見様見真似の学習過程は、創造的模倣（Mimesis, ミメーシス）と呼ばれる。

　創造的模倣・ミメーシスは、師匠の背中をみながらワザを自らの身体に馴染ませていく、ワザ修練の過程にみてとることができる。人はまったく新規のものを創造するというより、むしろすでにそこにあるものを吸収し、それをもとにアレンジメントを通して独自な何かを生み出している。そこで生じる差異化は、創造性の発現とみなし得るだろう。その意味で、人は、ミメーシスを通して、儀礼的行為をつねに創造していっているとみることもできるだろう。

　儀礼的行為を通して、人は集団内の一員として振る舞うこと、その際に他者と交わりつつ、自分とは異なる存在を受容し、折り合いをつけていく術を体得する。それは単に言語コミュニケーション・レベルだけの話ではなく、身体を介したコミュニケーション・レベルで進行する。相手の思い、感じ方などを、相手の言葉や身振り、振る舞いを通して推量する。儀礼的行為において、実践知や暗黙知、身体知など、認知や認識、理性や悟性などの知性とは異なる「もうひとつの知」の働きを想定することも可能だろう。しばしば言語化や意識化を阻むような知性の働きがもたらす学びの構造がそこには隠されているともいえるのである。実践知を介して学習されていくプロセスに注目し、教師は自らの実践のもつ儀礼としての働きを振り返ることができるだろう。

　また、儀礼的行為には、組織の制度的規制や組織内の軋轢、各世代ならではの価値観の衝突など、抵抗の行為も含まれる。儀礼的行為のもつ維持と破壊の双方の力に着目することを通して、教師は学校での日常的実践のなかで生じるさまざまな出来事のもつ意味を多角的に掘り下げることができるだろう。学校という場を成り立たせている儀礼的行為はまた、組織集団としての学校そのものを変容へと誘う力を有している。儀礼のもつ破壊と創造の力に着目することで、学校日常を成り立たせているさまざまな局面により大胆に迫ることも可能となるだろう。

（3）テキストとしての実践

　人類学的思考を活かした実践経験の振り返りは、自らの経験のもつ多様な意味合いを多角的な観点から把握する上で役立つ。と同時に、反復を通して維持する一方で、他方、つねに更新され続けていく儀礼的行為の観点から、教師自身が自らの経験を通して形成してきた思考圏の破壊と創造を促す。人類学的思考によっ

て、他なるもの、異なるものの思考に触れるなかで、自らの思い込みや判断では十分に把握しきれてこなかった自らの経験に、新たな光をあてていくこともできるだろう。

　実践知による広義の文化学習は、学校での日常的実践を下支えしているソフトパワーの働きと深い関係がある。それは学校という場を構成している生徒や教師の思いや相互信頼、期待などである。それらは眼にみえる形で測定することは困難なものの、憶（おぼろ）で漠然としてはいるものの、確かに作用していると察知できるような確たる手ごたえを感じるようなものである。学校での日常的実践は、誰かが意図して予めすべてを設定できるようなものではない。ただ、多くの構成員の互いのコミュニケーションを通して醸成されていくことにより、その場の状態を下支えしている何ものかを私たちは感じとっている。

　人はある種、固有のリズムをもって日常を生きている。休日明けの学校では、それぞれの家庭で生徒たちが過ごした時間に刻まれた、それぞれの家庭の、それぞれの生徒のリズムが混じり合っている。楽しい休日を過ごした者、家族との行き違いに心を曇らせていた者、それぞれの状況はさまざまである。

　教師も同様である。個人的事情に心を奪われ、学校での仕事に集中できない時、それはおのずと伝わっていく。生徒は、自分たちのほうにまっすぐ目を向けてくれているか、それとも心ここにあらずの状態なのかを、みている。教師が生徒の状態を見極めようとするのと同様に、生徒もまた教師の状態をしかとみていることを忘れてはならないだろう。

　校門での朝の挨拶やホームルームには、教師、生徒それぞれが週末を過ごした他集団で醸成された、それぞれのリズムが影を落とす。そうしたリズムを抱えたままの学級集団は、挨拶やルーティーン化した活動を通して、いつものリズムへと調整されていく。儀礼的行為を通して、共に同じ場所で同じ時間を共有するためにリズムが調律されていくのである。

　放課後、誰もいないがらんとした教室を覗いては、その空間に残っている、その日一日の残響を身体で感じとり、振り返ることを日課としている教師もいる。教室の壁に貼られたさまざまな学校目標や学級で到達したいメッセージ。生徒の手になる絵画や書道の作品の数々。日々の日常的実践の痕跡が残る教室という場のなかで佇みながらその日のことを振り返るなかでふと気づきを得ることもあるだろう。

　日常的実践をひとつのテキストと見立て、記述することを通して、多様な観点での気づきを得るという手法もまた人類学的思考を構成する重要な要素である。フィールド調査に入る時、研究者は単なる観察者として、研究対象となる人々を外側から眺めているわけではない。研究者がその場にいる影響で、フィールドでの人々の行いが普段とは変容する。その変容をも参与観察の一部として織り込みつつ、調査は行われていく。参与観察を通して、研究者が生まれてこのかた自ら背負ってきた価値観や習慣など自文化に思いを馳せる。エスノメソドロジーの手法とも呼ばれる、このフィールド調査における参与観察では、研究者は自らもそのフィールドの「中に」いるという意味で、研究対象の一部をなしている。

　日独の研究者による混成チームを構成し、それぞれの国のクリスマスや正月を祝う家庭にフィールド調査に入ったことがある。日本、ドイツそれぞれの家庭で行われている祝いの準備に光をあて、家庭内コミュニケーションの有り様や、家族への思い、幸福感などについて参与観察とインタビューを実施した。そこでは、日本、ドイツいずれにおいても、伝統的な祝いの準備は簡略化され、他方、ショッピングモールのクリスマスや年末イベントに家族で参加するなど、消費行動と密接に関係した形での新たな儀礼的要素が入ってきている様子をみてとることができた。

　クリスマスの祝いでは、ドイツではプレゼントの交換が重要なイベントとなっている。プレゼントはもともとギフト（gift）すなわち天与のもの、神からの贈り物を意味している。神の愛を家族のなかで分かち合う、キリスト生誕の喜びを、聖家族を模した各家庭でプレゼントを交換しながら確認するのである。とはいえ、妻や夫、子どもたちが何をプレゼントとして欲しているかをイメージするには、日頃から、何に興味をもち、何をしたいと思っているか、相手の「今」を十分に把握していなければならない。プレゼント選びは、家族の「今」にどれだけ寄り添えているかの指標だといえる。現代の家庭ではこのことすら難しくなりつつある。予め、家族に希望を聞き、ネットショップに注文するという家も少なくない。ラッピングを含め、贈り物がもつ家族間の絆の象徴としてのプレゼント交換もまた、変容しつつある様子がみえてきた。

　このフィールド調査では、日独それぞれの研究者自らの子ども時代の体験、家族構成の変化に伴って変化していったその祝い方など、自分史的な振り返りにも留意した。研究者自身のフィルターそのものを、自分史的に振り返りつつ、自ら

にとって異なるもの、異なるものをどう把握し、記述していくかという、相対化の作業に焦点があてられた。

　研究者それぞれの主観的要素を、客観性や中立性を阻害する要因としてとらえず、むしろ、相互解釈の多様性を生み出す重要な手がかりとして、積極的に活かしていくことがそこでは重要であった。それは、相互作用、相互補完の機能を最大限活かすことを通して、フィールドから得られた内容を多角的、多層的に記述していくという試みである。その意味で、歴史・文化人類学は、臨床学と同様、自然科学に範をもつ近代科学的な手法においては顧みられることのなかった手法として、多様で複雑な実践の相に光をあてていく上で、重要な手がかりを提供しているといえるだろう。

(4) 振る舞い（パフォーマンス）からみた実践

　人類学的思考においては、フィールド調査に入った際、そこで起きるさまざまな出来事をテキストとしてみるいわば解釈学的なアプローチのほか、そうした一連の出来事が生じている場をひとつの舞台としてとらえるパフォーマティブなアプローチを重視する。たとえば、学校における日常的実践ならば、その実践が行われている場をひとつの舞台としてとらえ、その実践に参加している生徒や教師を、舞台の演者としてとらえるアプローチである。

　それぞれの演者がその舞台で展開する行為は、広い意味の演技的行為として解釈される。演技というと、素顔を偽り、ある種の仮面を纏った状態で実践に参加するというイメージを抱きがちかもしれない。現場で真正面から相手と素の状態で向き合うことをよしとする見方からするならば、何か技巧的で現実逃避的な態度ではないかといった疑念を抱かれてしまうこともあるだろう。

　しかし、教師は教師の、生徒は生徒の役割をすでに演じており、また、その振る舞いの渦中にあって、自分の振る舞いが他の人々の眼にどのように映っているかという、他者の眼を併せ持っていることを考えると、私たちは自らの行いをフィードバック的にとらえているという時点で、すでに舞台の演者としての要素を自らの行為の内に含んでいるのである。

　舞台の演者は、優れた演者であるほど、観客の眼に自分の演技がどのように映っているか、自分のセリフがどう届いているかという「もうひとつの眼」を働かせている。自己を相対化しつつ、渦中にあって醒めた眼差しを自分に向けてい

るのである。舞台の大向うに、演じている自分自身を眺めるもうひとつの眼をもつことができるか、演技への集中、熱中と同時に、演出家さながらの醒めた眼もまた働いていなければならない。教育実践の現場で遭遇するさまざまな事態の渦中の只中にあって、対処に没頭するあまり周りがみえなくなってしまうこともある。問題状況の渦中にあって、自他それぞれの行動を振る舞いとして眺める眼差しは、気づきを得るための契機ともなり得る。

　パフォーマンスとして自他の行為をとらえる方法を通して、それぞれの実践場面で交錯するさまざまな思惑をとらえ、行為を解釈していくことにより、実践の振り返りはより多角的になるだろう。実際に教壇に立ち、生徒に向かって話をしながら、自分がいま生み出しつつある教室内のリズムは、生徒たちに快く受け止められているだろうか。時には、不意を突いて、授業の流れにアクセントをつけることも必要となる。

　直観的な理解が得意な生徒、言葉での理解が得意な生徒など、生徒それぞれのタイプごとに理解のプロセスが異なる状況を把握できているか。教室という舞台で、学習指導案や教材などいわゆるシナリオに代わる予定表は用意してあったとしても、生徒たちとのやりとりには即興性が求められる。そのなかで何が滞り、何が促進され、どんな要素が場の雰囲気やリズムを形成していくか。教師はそうしたさまざまな要素を把握しながら、瞬間をとらえていかなければならない。

　行為の積み重ねによって構成された実践を、パフォーマンスを手がかりにしながら振り返るという人類学的なアプローチは、問題状況の渦中にあって、事態のもつさまざまな局面への配慮を可能にするような、俯瞰的な眼差しを可能にする場合もある。また、生徒の振る舞いはもとより、自身の振る舞いを通して、何がどのように伝わったかを把握するための多様な視点をパフォーマンス的アプローチは提供する。

　パフォーマンスには、その人間の価値観や世界観が投影される。人種やジェンダーなど、時として価値観の違い、偏見や先入観による葛藤状況を生み出す諸要因に対処する上で、パフォーマンス的アプローチが有効である。意図せず相手を傷つけてしまう、あるいは誤解を招いてしまうといった、他者への影響に対し、細やかに配慮する習慣もまた、パフォーマンス的アプローチを通して身に付けていくことは可能だろう。その人の振る舞いには、その人らしさが滲み出る。振る舞いに気を配ることは、多様な価値観、さまざまな背景をもつ生徒、生徒・教

師間の理解を促進していく上でも重要だと思われる。

　振る舞いの場として、学校での実践をとらえることにより、教師はまさに、学校という場の設えを通して、場の雰囲気を醸成していく役割を担っているとみることができる。茶道において、茶席の主人が場の設えをするように、表立って他を牽引し導いていくのとは一味違った統率力（リーダーシップ）の発揮方法もあり得るのではないだろうか。

3.　変化をとらえる

(1)　時空の尺を調整する

　これまで人類学的思考法を通して、学校の日常的実践を振り返ることにより、これまで見過ごしがちであった観点への気づきや、目の前の状況をとらえるための柔軟で多角的な眼を磨く道筋について述べてきた。教師としてのキャリアアップの道、教師道の道のりは長い。毎日の着実な歩みを止めないこと、つねに自らを振り返る眼、思考圏とも呼ばれるフィルターに意識を向けつつ、思い込みによる思考の硬直を自らに諫めること、等々、教師の熟達の過程はまさにワザの修練を通して達人を目指す修行者の旅とその困難さにおいて遜色はない。

　本章では、熟達への旅路の道連れに、人類学的思考法の一部を紹介してきた。人類学とはもともと、人間探究に端を発した学問である。人間はどこから来て、どこへと向かうのか。人間の過ぎ越しと行く末を案じ問いかける「人間への問い」は、同時に、人間はいかに生きるべきかという究極の問いをも暗示している。

　学校での出会いから別れ、入学から卒業までの時間は、それぞれの生徒の人生のほんの一部を為すに過ぎない。この間、教師は何事かを伝えようと努める。しかし、伝えようと意図したことが、そのまま意図した通りに生徒に伝わることは稀である。また、こちらが意識していないにもかかわらず、こちらの思いが思わぬ形で伝わることもある。物事は伝えようと思って伝わるものでもなく、気がつくといつの間にか伝わっていたりする。

　別の言い方をするならば、教師が毎日の繰り返しのなかで考え、もがき、求める日々を送る、その姿勢や佇まいそのものを生徒たちは毎日眼にしながら、そこから何事かを受けとっているのである。教師が何を思い、何に喜び、何に対して怒りを覚えるのか、さまざまな場面を目にしながら、教師の人となりを生徒は理

解する。逆に、教師もまた、生徒を理解しようと、その個人データをいくら頭に入れたからといって、生徒を理解したとはいえない。生徒が日頃何を思い、何を眼差し、何に悩み、何と闘っているのか。教師はそのすべてを通して生徒の人となりを理解しようと苦戦しているのである。

　生徒を目の前にしながら、彼ないし彼女が、今何に悩み、何に不安を覚え、何を目指しているのか、生徒の「今」を理解しようとすることが重要なことはいうまでもない。しかし、それだけでは十分とはいえないだろう。生徒の「今」に至るまでの過ぎ越しとともに、その 10 年後、20 年後の行く末に思いを馳せる力が教師には求められている。時空の尺を自在に調整させながら、過ぎ越しと行く末を見やるスケールで、生徒一人ひとりの「今」をみる眼のなかにそのスケールを投影させていく必要がある。そのスケールは同様に、教師自らの熟達の道程にも向けられなければならない。

(2) 技術革新と向き合う教育実践

　人工知能（Artificial Intelligence：AI）技術をはじめとするデジタル化技術の急速な発展と波及は、学校現場にも大きな変化をもたらしている。デジタル教科書、オンライン授業などデジタル機器活用のための技能習得が教師にとって大きな課題となってきているだけでない。

　電子母子手帳が発行された瞬間から、生体情報をはじめ、個人のあらゆるデータが記録され、学習履歴はもとより行動履歴など、ありとあらゆるデータが集積される時代に私たちは生きている。集積されたデータは AI による解析によって浮かび上がる相関性を手がかりに、その人間の今後の行動傾向や嗜好を予測する。学習傾向を探ることを通して、得意・不得意、理解が躓きやすい点などを明らかにし、個々人の性向や生活スタイル、理解度など個別具体に見合った学習機会を提供できるよう、学習の最適化を可能にする技術開発がさかんに行われている。

　教育実践のデジタル化の動きのなかで、教師はそうした機器の操作方法をマスターしていかなければならないが、それ以上に、実践のどの場面に、どのようにデジタル技術を用いることが適切なのか、実践のデザイン段階での見極めが重要となる。また、生徒の個人情報をデータとしてどこまでどのように活用することが適切か、情報漏洩など問題の発生も視野に入れた対応が求められる。

　インターネットでつながったコンピューター機器に囲まれて育った、いわゆるデジタル・ネイティブの世代にとっては、電子機器はもはや道具ではなく、環境の一部となっている。実際の物理的な実世界と、仮想のサイバー世界と、この2つの世界を行き来することが、ごく普通の日常となってきている。

　コロナ・パンデミックを通して、オンライン授業が一気に普及するなか、逆に、対面式のこれまでの授業の価値を見直す動きも出てきている。従来型の授業実践が、じつは非常に貴重な機会であったことにあらためて思いを馳せる人も少なくない。個別最適化を理想とする学習もひとつの選択肢ではある。しかし、物事を理解するまでの道のりは多様である。一を聞いて十を知るという言葉の通りに、飲み込みの早い生徒は確かにいる。他方、理解に時間を要するタイプの生徒もいる。理解するプロセスの長短、また理解の深さは生徒によって異なる。一概に、理解した・理解していないという1／0で判定できるような学習課題はむしろ少ないといえるかもしれない。

　直観的理解が得意な生徒、言語による理解のほうが得意な生徒など、理解の仕方も多様である。他の生徒が理解に至るまでのプロセスに付き合うことを通して、自分の理解が一面であったことに気づく場合もある。教室という舞台で、さまざまな理解への道のりを実際に体験していく過程は、個別最適化された個人学習や教師との一対一での個別学習では得られない。

　対面式での教育実践は、オンライン授業など新たな手法をとり入れながらも、今後も維持されていくと予想される。その際、なぜ対面式での授業を今後も敢えて必要とするかについて、今一度検討しておく必要があるだろう。人類学的観点からするならば、対面式学習では、単なる授業内容の理解にとどまらず、さまざまな広義の文化学習が展開されている。物事を理解するのは0／1の世界だけではない。立ち込めた霧が徐々に晴れていくようにして理解に至ることもある。また、他者とのかかわりを通して、他者との絆やコミュニティのなかでしか味わえないこともある。

　互いのやりとりを通して共に場を創り上げていく作業には、個々人による総和としての場への貢献だけでなく、相乗効果として生まれる眼にみえない何かが働く。場が生み出すエネルギーとでもいうべきものがその場の原動力となっている場合もある。人は変わることができるという信念や期待など、場の基底にあって人々を突き動かしていくエネルギーを最大限活かすなど、場の力を再発見するこ

ともできるだろう。

　技術革新の流れに掉さすことはもはや難しい状況である。AI が暮らしのさまざまな電子機器に埋め込まれ、ネットワークを介して互いにつながり、データを交換しながら環境全体を構成する AI ネットワーク社会が形成されつつある。情報圏ともよばれるこの環境では、人間も情報体もしくは情報子、つまりアクターとして、環境を構成する一要素に過ぎない。環境が一体となってひとつの環境知能の様相を呈している、この情報圏とつながることなしに、生活に必要な最低限のサービスすら享受できない社会はもうすぐそこにある。

　ビッグデータ解析により個々人の行動や嗜好などを把握する精度が向上するにつれ、AI が判断した商品広告ばかりに誘導される傾向は強まる一方である。過去の行動履歴から、将来を予測し、進学や就職、さらには生涯の伴侶の選択も支援する仕組みができつつある。将来起こすかもしれない問題行動や罹患するかもしれない可能性に備えた予防的介入も、その妥当性さえ確保できるならば十分に可能な社会である。

　と同時に、マスメディアという場は、プロフェッショナルな情報発信者の独壇場であったものから、ソーシャルネットワークの普及により、誰もが手軽に自らの意見や考えを発信できる場へと移行しつつある。これは個人に新たな可能性を拓くものである一方で、他方、誰もが不特定多数の他者からの「いいね」という承認を渇望する、いわば承認主義社会を招来した。また、簡便な発信法により誹謗中傷などネガティブな情報も拡散し易い状況にある。フェイクニュースや誘導広告、ネガティブ情報の氾濫は、不信感など負の感情を増殖させ易い心性へと移行しつつある。

　ChatGPT など大規模言語生成モデルの普及により、普通に私たちが会話をするときに用いる自然言語で AI とやりとりすることも可能になった。単語の連なりを追いかけながら、次に続く確率の最も高い単語をはじきだす AI は、人間のように文の意味内容を汲んでいるわけではない。とはいえ、その応答の精度は学習データ量の充実に伴い、急速に向上している。AI のこの新たなステージでは、AI は文章だけでなく、画像や音楽などさまざまな作品を生成することが可能だ。企業や役所、さらに学校などその使用範囲は工夫次第で広く、これからの活用方法も多岐にわたっていくことだろう。

　技術革新は、未だその直接的な負の影響の全貌をあらわにすることがないま

ま、私たちの暮らしを大きく変化させつつある。人間の知・情・意、そして身体もこれから変容していくことだろう。AI を内蔵したロボットなど機械と協働することで、身体活動ばかりか精神活動も強化していくことも可能となる。技術革新への期待と同時に多くの不安も拡大している。技術を正しくおそれ、賢く活用する智恵が今求められている。

［引用・参考文献］

・鈴木晶子（2011）『教育文化論特論』放送大学教育振興会
・鈴木晶子（2013）『智恵なすわざの再生へ―科学の原罪』ミネルヴァ書房
・鈴木晶子、クリストフ・ヴルフ：編著（2013）『幸福の人類学―クリスマスのドイツ、正月の日本』ナカニシヤ出版
・鈴木晶子（2018）「AI 時代の技術文明と人間社会―AI 技術と人間の未来」総務省学術雑誌『情報通信政策研究』第 2 巻第 1 号（AI 特集号）、pp. Ⅰ A21-Ⅰ A43
https://www.soumu.go.jp/main_content/000592823.pdf（参照日 2024 年 1 月 29 日）
・鈴木晶子（2022）「報告 3：技術革新のなかの人倫―エンハンスメントと教育の臨界点」（課題研究Ⅲ「技術革新とエンハンスメントの時代における教育学の課題―『個別最適化された学び』は公教育に何をもたらすか―」）、『教育学研究』Vol. 89, No. 1, pp. 80-81 https://doi.org/10.11555/kyoiku.89.1_76（参照日 2024 年 1 月 29 日）
・de Certearu, Michel（1980）, *L'Invention du quotidien: 1, Arts de faire*. U. G. E., coll. 10/18.（ミッシェル・ド・セルトー（1987）『日常的実践のポイエティーク』山田登世子：訳、国文社）
・Wulf, Christoph（Hrsg.）（1997）, *Der Mensch und seine Kultur: Hundert Beiträge zur Geschichte, Gegenwart und Zukunft des menschlichen Lebens*. Köln: Anaconda 2011.（2. Auflage von Wulf, Chr.（Hrsg.）: Vom Menschen. Handbuch Historischer Anthropologie, Weinheim/ Basel: Beltz.（クリストフ・ヴルフ：編（2005-2008）『歴史人間学事典』全 3 巻、藤川信夫：監訳、勉誠出版）
・Wulf, Christop（2001）, *Einführung in die Anthropologie der Erziehung*. Weinheim/ Basel: Beltz.（クリストフ・ヴルフ（2015）『教育人間学へのいざない』今井康雄・高松みどり：訳、東京大学出版会）

第5章 フル・インクルーシブ教育実現に向けた学校・教師役割の再定義

―― 2022年国連・障害者権利委員会の勧告を受けて ――

小国喜弘

はじめに

　日本は障害者権利条約を2014年に批准した。後に詳しく見るように、この条約批准により、日本政府は、学校教育制度をインクルーシブ教育へと転換させることが求められることになった。ここでいうインクルーシブ教育とは、国連文書によれば、「障害の有無にかかわらずさまざまな能力をもった子どもたちが同じ教室環境で学ぶこと」であり、「障害を持った子どもたちが他の子どもたちから隔離された学校や学級に通学しない」ことを意味する（障害者権利委員会「インクルーシブ教育を受ける権利に関する一般的意見4号 Easyread version)。本章では、この国連のいうインクルーシブ教育システムを、日本で文部科学省などが提唱しているインクルーシブ教育と敢えて区別する意味において、「フル・インクルーシブ教育」と呼ぶこととする。敢えて「フル（full)」という語を頭に付すのは、基本的に特別支援学級や特別支援学校など分離教育の場を設置しないという意味を強調するためである。

　障害者権利条約の履行にあたっては、数年に一度、国連・障害者権利委員会が各国政府に対して履行状況をモニタリングし、勧告を行う仕組みがつくられている。日本の特別支援学校在籍児童生徒が年々増加してきたことを、国連・障害者権利委員会がどのように見なすのかについて注目が集まっていた。2022年9月に行われた国連・障害者権利委員会の日本政府に対する勧告では、日本の特別支援教育を「特別隔離教育」と見なし、その中止に向けた行動計画の立案を日本政府に要請するという、日本の教育制度に対する強い批判が示された。

　本章では、第一節において、2022年9月に行われた国連・障害者権利委員会

の日本政府に対する勧告がいかなるものであったのかについて教育分野に焦点を
あてて紹介し、なぜ同じ教室環境で共に学ぶことが必要で、「分離別学」が問題
なのかを検討したい。続く第二節では、国連が憂慮する事態がなぜ学校現場にお
いて起きてしまっているのかを整理する。第三節では、フル・インクルーシブ教
育の基本的な考え方を改めて検討したい。これらを受けて、「おわりに」では、
改めてフル・インクルーシブ教育を実現するために、学校や教師が暗黙の内に常
識としてきたことをいかに問い直すことが求められているのかについて考察する
こととしよう。

1. 国連・障害者権利委員会による日本の教育批判

（1）障害者権利委員会による勧告

　障害者権利条約第24条が教育に関する条項となる。同条では、「障害者が、他
の者との平等を基礎として、自己の生活する地域社会において、障害者を包容し、
質が高く、かつ、無償の初等教育を教授することができること」を定めている。
背景には「自立した生活及び地域社会への包容」を規定した19条がある。同条
は、締約国に対して、障害の有無にかかわらずすべての人が平等の権利に基づい
て地域でのインクルーシブな生活を営むことを可能にする政策を求めている。地
域でのインクルーシブな生活の原体験として、学校教育においてもインクルーシ
ブな学校生活の実現を条約は締約国に対して求めている。

　注目すべきは、国連・障害者権利委員会が、これらの条文を踏まえて、日本政
府に対して次のように勧告した点である。

　　「医療に基づく査定を通した、障害のある子どもの分離特別教育が永続して
　　いること」を問題とし、「分離特別教育を終わらせることを目的とし、障害
　　のある子供がインクルーシブ教育を受ける権利を認識し」、「質の高いインク
　　ルーシブ教育に関する国の行動計画を採択」すること。

　ここで注目したいのは、文部科学省のインクルーシブ教育の論理を全面否定し
たことにある。すなわち、文部科学省の定義は、中央教育審議会の答申に示され
た次のようなものだった。

インクルーシブ教育システムにおいては、同じ場で共に学ぶことを追求するとともに、個別の教育的ニーズのある幼児児童生徒に対して、自立と社会参加を見据えて、その時点で教育的ニーズに最も的確に応える指導を提供できる、多様で柔軟な仕組みを整備することが重要である。小・中学校における通常の学級、通級による指導、特別支援学級、特別支援学校といった、連続性のある「多様な学びの場」を用意しておくことが必要である（中央教育審議会答申「共生社会の形成に向けたインクルーシブ教育システム構築のための特別支援教育の推進（報告）」2012 年 7 月）。

　文部科学省は、「同じ場で共に学ぶことを追求する」といいつつ、障害の種別や程度に応じて「通常の学級、通級による指導、特別支援学級、特別支援学校」といった「連続性」のある「学びの場」を整備することを重視している。そして、その「多様な学びの場」全体を「インクルーシブ教育システム」と定義した。「連続性」があるといっても、実際に学校に行ってみると、「通常の学級」と「特別支援学級」との間には廊下などで隔てられた距離があって子どもたちの行き来が事実上ほとんどないことが多く、さらに通常の学校と特別支援学校については、地理的に隔てられていて日常的な交流はないのが実情だ。そのような状況を踏まえて、国連・障害者権利委員会は、日本のインクルーシブ教育システムを「分離特別教育」と批判した。その上で、現在の「分離特別教育」を終了させ、「質の高いインクルーシブ教育」の実現に向けた行動計画を立てるよう勧告したわけだ。さらにインクルーシブ教育を実現するために、障害者権利委員会は日本政府に対して、まず「すべての障害のある子ども」に通常の学校に通学する権利を保障し、合理的配慮を提供すべきこと、さらに教員にはインクルーシブ教育の研修が行われるべきだと勧告した。

(2) なぜ共に学ぶことが必要なのか

　なぜ学ぶ場を分けることが障害者差別になるのかについて改めて説明しておこう。おそらく読者の多くは障害の有無にかかわらず人間は皆平等であるという認識には同意するはずだ。問題は、なぜ学ぶ場を分けてはいけないのか、という点だ。かつ、学ぶ場を分けた方が、それぞれに適した学びが展開できるので効果的ではないか、という疑念を持たれる方もいるだろう。

　この点について理解していただくために、少し話が逸れるが、敢えて戦後教育改革における男女平等の実現を例に考えてみることとしよう。1945年を画期とする戦前において、小学校の中学年ぐらいから、男組・女組に分かれ、さらに中学校以降は通学する学校自体が男女別だった。それに対して、戦後、アメリカは日本政府に対して男女平等社会の実現を求めた。社会生活の原体験をするのが学校だから、学校教育も、男女共学の実現が求められることになったのである。当時の状況をみると、男女共学にすると男子学生の学力が落ちるのではと懸念する教師・保護者など大人たちの声が大きかった（小国 2023）。

　今から考えると、女子と一緒にすると男子の学力が下がるなどというのは紛れもなく女性差別、女性蔑視なのだが、当時は差別意識もなく、純粋に男子学生の学力低下を心配していたのである。今日では、男女という性別にかかわらず人間は平等であり協力し合って社会をつくることを学ぶために、男女共学が重要であるという考えを否定する人はいないだろう。そして、性別にかかわらず平等であることを「学ぶ」という以前に、そもそも平等なのだから学ぶ場を分ける戦前の教育制度は女性差別であったという点に反対する人もほぼ居ないだろう。

　障害の有無によって学ぶ場を分けることは差別だというのは、この男女差別の問題と同じである。また、障害の有無によって学ぶ場を分けることが差別だというのは、海外ではすでに常識の範疇に属するのだ。国連のインクルーシブ教育に関する報告書では、「インクルーシブ教育の利点について議論することは、奴隷制やアパルトヘイトの廃止の利点について議論するのと同じこと」であると、その序文に明記されている（UNESCO 2020）。

　故に、地域の普通学校・普通学級への就学が、すべての子どもに対して、まず権利として保障されるべきであるということになる。その上で、例外的に特別支援学級・特別支援学校に就学したいという本人・保護者の意思があるならば、それもまた尊重されるべきということになるだろう。ただし、それは、普通学校・普通学級での合理的配慮が十分に提供された上でという留保がつく。障害者権利委員会が批判したように、特別支援学級や特別支援学校に就学した場合のみ合理的配慮が提供されるといった現状は、普通学校・普通学級への就学を権利として十全に保障したとはいえないからだ。

　また、盲者・聾者の権利保障については、少し別の文脈で捉える必要がある。障害者権利条約作成の段階で、盲者・聾者の当事者団体は、点字でリテラシーを

獲得すること、聾文化を学ぶことの重要性を主張し、盲学校・聾学校の存続を強く主張した。インクルーシブ教育の推進を基調としつつも、このような障害当事者の意思自体は尊重される必要がある（長瀬 2009）。

　すでに日本でもインクルーシブ教育において先進的な大阪府豊中市など一部の関西地区では、同和差別運動の延長線上で障害児差別問題に取り組み、普通学級でどんな子も共に学ぶ教育を保障する運動に教師たちが取り組んできた（二見 2017）。これらの地域では、インクルーシブ教育が人権問題として捉えられているからこそ、一人一人の当事者の意思を尊重した教育が実現してきたのだ（『コトノネ』43 号）。

（3）　なぜ、文部科学省のいう「交流及び共同学習」ではだめなのか

　文部科学省は、「同じ場で共に学ぶ」ことの実質的な内容を「交流及び共同学習」を充実させることで果たそうとしている。文部科学省は、その意義を次のように説明している。

　　……交流及び共同学習は、学校卒業後においても、障害のある子供にとっては、様々な人々と共に助け合って生きていく力となり、積極的な社会参加につながるとともに、障害のない子供にとっては、障害のある人に自然に言葉をかけて手助けをしたり、経験を深め、社会性を養い、豊かな人間性を育むとともに、お互いを尊重し合う大切さを学ぶ機会となるなど、大きな意義を有するものです（文部科学省『交流及び共同学習ガイド』2019 年）。

　「交流及び共同学習」とは、特別支援学校と地域の普通学校との間での学校間交流、特別支援学級と通常学級との学校内交流、居住地の学校で行う居住地校交流、地域の人々との間で行う地域交流などさまざまな形態がある。方法としても、直接一緒に活動する場合と、手紙やビデオテープの交換やオンラインでの交流などがある。たとえ、同じ時間に同じ空間で同じ活動に参加している場合でも、引用した文章にあるように、あくまで「障害のある子供」と「障害のない子供」とが区別され、異なる成果が期待されていることに注意されたい。いったん、障害判定を受けて特別支援学校か特別支援学級に措置されれば、学校教育上での扱いは、あくまでも「障害のある子供」で、「障害のない子供」とは区別されて

いるわけだ。

　じつは、障害者権利条約批准のための国内法の整備を検討した、政府の障がい者制度改革検討会議は第二次答申のなかで、「交流及び共同学習」について次のように批判していた。

　　学校間交流は年に数回であることが多く、直接交流が可能となっても移動の際に親が付き添いを求められるなど、多くの課題がある。交流及び共同学習は分けられた教育環境が前提となるため、原則分離の教育のままでは障害者権利条約で規定しているインクルーシブ教育は実現しない。地域社会の一員となる教育の在り方という観点から見直されるべきである（障がい者制度改革検討会議「障害者制度改革の推進のための第二次答申」2010 年）。

　政府の検討会議がすでに批判していたように、「交流及び共同学習」では「分けられた環境が前提」となり、「障害児」と「健常児」との交流として定義されているため、結果的に子どもたちは「障害児」と「健常児」との違いを学ぶことが目指されることになる。

　そもそも、リン・ハント『人権を創造する』によれば、人権意識というのは違いを学ぶだけでは獲得されない。世界史的に、人権という概念が成立するためには、私とあなたは同じ人間であるという同質性の認識が浸透することが必要だった（ハント 2011）。それと同じで、子どもたちの間に人権意識を根付かせるためには、同質性の認識を成立させることが必要だろう。その点、いつも一緒に「障害児」とされる子どもと過ごしているときに感じるのは、「普通」とか「同じ」といった、むしろ共通性を認識することになる[1]。「交流及び共同学習」は、イベントとして行われることが多く、結果として人間としての普遍性や同質性の認識にたどりつかず、「障害児」と「健常児」の区別を学ぶことになりがちなのだ。

(4)「健常児」と「障害児」は分けた方が果たして効果的に学べるのか

　日本の議論では、障害の種別と程度に応じて学ぶ場を分けることが個々人の能

---

1) たとえば、佐々木サミュエルズ純子（2022）『子どもたちはみんな多様ななかで学びあう』。

力獲得において効果的だという考え方が根強く存在する。しかしこれは、一種の仮説のようなものだ。そもそも、そのような仮説を実証した大規模調査は日本には存在しない。それに対してアメリカでは、すでに 1990 年代に「障害児」と「健常児」の別学が学力を上げることになるのか、同じ場で学ぶことのほうが学力が上がるのかに関する大規模調査が存在する。それによれば、インクルーシブなクラスでは、標準化されたテストの成績が全国平均を上回り、特別支援教育対象の生徒がいても、それ以外の子どもたちの成績に悪影響がないというものだ。重度障害のある生徒がインクルーシブな教育の場にいるときは、たとえ授業内容が一部しか理解できなくても、友だちの動作を真似しようとすることによる刺戟（ピア・モデリング）がとても有効だった。また、軽度の障害の子どもがインクルーシブなクラスに参加した場合、同級生よりも進度が遅かったが、特別支援学級に在籍する子どもと定型発達の子どもとの間よりは、進度の差は小さかった（Lipsky and Gartner 1997）。特別支援教育における、障害の種別と程度に応じて発達の最適な場に措置すべきだという文部科学省の考え方は、何をエビデンスにしているのかを改めて示す必要があるといえるだろう。

2. 改めて日本で国連が憂慮する「分離特別教育」対象の子どもたちが増えているのはなぜか

　この十年間で、特別支援教育対象児童生徒は少子化であるにもかかわらず増え続けている。文部科学省の統計によれば、特別支援教育制度が開始された 2007 年度に小学生約 7 万 9 千人、中学生約 3 万 5 千人だったのが、2022 年度には小学生約 25 万人、中学生約 10 万人となった。小学生で 3.2 倍、中学生で約 2.9 倍である。普通学級に在籍しながら一部の時間を別室で指導される通級指導の対象児童生徒についても、2007 年度に小学生約 4 万 3 千人、中学生約 2 千人だったのが、小学生約 11 万 7 千人、中学生 1 万 7 千人へと増加した。小学生で約 2.7 倍、中学生で約 8.5 倍だ[2]。

　ただし増えているのは特別支援教育対象児童生徒だけではない。年間 30 日以上欠席する不登校の数は 2021 年度に小学生約 8 万 1 千人、中学生 16 万 3 千人

---

2) 以上、文部科学省『特別支援教育資料』より算出。

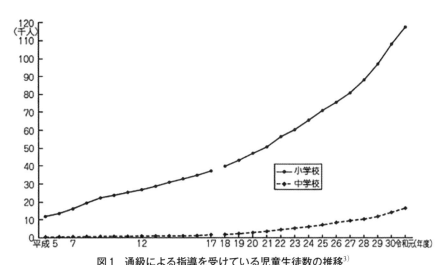

図1　通級による指導を受けている児童生徒数の推移[3]
出典：『日本こども資料年鑑 2022』KTC 中央出版、2022 年

だ。1991 年度には小学生約 1 万 2 千人、中学生約 5 万 4 千人だった。だから、数にして約 30 年間に小学生は約 6.8 倍、中学生は約 3 倍になった。また、いじめについていえば、公立小学校で 1990 年度に小学校約 9 千件、中学校約 1 万 3 千件だったのが 2021 年度には小学校約 50 万 1 千件、中学校で約 9 万 8 千件だ。30 年間では、小学校約 56 倍、中学校で約 7 倍だ。

　背景に何があったと考え得るのか。詳しくは、拙著『戦後教育史』（中公新書）で述べたが、1990 年代以降の一連の労働規制の緩和により派遣労働が増えるなどして、家庭の貧富の格差が拡大したことに加えて、学校教育の分野でさまざまな改革が行われた。まず、2000 年代初頭には、日本の国際学力調査での地位低下が問題となり、学力低下問題への対応に迫られた文部科学省が、2001 年に学習指導要領を「標準」から「最低基準」へと改めた。つまり、学習指導要領は多くの子どもが獲得すべき標準的な内容を示したものという従来の理解から、すべての子どもが到達すべき「最低基準」を示したものという理解へと位置づけを変更したことを意味している。これにより、小学校学習指導要領や中学校学習指導

3）平成 18 年度から、自閉症・学習障害・注意欠陥多動性障害の児童生徒を含む。

要領に示した内容が理解できない子どもは、特別支援学校小・中学部学習指導要領に準拠した教育を受けるべきということになってしまう。本来、「標準」から「最低基準」への位置づけ変更は、学力低下批判へ対応したものであったが、それが「健常児」と「障害児」との分離を正当化する論理として機能することになってしまった。

　さらに、1990年代に発達障害への注目が集まり、当時問題となったさまざまな少年事件や学級崩壊の背景に発達障害があるという指摘がしばしば行われていた。そういった議論を背景として2004年に成立した発達障害者支援法では、「発達障害の早期発見」や「発達の早期支援」を自治体の責務と定めた。

　そもそも「発達障害」は発達障害者支援法のなかで「自閉症、アスペルガー症候群その他の広汎性発達障害、学習障害、注意欠陥多動性障害その他これに類する脳機能の障害であってその症状が通常低年齢において発現するものとして政令で定めるもの」とされた、政治的にカテゴライズされた障害名であり、医学的診断名ではない（榊原 2020）。そもそも、発達障害を脳機能の障害とするのは、定説では必ずしもなく（石川 2020）、また、「政令で定めるもの」というのは、具体的にいえば、「厚生労働省令第八十一号」により「発達障害者支援法施行規則」を定め、その施行規則において、「発達障害者支援法施行令第一条の厚生労働省令で定める障害は、心理的発達の障害並びに行動及び情緒の障害（自閉症、アスペルガー症候群その他の広汎性発達障害、学習障害、注意欠陥多動性障害、言語の障害及び協調運動の障害を除く。）とする」と定めたという、何やら同語反復めいた複雑なものとなっている。

　この発達障害者支援法成立の後、2007年からは特別支援教育制度が開始され、新たに「LD・ADHD・高機能自閉症等」という「発達障害」の児童生徒が支援の対象として加えられた。「発達障害」は脳の機能障害とされているが、実際には症状を聞き取って診断を下すのであり、脳波を測定するのではなく、また脳波を測定しても特定することはできない（榊原、前掲書）。また発達障害はすべて社会的障害だという見解もある（石川、前掲書）。たしかに授業中に落ち着かない、集中できないなどの振る舞いは、そもそも授業が窮屈でつまらないからとか、家庭などで心配事があるからなど、さまざまな背景要因を疑い得る。

　長年学校と協働的に取り組んで来た精神医学の田中康雄は、当初、「発達障害」という症名を通して、子どもの言動の背景を大人たちが丁寧に理解するようにな

ることを望んでいたという。しかし、特別支援教育制度に転換した2007年度以降、田中が出会う教師たちは「児童生徒や親の心情へ近づく様子は少なくなり、それ以上に障害名にのみ近づく結果になってしまった」という（田中 2012）。

　さらに、同じく2007年度からは全国学力学習状況調査（全国学テ）が小学校六年生全員、中学校三年生全員を対象にして開始された。全国学テの結果は、全国の都道府県の順位という形で新聞報道され、さらに全国紙地方版や地方新聞では、都道府県下の自治体ごとの順位が報道されるようになる。

　折しも2006年12月の教育基本法改正により、第17条では、地方公共団体が、「教育の振興のための施策に関する基本的な計画」を定めることが努力義務とされた。地方自治体は、教育振興計画のなかで学力向上をこぞって目標に掲げるようになり、各学校は、全国平均を少しでも上回るような教育改善を求められることとなる。しかし、そもそも学力は家庭の経済力との相関が高く、学校で伸ばすのには限界もある。学力向上施策を具体的に立案実行することを迫られた学校現場は、多くの場合、学校ではドリルや試験を日常的に子どもに課すテスト準備教育に邁進した。また、特別支援学級籍の子どもは全国学テの調査対象にならないこともあって、学力の低い子どもが特別支援学級行きを勧められることが増えた。

　加えて、第6条（学校教育）のなかに、「教育を受ける者が、学校生活を営む上で必要な規律を重んずる」という一節が挿入された。これを契機として、さまざまな授業・教室の細かいルールが全国の小中学校に導入されることになる。文部科学省「通常の学級に在籍する発達障害の可能性のある特別な教育的支援を必要とする児童生徒に関する調査」では、発達障害を疑うべき行動の特徴としては、「学業において、綿密に注意することができない、または不注意な間違いをする」「手足をそわそわと動かし、またはいすの上でもじもじする」「教室や、その他、座っていることを要求されることが難しい」「気が散りやすい」「課題や活動を順序だてることが難しい」といったことが例示されている。授業や教室のルールが厳しくなればなるほど、ルールに従うことができない子どもは増えるはずで、従って、上記のような行動をとる子どもたちが出現しても不思議ではない。そのような行動は、発達障害を疑うべき症例として教師に認知され、医療につながれる可能性が出てきている。

　ジャーナリストの小林美希は、岩波書店の月刊誌『世界』（2022）に掲載されたルポルタージュのなかで、教員たちの次のような声を紹介している。

特別支援学校や特別支援学級で働く複数の教諭は、「本来なら特別支援を受けなくてもよい子どもたちが送られてくる。少し目立つ行動をするだけで、普通の学級から排除される傾向があります。教員不足で資質のない人が現場に増えている」と口を揃える。

　かくして、ちょっとでも変わった子が排除されやすい環境が学校において成立するなかで、「発達障害」とされて特別支援教育の対象となる子どもたちが増えることになった。

3．フル・インクルーシブな教育の場とは

　以上のような状況を前にして、改めてさまざまな子どもたちが同じ場で学び合うフル・インクルーシブな教育の場へと学校を転換するために、われわれがまずしなければならないことは何か。ここでは、国連の「サラマンカ声明と行動の枠組み」（1994 年、以下「声明」と略記）、障害者権利委員会「インクルーシブ教育を受ける権利に関する一般的意見 4 号」（2016 年、以下「4 号」と略記）、障害者権利委員会「平等及び無差別に関する一般的意見第 6 号」（2018 年、以下「6 号」と略記）を主な手掛かりとして、求められる学校像、教員像を整理し、それが現状の学校像・教員像のいかなる転換を図ることになるのかを考えてみたい。

　まず、国連のユネスコとスペイン政府の共同開催によって 1994 年、「特別ニーズ教育：そのアクセスおよび質に関する世界会議」が開催され、92 カ国と 25 の NGO の代表、合計約 300 名以上が集まった。サラマンカ声明はその会議で共同宣言として採択された。また、2007 年国連総会で採択された障害者権利条約に基づいて、批准した各国政府が条約をどのように履行しているのかをモニターし、勧告を行う障害者権利委員会が国連によって設置されている。障害者権利委員会が出している一般的意見のなかで、4 号と 6 号がとくにフル・インクルーシブ教育に関連している。以下、5 点にわたって論点を整理してみたい。

① 　民主的な共生社会創出のための基盤としての学校生活づくりが求められる。
② 　障害のみではなく、民族、経済格差、言語、宗教、性差など多様な差異の包摂を課題としている。

③　生徒（＋教職員、地域の人たち）の参画のもとに行う。

　　児童会・生徒会・PTA・コミュニティスクールと連動する。

④　通常学校・通常教室のルール、習慣の変革が基盤となっている（障害の社会
　　モデル）。

⑤　「支援」の意味の問い直し。

　順番に若干の解説をしておこう。①まず、インクルーシブ教育は、民主的な共
生社会形成のための原体験を子どもたちに創出することを目的としている。故
に、民主的でインクルーシブな学校生活をどうデザインするのかが重要な鍵とな
る。日本のインクルーシブ教育の議論は、「健常児」と「障害児」が共に学ぶ授
業をどのようにデザインするのかに焦点があてられがちだが、これは視野が狭い
といえるだろう。休み時間での異学年を含む自由な遊び、さまざまな行事での多
様な子どもたちとの協働、児童会や生徒会での自治活動、などにもっと意識が向
けられることが必要だろう。

　②多様な人たちが共生する社会を構想したとき、包摂の対象とされるべきは、
障害に加えて、民族・経済格差・言語・宗教・性差など、さまざまなマイノリティ
の属性である。多様な差異を包摂する場へと学校を転換する必要がある。日本で
は、障害の有無のみを包摂の対象とみなしている点で、こちらも議論が矮小化さ
れているといえるだろう。

　③障害者権利条約では、「私たちのことを私たち抜きで決めないで（**Nothing
About us without us**）」というスローガンの下、当事者の参画が重要な概念として
登場する。当事者の包摂を疎外する障壁の除去という「障害の社会モデル」を一
歩進めて、当事者が尊厳をもつ存在として市民生活への参画を可能にする「障害
の人権モデル」が提唱されているのも、この点に由来する。

　④日本では「障害の医学モデル」が支配的であり、故に、「障害」をもつとさ
れる子どもたちが特別な教育や治療の対象とされてきた。それに対して、障害者
権利条約が採用する「障害の社会モデル」では、「障害」が生じるのは、マジョ
リティの人たちが当たり前とする社会のルールや習慣の側に問題がある。たとえ
ば、授業で落ち着いて座っていられない子がいたとして、その子は発達障害なの
だから、特別な環境で、特別なソシアルスキルトレーニング（略称 SST）が必要
と考えるのが医学モデルである。それに対して、教室が窮屈なことが原因なので

はとか、授業のやり方を変える必要があるのではと考えるのが社会モデルだ。ひとりでも学校生活に参加できていない者がいるとしたら、その子が安心して参加できるように、これまであたりまえとしてきたルールや習慣を見直すことが求められる。一人ひとりが安心できるように工夫し合うこと自体が、マジョリティの子どもたちにとっても安心して学校生活を送ることを可能にする配慮となる。

　⑤これも④と同じように、「障害の医学モデル」の下では、当事者の子どもの「障害」をいかに軽減するかを目的とし、当事者をどう支援するかが「支援」する教師の役割となってきた。それに対して、「障害の社会モデル」では、当事者の子どもの参画の下に、学校コミュニティをどう生きやすい場へと変換するのかが目指されるから、子どもと子どもとをつなぐ役割が「支援」する教師に求められることになるだろう。

おわりに ── 学校や教師の役割の再定義

　以上を通して、改めて学校や教師の役割自体が、フル・インクルーシブ教育を通して再定義を迫られていることが理解し得るだろう。まず、学校についていえば、子どもたちの能力の発達を促す場から、社会における共生を原体験として学ぶ場へと改めて転換することが求められている。その意味で、1970年代の養護学校義務化反対運動における、「発達」の場から「生活」の場へと学校の役割を転換すべきという主張は改めて傾聴に値するだろう（小国 2019）。

　また、Ａという子どもの自分らしく生きたいという思いとＢという子どもの自分らしく生きたいという思いがぶつかりあうなかでこそ、共生の作法を学ぶことができるのだとしたら、共生に関する学びは、授業よりも休み時間の子ども同士のケンカが重要であり、互いの権利の調整の仕方を対話を通して学ぶ機会として児童会・生徒会などの自治活動などが改めて重視すべき教育活動ということになるだろう。

　教師としての専門性も大きく再考を迫られることになるはずだ。教師の専門性が授業力だといわれて久しい。個々の子どもの教科理解をいかに深化させるかが課題となり、その際、「障害児」に対しては障害種別ごとの典型的な行動を予め知識としてもつことで、その子にふさわしい学びの場をどうデザインすることができるかが教師には求められてきた。しかし、インクルーシブ教育において重要

なのは、共生社会を生きるための原体験として子どもたち同士が「共に生き共に学ぶ」体験を積むことであり、従って子ども同士が関わり合い学びあうための学校生活をどうデザインするのかが教師の重要な専門性となる。障害種別ごとの行動の特性をステレオタイプに理解することよりも、むしろ子どもの個々の行動の背景にある隠された思いや要求を探りだそうとする力が求められることになる。教科学習は、改めて子どもたちが共生社会をいかに構築すべきなのかという課題に即して、プロジェクト学習などを重視する形で再編成されることが求められることになるだろう。

［引用・参考文献］

・石川准他（1999）『障害学への招待』明石書店
・石川憲彦（2020）『「発達障害」とはなんだろう？』ジャパンマシニスト社
・小国喜弘：編（2019）『障害児の共生教育運動』東京大学出版会
・小国喜弘（2023）『戦後教育史』中公新書
・コトノネ生活（2022年8月）「特集　子どものことは、子どもにゆだねよ」『コトノネ』43号
・小林美希（2022年11月）「ルポ　子どもたちの拒絶」『世界』963号
・榊原洋一（2020）『子どもの発達障害、誤診の危機』ポプラ新書
・佐々木サミュエルズ純子（2022）『子どもたちはみんな多様ななかで学びあう』
・障害者権利委員会（2016）「インクルーシブ教育を受ける権利に関する一般的意見4号」
・障害者権利委員会（2018）「平等及び無差別に関する一般的意見6号」
・障がい者制度改革検討会議（2010）「障害者制度改革の推進のための第二次答申」
・田中康雄（2012年5月）「特別支援教育のいま」『こころの科学』
・中央教育審議会答申（2019）「共生社会の形成に向けたインクルーシブ教育システム構築のための特別支援教育の推進（報告）」2012年7月文部科学省『交流及び共同学習ガイド』
・長瀬修（2009年3月）「障害者権利条約と教育」『法律時報』81巻4号
・日本子ども家庭総合研究所（2022）『日本こども資料年鑑2022』KTC中央出版
・ハント，リン：著、松浦義弘：訳（2011）『人権を創造する』岩波書店
・二見妙子（2017）『インクルーシブ教育の源流――一九七〇年代の豊中市における原学級保障運動』現代書館
・文部科学省（2019）『交流及び共同学習ガイド』
・文部科学省『特別支援教育資料』各年度版

・Lipsky, Dorothy Kerzner and Gartner, Alan（1997）, *INCLUSION AND SCHOOL REFORM: Transforming America's Classrooms*. Paul H Brookes Pub Co.
・UNESCO（2020）, GLOBAL EDUCATION MONITORING REPORT, "Inclusion and education: ALL MEANS ALL".

第6章　若い教師に学ぶ
── 教職の倫理的基盤 ──

浅井幸子

1.　若い教師をめぐる言説を問う

　2000年代以降、学校における若い教師の割合が急激に高まっている。小学校ではこの20年間で、30歳未満の教師の比率が2.5倍になった。中学校や高校についても同様の年齢構成の変化が生じつつある（文部科学省 2021）。それに伴って、若い教師、とりわけ初任者の支援が教師教育の喫緊の課題として浮上し、若い教師がどのように学ぶのか、それをどのように支援するかということについて多くの研究が蓄積されつつある（藤原 2022）。

　それらの研究の重要性は言うまでもない。しかし、若い初期キャリアの教師は単に教育される対象なのだろうか。若い教師とベテランの教師がどのように学びあうのか、中堅やベテランの教師が若い教師からどのように学ぶかということもまた、重要な問いではないだろうか。

　初期キャリアの教師を支援される存在としてのみ語る言説に対して、ベルギーの教育学者ケルクターマン（Kelchtermans 2019）が、以下のように疑問を呈している。そのような言説を前提とする初期キャリアの教師の研究、たとえば組織的な社会化プロセス、離職と定着、支援と育成等に関する研究は、たしかに教師の初期キャリアの複雑さの理解を深めることに寄与してきた。しかしそれらはもう一方で、「欠如の思考（deficit thinking）」と「補填の視点（remedial perspective）」にとらわれている点で問題がある。「欠如の思考」というのは、初期キャリアの教師が課題に対処する特定の能力（知識、スキル、態度）を欠いているという前提を出発点とすることを意味している。また「補填の視点」とは、初期キャリアの教師のメンタリングが「欠如」の補填を目的として行われているということを

示している。このように、長所や可能性ではなく弱点や短所を焦点化することで、初期キャリアの教師は支援される受動的な存在になってしまう。メンタリングが自律性を奪い、「問題」への対処という枠組みが「問題」を継続させることになる。

　では、初期キャリアの教師をどのように語ればいいのか。ケルクターマンは、「支援の対象である初期キャリアの教師」という支配的な言説に対して、以下の3つのオルタナティブな言説を提示している。一つめは、「意味生成のエージェンシーである初期キャリアの教師」である。この言説において、初期キャリアの教師は、組織の要求に受動的に適応するだけの存在ではなく、組織の要求を理解しながらも、自らが社会化される構造に影響を与える存在である。ここで重要なのは、初期キャリアの教師自身が、意味生成と解釈の個人的な枠組みを発展させているということである。それは単に知識やスキルを身につけるような技術的道具的なプロセスでなく、何がよいティーチングであり、何がよい教師であるかといった価値にかかわる規範的な観点を含んでいる。

　二つめは、「ネットワーク形成者である初期キャリアの教師」である。初期キャリアの教師は、特定の能力を持つ孤立した個人というよりも、ネットワーク化されている、すなわちリソースとサポートを引き出すことのできるような関係の網の目に埋め込まれている存在である。協働的学校文化や専門職の学習共同体の研究の増加は、この概念を支持するものである。

　三つめの言説は、「学校の資産である初期キャリアの教師」である。新しい教師は学校に、養成教育で得た現代的な知識をもたらすばかりではない。新鮮な目をもって、これまで当然と思われていたことを問い直す「不思議の国のアリス」効果をもたらす。メンタリングの相互作用は、メンティーとメンターの双方にとって省察の機会となる。さらに、初期キャリアの教師がリーダーシップを発揮する事例さえ見出されている。以上を受けてケルクターマンは、オルタナティブな言説は初期キャリアの教師の専門的な学習を真に促進し、イノベーションと学校の発展に貢献すると述べている。

　キャリアの浅い若い教師の割合は、世代のボリュームゾーンとなっている50代後半から60代の教師の退職に伴い、今後も増大していくことが見込まれる。そのような状況を受けて、「欠如の思考」と「補填の視点」を超えるオルタナティブな語りとシステムを構築する必要があるといえよう。そこで本章では、若い初

期キャリアの教師の可能性と、彼ら彼女らに学ぶということについて考察したい。その際に、学びの共同体の学校改革の事例を参照する。以下で具体的にみるように、学びの共同体の学校改革への取り組みでは、しばしば初任教師や初期キャリアの教師がその過程を先導し、他の教師が彼ら彼女らから学ぶという状況が生起する。それは学びの共同体のシステムに、「欠如の思考」と「補填の視点」を超える視座が埋め込まれているからに他ならない。

　以下、事例に登場する教師や子どもの名前は基本的に仮名である。ただし、すでに出版されている文献から引用を行う際には、引用元のままの表記を使用している。

2.　学校改革の原風景 ── 聴きあう教室

　茅ヶ崎市立浜之郷小学校は、1998年に、学びの共同体の最初のパイロットスクールとして開設された。開設と同時に新任教師として着任したY先生の教室を、翌年の5月に参観した時の衝撃を、私は忘れることができない。小学校4年生の国語の授業で、先生と子どもたちは、あまんきみこの『白いぼうし』を読んでいた。タクシー運転手の松井さんが、小さい男の子の白いぼうしから蝶を逃してしまい、かわりに夏みかんを入れておく場面である。何度かテキストを音読した後で、先生が「お話ししたい人」と呼びかけ、子どもたちがいろいろな思いを語っていった。しばらくして、マサキが「なんで夏みかんを白いぼうしに入れたの？」という問いを伝えた。子どもたちはグループでの相談を経て、松井さんは蝶を逃したかわりに夏みかんを入れたのだということを確認する。Y先生はそのなかから、ミサトの「蝶が花に変身してもいいの？」という問いを子どもたちに投げかけた。子どもたちが、男の子が喜んでくれそうなものを入れてあげたかったんじゃないか、「お袋さん」から夏みかんをもらって嬉しかった気持ちをわけてあげたかったんじゃないかと、さまざまな考えを交流した。最後にもう一度、今日読んだ部分のテキストを音読して授業は終わった[1]。

　この授業について、私が強い印象を受けたのは、子どもたちがお互いの話を本当によく聴いているということだった。話す子は、穏やかに考えを紡ぐように話

---

1) 筆者の授業見学のフィールドノートより。

している。そしてその言葉に、他の子どもたちが、一心に耳を傾けている。テキストの読みを語りあい聴きあう子どもたちの姿は、無理な背伸びをしていないところが子どもらしく感じられる一方で、物静かでやわらかな感じが大人っぽいようでもあった。教師が話して子どもが聴くという教室の風景に慣れきっていた私にとって、子どもが他の子どもの言葉に関心をよせ、耳を傾け、それを理解することに喜びを感じている姿は驚きだった。学校という場に希望を持つことができると確信させてくれる光景でもあった。

　この驚きは私だけのものではなかった。浜之郷小学校の先生たちもまた、Y先生の教室を「衝撃的な出来事」として受けとめていた。当時、研究部を担当していたH先生は、開校2年目4月のY先生の教室の様子を次のように語っている。

　　教室に足を踏み入れた途端、そこには子どもの学びが幾重にも重なって響いている風景があった。その会話のやりとりを聴いているだけでなぜかほほ笑んでしまう。この時と空間にずうっといたいという衝動にかられた。私たちが追い求めている学びあう学びの交流が、ここに確かにある（大瀬他 2000、p. 91）。

　H先生は、Y先生の教室に「学びあう学びの交流」を見出した。しかし4月の段階では、まだその意味はしっかりとは理解できていなかったという。この出来事を受けて、学校全体でY先生の教室に学ぶことが企図された。そうして翌月の授業研究会で公開されたのが、上記の『白いぼうし』の授業である。H先生は、スーパーバイザーの佐藤学東京大学教授（当時）の研究協議会におけるコメントを、次のように記録している。

　　学びあう教室は、子ども一人ひとりの胸に届く言葉をていねいに選びながら語りかけていく教師の話し方がある。学びとは心を他者にひらき異質なものを受け入れることである。その基礎として、聴きあうかかわりが形成されていなければならない。聴くという行為は学びが学びとして成立していくための重要な行為である（大瀬他 2000、p. 94）。

　こうしてY先生の教室には、子どもたちの「聴きあうかかわり」と、その関

係性をつくる教師のあり方が見出された。それは浜之郷小学校における「学びあう学びの授業の創造」への糸口を提供することになった。

　実際に、教職 15 年目の中堅の T 先生は、Y 先生に学ぶことで自らのあり方と教室を作り直したことを報告している。T 先生によれば、当時の茅ヶ崎市の授業研究では、子どもの興味をひく教材を準備する「元気のある活動的な授業」が好まれていた。そのような考えのもとで実施された T 先生の研究授業は、「対話という状況は存在せず、ただハイテンションになった子どもたちが、自分の意見だけを言いまくる」というものになってしまう。授業協議会を通してそのことに気づかされた T 先生は、同じ日に研究授業を行った Y 先生に、もう一度個人的に授業をみせてもらった。そして自分に何が欠けていたかを考えた。T 先生は、Y 先生から学んだことを、次のように表現している。「子どもが子どもの話を聞けるようにするためには、まず教師が真剣に聞く姿勢を示さなければならない。教師が浮ついた授業をすれば子どもも浮ついてしまう」（大瀬他 2003、p. 89）。

　この出来事は、学びの共同体のデザインそのものにもインパクトを与えたように思われる。聴きあうかかわりは、改革の当初からビジョンに含まれてはいたが、次第に重要性を増し、学びの共同体の「基盤」として認識されるようになっていった。佐藤は『学校改革の哲学』において、「私の提唱する『学びの共同体』は、他者の声を聴き合う関係を基盤として成立している」と述べている。そして、聴きあう関わりは学びの出発点であり、教えることの出発点であるばかりでなく、学校を公共空間に構成する上でも、共同体の構成の上でも重要であると述べている（佐藤 2012、pp. 122-123）。それは教職の倫理的基盤の発見であった。

（1）聴きあう関係をつくる：虚心坦懐に聴くこと

　では、なぜ Y 先生は、教室に聴きあう関係をつくることができたのだろうか。同僚の H 先生は「謙虚に、そして誠実に、まっすぐに子どもに向」かう Y 先生の姿を見出し、T 先生は「まず教師が真剣に聞く姿勢を示」すということを学んだと述べている。このことについて、佐藤は次のように述べている。多くの教師が Y 先生の教室の秘密を知ろうと彼の教室を訪問した。そこで見たのは、「一人ひとりのつぶやきをまるごと受け止めて」いる Y 先生の「無心の姿」だった（佐藤 2003）。

　では、とりわけ誠実で真摯な Y 先生が、たまたま新任教師だったということ

だろうか。おそらくそれだけではなく、若い教師と聴くことには内在的な関係があるように思われる。佐藤は8年目の浜之郷小学校を「若い教師たちが活躍する学校」と表現し、その後に着任した新任教師たちが、Y先生に続いて「創意的な実践」を切り開いていったこと、そのような若い教師たちの活躍と成長は、構想時のデザインを超えたものであったことを述べている（佐藤 2006、pp. 201-209）。また『教師花伝書』では、中学校の若い教師たちが「虚心坦懐に子どもの声やつぶやきに耳を傾けること」によって「協同的な学び」を促進していることが報告されている（佐藤 2009、pp. 42-49）。若い教師は、なんらかの条件があれば、よい聴き手として立ち現れるのだ。

『教師花伝書』の議論は、若い初期キャリアの教師が子どもを聴くことについて考察する手がかりを与えてくれる。佐藤は「聴くこと」が教師の中心的な活動であることを示す際に、一方では、それが熟練と研鑽を必要とするものであることを指摘している。熟練した教師は、一つひとつの子どもの発言を、「見えない関係」のなかで聞いている。「見えない関係」は3つある。ひとつめは「題材（テキストや資料）」とのつながり、2つめは「他の子ども」の発言とのつながり、3つめは「その子自身のそれ以前の考えや発言」とのつながりである。これらのつながりが織りなす「見えない織物のような関係」を認識することで、教師は創造的に即興的に対応できるという。

しかしもう一方で、佐藤は、若い教師がそのように「見えない織物」を洞察しながら子どもたちに耳を傾けていたとは思えないとも述べている。では、なぜ教職歴の浅い教師たちが、驚嘆するような「協同的な学び」を実現できていたのだろうか。この問いに対して佐藤は、以下の3点を指摘している。教師たちは第一に、発言の意味を理解しようとしていただけでなく、発言する生徒一人ひとりの存在をまるごと受け入れていた。第二に、「いい発言をつないで授業をつく」ろうとするのではなく、「どの子の発言も素晴らしい」という姿勢で「学び合い」をつくろうとしていた。そして第三に、小グループによる学び合い2回とその間の全体共有というかたちでシンプルに授業を構成することで、活動を計画どおりに進めるというプレッシャーを免れていた。

ここには若い教師の聴き方として、存在を受け入れるように聴いていること、すべての発言に価値を見出そうとしていることが示されている。ここで佐藤がその聴き方を、しばしば「虚心坦懐」という言葉で表現していることに着目したい。

これは「心に何のわだかまりもなく、さっぱりして平らな心」を意味する言葉である[2]。若い教師たちは、熟練教師のように発言のつながりを聴いているわけではないが、一つひとつの発言にフラットに耳を傾けることで協同的な学びを成立させているということになる。

　たしかに、私自身が出会った若い教師たち、子どもに耳を傾け、教室に聴きあう関係をつくっていた教師たちのあり方も、「虚心坦懐」という言葉にふさわしいものだった。A先生の小学校2年生の算数の授業では、子どもたちがテープ図の「部分」と「全体」の関係を説明していた。ひとりの子どもが話をすると、何人かの子どもが「ちょっと違う」といいながら手を挙げる。そのなかから指名を受けた子が黒板のところに来て、また「部分」と「全体」の関係を説明する。それが何度か繰り返された。私にはほぼ同じ説明が反復されているように聞こえたのだが、A先生はにこにこしながら子どもの話に耳を傾けていた。B先生の2年生の「お手紙」を読む国語の授業では、子どもたちが、「かえるくん」が急いでいるかどうかということに着目して文章を読み進めていった。それは「かえるくん」の気持ちを考えるというB先生の授業デザインとはずいぶん異なる展開だった。B先生は子どもの話を聴くのに夢中になり、自分の授業デザインのことは忘れていたのだという。C先生の5年生の算数の授業では、既習事項を踏まえて台形の面積を求めることが課題となっていた。2つの台形を平行四辺形の形にして求める、2つの三角形に分割して求めるといったアイデアとともに、C先生は台形を3つの三角形に分割するというZさんのアイデアをピックアップした。その時C先生は、Zさんのアイデアの算数的な意味を考えたり、その後の授業展開を考えたりしたというよりも、Zさん自身がアイデアの発見に喜び興奮していたからとりあげたようだった。実際にC先生は、Zさんのアイデアについて、「先生、面白いなあと思ったんだ」とZさんと興奮を共有するようなコメントをした。

　これらのエピソードは、聴くということにおける初任教師の凄さと可能性を印象づけるものである。彼ら彼女らの聴き方に共通しているのは、佐藤が指摘したように、「いい発言をつないで授業をつくる」という発想がないことにある。授業を展開させるためのものとして子どもの発言を利用しない、と表現してもいい

---

2)『広辞苑（第七版）』による。

だろう。授業の展開を傍に置いておいてフラットに聴くということは、簡単ではないように思えるのだが、経験の浅い教師たちはそれを、さして難しいことではないかのように行う。経験を積んでいないがゆえの見通しのきかなさが、目の前の子どもの発言をジャッジすることなくフラットに聴くことにつながっている面はあるだろう。それに加えて、子どもに向きあう真摯さが、その存在の尊重につながっている。

　ここで、教師が聴くことの意味を確認するために、日本の学びの共同体と同様に、ジョン・デューイ以来のプログレッシブの系譜をひきつつ「リスニング・ペダゴジー（pedagogy of listening）」を概念化したカルラ・リナルディの言葉を参照したい[3]。彼女は教師が聴くこと、傾聴することについて、以下のように述べている。

　　私たちは常に、子どもたちは自分自身の問いや理論を持っており、その理論を他者と交渉していると主張してきた。私たち教師の責務は、子どもたちに耳を傾けることであり、それは子どもたちに互いに耳を傾けるように求めることと同じである。聴くことは、他者に価値を認め、他者やその言葉を受け入れることである。聴くとは、他者の視点に正当性を認めることであり、そうして聴き手と話し手の双方を豊かにする。教師に求められているのは、そのような傾聴が生じうるような文脈を作ることである（Rinaldi 1998）。

　リスニング・ペダゴジーは、子どもたちが自分の理論をもっているということを前提としている。それに耳を傾けることが教師の責務である。その際に、聴くこととは、価値を認めること、その言葉を受け入れること、その視点に正当性を認めることである。すべての子どもの学びを保障しようとするならば、すべての子どもに耳を傾け、その価値を認める必要がある。教師が子どもの発言をフラットに聴くこと、そして子どもたちもそのように聴き合うことは、教師と子どもが相互の理論に価値を置くという出発点を形づくっているといえよう。

3）カルラ・リナルディはローリス・マラグッツィとともにイタリアのレッジョ・エミリアの幼児教育を形作ったペダゴジスタ（教育専門家）である。佐藤は、学びの共同体のヴィジョン、哲学、活動システムの着想の起源として、アメリカのデボラ・マイヤーと並んでマラグッツィの名前を挙げている（佐藤 2013a, p. 125）。

(2) 子どもから学ぶ：ヴァルネラビリティの可能性

　若い教師の聴くことにおけるアドバンテージは、フラットに聴けるということだけではない。もうひとつは、若い教師が教職のヴァルネラビリティの影響を受けやすいという事実に指摘することができる。ヴァルネラビリティ（vulnerability）という言葉は「脆弱性」「傷つきやすさ」「攻撃の受けやすさ」を意味している。一方で、教職のヴァルネラビリティ研究が、それを乗り越えるべきものとして扱ってきた事実に明らかなように、ヴァルネラビリティには負の側面がある。とりわけ子どもの学びを統制できない、子どもとの関係を構築できないといった自らの専門的能力への不信に起因するヴァルネラビリティの感覚は、早期退職やバーンアウトをもたらしうることが指摘されている（Kelchtermans 1996）。

　しかしもう一方で、教職のヴァルネラビリティは、必然的なもの、もっといえば積極的な意味をもつものとして語られている。ケルクターマンによれば、教職におけるヴァルネラビリティは、個人の性質や経験というよりも構造的な特徴としてとらえられる必要がある。教師のコミットメントは、単に道具的、意図的、技術的な関係として概念化することはできない。複雑な状況のなかで、教師には価値の選択や自身の人格の関与が求められるが、その選択と関与が疑問視されたり、異議を唱えられたりするリスクは避けることができない。しかしケルクターマンは、この避けがたいヴァルネラビリティこそが、教師が教育すること、生徒の人生に真に変化をもたらすような方法で教える可能性を構成しているという（Kelchtermans 2005）。ラスキーもまた、ヴァルネラビリティを、愛や共感、学習、人間関係の構築に必要な、開放性と信頼性の経験でもありうるものとして定位している（Lasky 2005）。ブロウは「教えることはヴァルネラブルなことである。ヴァルネラブルであるということは、傷つくことができるということである」と述べ、失敗の可能性を排除しようとする教師のあり方に、自らをリスクにさらすことを楽しむような教師のあり方を肯定的なものとして対置している（Bullough 2005）。この文脈において、ヴァルネラビリティは、自ら晒されていること、他者にオープンであることを意味している。

　リナルディのリスニング・ペダゴジーにおいても、教師が子どもに耳を傾け、子どもとともに知識を構築する役割を果たす際に、自らのヴァルネラビリティの認識を求めている。それは「疑問や間違い」「驚きや好奇心」を受け入れること

を意味している。しかし彼女によれば、そのようにオープンであることは、それ
ほど容易なことではない。

　　聴くことは容易ではない。それは深い気づきとともに、判断とすべての偏見
　　の停止を必要とする。それは変化に開かれることを必要とする。未知のもの
　　の価値をはっきり念頭に置き、確信していることが問いに付されるたびに経
　　験する空虚感と不安定さを乗り越えなければならない（Rinaldi 2006, p. 49）。

　リナルディは聴くことにおいて、判断と偏見の停止とともに、変化に開かれる
ことを求めている。前者がフラットであることだとすれば、後者はオープンであ
ることである。実は「虚心坦懐」は、英語では open mind と訳される。リナルディ
はここで、「虚心坦懐」に聴くことを求めつつ、その難しさを述べているといえ
よう。
　ここでもう一度、浜之郷小学校の Y 先生の授業に戻りたい。上記の理論的な
検討を踏まえてその記録を読むと、教師自身がオープンに自らを晒しつつ子ども
に耳を傾けていることに気づく。『アレクサンダとぜんまいねずみ』を読む授業
を参照しよう。ねずみのアレクサンダが、虹色のとかげに向かって「とかげよ、
とかげ。ウィリーをぼくみたいなねずみにかえてくれる？」という場面を読んで
いた時である。美香が「まほうのとかげは『（アレクサンダ）自分は何になりた
いのか？』と聞いているのにほかの人のことを言うってことは、それだけアレク
サンダはやさしいと思った」と発言した。Y 先生は美香の話が理解できず、「ど
うして美香の思いを受け取れなかったのだろう？」と考えながら「もう 1 回聞か
せてくれる」と頼んだ。2 回目で Y 先生は受け取ることができたが、子どもの多
くはまだわからないでいるようだった。そこでテキストの該当部分を音読し、Y
先生は「アレクサンダは自分のことだけを考えればいいんだよね。それなのに
……」と伝える。これを受けて、ひとりの子が、ウィリーが捨てられそうだった
ことに言及し、アレクサンダがウィリーのことを考えて願いごとをしたことが確
認された。この記録に続けて、Y 先生は次のように記している。

　　正直、私は美香が伝えてくれたような思いをもち合わせていなかった。だか
　　ら、すぐに思いを受け取ることができなかったのだ。こんな出来事は物語の

113

授業をやっているとよくある。思ってもいなかった見方をしてくれたり、私の読みを越えているときなどである。こういうときは、素直に子どもの読みに感動してしまう反面、自身がもっと読みを深めていかなくてはならないと強く感じる。そして、どの子のどんな発言に対しても表面的に聞くのではなく、子どもの存在そのものを受け取らなくてはいけないのだと思う（大瀬他 2003、pp. 135-136）。

Y先生の聴き方は率直でシンプルである。美香の「思い」を理解できなかったから、もう一度いってもらう。それが理解できなかったのは、自分自身がもっていない「思い」だったからである。そしてそれを理解した時に、自分の読みを越える子どもの読みに感動する。この文脈で起きていることは、文字通り「子どもから学ぶ」ということである。Y先生は美香の言葉を通して、自らのテキストの理解を編み直している。

金子みすゞの詩「こだまでしょうか」の授業でも、子どもから学ぶというY先生の基本的なあり方は変わっていない。この授業では、子どもの書き込みについて先生が語るというインタビューが行われていることで、書かれたものに耳を傾ける際の先生のあり方を垣間みることができる。あつよしくんという子の書き込みについて、Y先生は次のように語っている。

「なんであすぼうなのか？」から始まって、一連を読んで仲がいいなという様子が、あつよしくんには伝わってきたのでしょうね。それで二連でけんかになり、三連で「なかよしがこわれた」、こういう言葉、私たちは書けないですよね。「完全にけんかした」五連のところで、また①の「なかがいい」に戻った。一つ一つの細かいところを見ながら、あつよしくんは全体をひとつの詩として見ていてくれたな、というのがこの書き込みを見ると分かります[4]。

Y先生は、詩を連ごとにくくっている括弧や、五連から一連へと引かれた線も含めて、あつよしくんの思考に耳を傾けている。着目したいのは、「なかよしが

---

[4]　児童教育振興財団教育ビデオライブラリー 40『聴き合う関係で学びを深める』より。

こわれた」という言葉についての「こういう言葉、私たちは書けないですよね」という語りである。おそらく三連に仲が壊れた状態を見出す読みは、Y先生の想定の範囲内だったのだろう。しかしY先生は、「なかよしがこわれた」という言葉に、自分たち大人にはできない表現を見出している。すなわちあつよしくんの言葉を、詩的な力をもつものとして味わっている。そのことを踏まえるならば、この6年目の記録は、単にフラットでオープンに聴いている教師のあり方というよりも、経験を重ねたなかでもフラットでオープンに聴こうとする教師の意志と技を感じさせる。

　リナルディのリスニング・ペダゴジーの特徴を、ダールベリらは、「先入観なしに、子どもたちの言葉を意味づける努力をする」と表現している。そして、そのような「よい」傾聴があるか否かが、他者との関係性を築くことのできるダイアローグになるか、知識を伝達して他者を同一化するモノローグになるかを分かつと指摘している（Dahlberg, Moss and Pence 1999, p. 43）。また、そのような傾聴は、子どもの見方の変化を伴うものでもある。

　　真に聴くことを実践すると、子どもが言いたかったことが、しばしば排除され、周辺化され、無視されるか、あるいは単にかわいいことや面白いこととして捉えられていたことに気づく。聴くことによって私たちは、子どもたちの思考がいかに豊かで知的であるかを発見し、驚き、ショックを受ける（Dahlberg and Moss 2005, p. 101）。

　Y先生の記録では、美香もあつよしも、豊かで知的な存在として立ち現れている。子どもの声を聴くということは、しばしばケアの営みとして語られるが、それだけでは十分ではない。ここでは、存在が受け止められることと、アイデアが認識されることとが重なりあうかたちで傾聴が成立している。

（3）若い教師の可能性を拓く

　ここまで、学びの共同体の取り組みにおいて若い教師の活躍が可能になっていた事実を示しつつ、そのシステムに若い教師を語る時に陥りがちな「欠如の思考」と「補填の視点」を超えるどのような視座が埋め込まれているかということを検討してきた。重要なのは、教師の仕事が教えることではなく、学ぶこと、聴くこ

ととして定位されている事実である。そのことによって若い教師たちは、未熟な
教え手ではなく、よき聴き手として立ち現れていた。そのあり方は、「虚心坦懐」
に聴くというあり方、すなわちフラットかつオープンに子どもに耳を傾けるとい
うあり方として表現しうる。

　とはいえ、若い教師が一般的に、否定的な意味でヴァルネラブルな存在である
こと、すなわち休職や離職に陥りやすいのもまた確かである。初期キャリアの教
師は、経験豊富な同僚と同じ水準のパフォーマンスを発揮するというプレッ
シャーにさらされるが故に、教職のヴァルネラビリティの影響を受けやすいこと
が指摘されている（Sullivan, Johnson and Simons 2019）。実際に日本においても、
初期キャリアの教師の休職や離職が問題となり、彼ら彼女らの支援が課題となっ
ている（久冨 2017）。以下では、若い教師の可能性が拓かれるには何が必要なの
か、その条件を授業研究のあり方に即して示す。

　学びの共同体の学校改革は、すべての教師が専門家として学ぶ学校をつくるこ
とを中心的な目的のひとつとして、校内授業研究（研究授業と授業協議会）を通
して教師の学びの共同体を構築している。その際に、日本における伝統的な授業
研究のあり方を転換することを求めている。従来は、若い教師が授業を行い、そ
れに対してベテランの教師が批判や助言を行うという授業研究が、年3回程度行
われてきた。それに対して、すべての教師が授業を公開し、相互に学びあうとい
う授業研究を行う必要があるとされる。またプランづくりに力を注ぐ「仮説―検
証」型の研究は、授業者の構想や個性や哲学に応じたデザインをつぶしかねない
ため、授業のデザインは授業者にまかせ、「子どもの学びの事実の省察」を中心
とする協議を行う。それは良し悪しで授業を評価するのではなく、どこで学びが
成立しつまずいたのか、どこに学びの可能性があったのかを、事実に即して省察
する協議会である。研究テーマも個人で設定することが推奨されている（佐藤
2012b）。

　これらの授業協議会のデザインの変更は、以下にみるように、若い教師の捉え
方や位置づけを変更するものとなっている。第一に、若い教師が自らの意味生成
と価値の枠組みを発展させることが可能になっている。彼ら彼女らは、自らの個
性や哲学をもって授業をデザインすることができる。そしてそれらは他の教師か
ら尊重される。第二に、ベテランの教師が若い教師を支援するという一方的な関
係ではなく、教師同士が相互に学びあう対等な関係が目指されている。すなわち

若い教師は、個として支援される対象となるのではなく、学びあう互恵的な関係性のなかに位置づいている。第三に、そのことによって、若い教師は学校の学びの資源となる。その具体的な様相については、本稿で既に述べた。これらの 3 点は、ケルクターマンが提起した 3 つのオルタナティブな言説、すなわち「意味生成のエージェンシーである初期キャリアの教師」、「ネットワーク形成者である初期キャリアの教師」、「学校の資産である初期キャリアの教師」を含んでいる。

　なお、「仮説―検証」型の授業協議会から「子どもの学びの事実」を省察する授業協議会への変更にかかわって、学びの共同体の取り組みにおける「学び」のアイデアが、コントロールするという発想を手放している事実は重要である。佐藤は「学習」にかえて「学び」という言葉を提起した際に、「教師は、教室において「学習」を操作し統制することはできても、子どもの「学び」については、触発し援助できても操作し統制することはできない。「学び」は、子ども一人ひとりが内側で構成する個性的で個別的な「意味の経験」に他ならないからである」と述べている（佐藤 1995）。このような「学び」のアイデアは、カリキュラムの様式において、「〈目標―達成―評価〉」で単元が組織される「プログラム型」から、「〈主題―探究―表現〉」で単元が組織される「プロジェクト型」への転換として具体化されている（佐藤 2012b）。このことが重要なのは、コントロールするという発想が、教職の構造的ヴァルネラビリティを認識できなくするからである。ケルクターマンらによれば、ヴァルネラビリティは教育の可能性を拓くものである。しかし他方で、教育の理論は、教師が何かをすることや何かをもたらすことを当然とするような「活動主義的な考え」を基本としている。そしてそのことによって、教職における「受動性」や他者に「さらされる」という側面、物事が「なされる」のではなく「起こりうる」あるいは「起こりうる状況に身を置く」といった側面が認識不可能になっているという（Kelchtermans 2005）。コントロールできないものとしての「学び」というアイデアは、ケルクターマンのいう活動主義的な教師のとらえ方を転換させるものだといえよう。

　最後に、レッジョ・エミリアのアプローチを参照しつつ「聴くこと」について考察したデイビース（Davies 2014）の議論を参照して、聴くことの学びに仮説的に言及しておきたい。デイビースはベイトソンの概念を用いて、聴くことを「下降線」と「上昇線」の 2 種類で捉えている。下降線は既に知っていることにあてはめる聴き方であり、上昇線はまだ知らないものに心をオープンにすること

である。知っていることが少ない初期キャリアの教師は、条件が整えば「上昇線」の聴き方をすることができる。しかし経験を積み重ね、知っていることが増えたなかで「上昇線」の聴き方を続けるには、意志と技が必要である。しかしここで重要なのは、上昇線と下降線は、相互に排他的なものでも、どちらが良い悪いというものでもなく、互いに影響しあい依存しあうものであることである。下降線は、新しい思想の出現を妨げるかもしれないが、新しいものが出現するための首尾一貫した空間をつくりもする。そして双方の聴き方の緊張関係が創発的な聴き方を可能にする。

　授業協議会の場は、子どもたちの具体的な言葉や表現に耳を傾ける場であると同時に、多様に複数的に聴かれたことを交流することで耳を傾けることを学ぶ場でもある。その場が若い教師とベテランの教師が相互に学びあう場となることが、学びと教育が成立する可能性を拓いている。

［引用・参考文献］

・大瀬敏昭：著者代表、佐藤　学：監修（2000）『学校を創る—茅ヶ崎市浜之郷小学校の誕生と実践』小学館
・大瀬敏昭：著者代表、佐藤　学：監修（2003）『学校を変える—浜之郷小学校の5年間』小学館
・久冨善之（2017）『日本の教師、その12章』新日本出版社
・佐藤　学（1995）『学びの対話的実践へ』佐伯　胖・藤田英典・佐藤　学：編（シリーズ学びと文化1　学びへの誘い）東京大学出版会
・佐藤　学（2003）『教師たちの挑戦—授業を創る学びが変わる』小学館
・佐藤　学（2006）『学校の挑戦—学びの共同体を創る』小学館
・佐藤　学（2009）『教師花伝書—専門家として成長するために』小学館
・佐藤　学（2012a）『学校改革の哲学』東京大学出版会
・佐藤　学（2012b）『学校を改革する—学びの共同体の構想と実践』岩波書店
・文部科学省（2021）「令和元年度学校教員統計調査（確定値）の公表について」https://www.mext.go.jp/content/20210324-mxt_chousa01-000011646_1.pdf（参照日　2022年11月5日）
・藤原　顕（2022）「若手教師の成長に関する研究動向の検討」「福山市立大学教育学部研究紀要」10，pp. 85-97
・Bullough, R. V. Jr. (2005), Teacher vulnerability and teachability: A case study of a mentor and two interns, *Teacher Education Quarterly*, 32(2), pp. 23-40.
・Davies, B. (2014), *Listening to Children: Being and becoming*, Routledge.

・Kelchtermans, Geert（1996）, Teacher vulnerability: Understanding its moral and political roots, *Cambridge Journal of Education*, 26(3), pp. 307–323.

・Kelchtermans, G.（2005）, Teachers' emotions in educational reforms: Self-understanding vulnerable commitment and micropolitical literacy, *Teaching and Teacher Education*, 21, pp. 995–1006.

・Kelchtermans, G.（2019）, Early Career Teachers and Their Need for Support: Thinking Again, Sullivan, A., Johnson, B. and Simons, M. eds., *Attracting and Keeping the Best Teachers: Issues and Opportunities (Professional Learning and Development in Schools and Higher Education Book 16)*, Springer, pp. 83–98.

・Lasky, S.（2005）, A sociocultural approach to understanding teacher identity, agency and professional vulnerability in a context of secondary school reform, *Teaching and Teacher Education*, 21, pp. 899–916.

・Sullivan, A., Johnson, B. and Simons, M.（2019）, Introduction, Sullivan, A., Johnson, B. and Simons, M. eds., *Attracting and Keeping the Best Teachers: Issues and Opportunities (Professional Learning and Development in Schools and Higher Education Book 16)*, Springer, pp. 9–28.

・Rinaldi, Carlina.（1998）, Projected Curriculum Constructed Through Documentation-*Progettazione*: An Interview with Lella Gandini, in Edwards, Carolyn, Gandini, Lella and Forman, George. eds. *The Hundred Languages of Children: The Reggio Emilia Approach –Advanced Reflection (Second Edition)*, Ablex Pub, pp. 113–125.

第7章　教職の専門性と専門職性をどう語り直すか
── 教育「変革」政策の展開の中で ──

石井英真

はじめに ── 教育「改革」の時代から教育「変革」の時代へ

　2017年改訂の学習指導要領が実施されようとするタイミングで、GIGAスクール構想、中央教育審議会答申「『令和の日本型学校教育』の構築を目指して─全ての子供たちの可能性を引き出す、個別最適な学びと、協働的な学びの実現」（以下、令和答申）（2021年1月26日）など、次々と新たな教育改革構想が、文部科学省のみならず、経済産業省、内閣府からも提起されている。そして、咀嚼する余裕も十分でないままに新しい言葉が投げ込まれる結果、「主体的・対話的で深い学び」から、令和答申の「個別最適な学び」へとキーワードを乗り換えるかのような動きもみられる。

　近年、教育改革構想の提案が繰り返される背景には、変化の激しい社会における子どもたちの学習・生活環境や学校の構造変容がある。とくに、GIGAスクール構想や「個別最適な学び」については、ICT活用や自由進度学習などの新たな手法や学習形態の提案にとどまらない変化を志向している。既存の枠組みをある程度生かしながら「改善」や「改革」を進めるのみならず、履修主義や学年学級制、標準授業時数、学校に集って教師の指導の下で学び合うことを自明視しないなど、日本の学校の基盤となるルールや制度的・組織的枠組みやシステムをゼロベースで見直し、「変革（transformation）」しようとする志向性が強まっているのである。

　この教育「変革」政策は、「Society 5.0」という政策アイデアを軸に、「個別最適な学び」と「教育DX（デジタルトランスフォーメーション）」とを掛け合わせ、レイヤー構造のプラットフォームビジネスをメタファーとして構想されている。

　また、その基本構造は、教育課程政策と教師教育政策において同型であり、「『令和の日本型学校教育』を担う新たな教師の学びの姿の実現に向けて（審議まとめ）」（以下、「審議まとめ」）（2021 年 11 月 15 日）では、教員免許更新制を発展的に解消した先に、研修記録の義務づけと教員の個別最適な学びの実現が提起されている。さらに、そうした教育「変革」政策は、「教育政策共同体を越えた幅広いイシュー・ネットワーク（アライアンス）」（合田 2020）による政策調整過程を通して推進されている。そしてそれは、内閣府の総合科学技術・イノベーション会議（CSTI）の教育・人材育成ワーキンググループによる「Society 5.0 の実現に向けた教育・人材育成に関する政策パッケージ」（以下、「政策パッケージ」）（2022 年 6 月 2 日）の提起に至っている。

　デマンドサイドから考える教育「変革」政策は、「教育」の供給主体を「学校」のみに限定することなく、社会・民間との積極的な連携を重視し、学校内部においても、教員に依存せず多職種協働の組織への転換を志向している。「子どもが教育を選ぶ時代」（野本 2022）という言葉が象徴的に示すように、学校や教師や授業や教科書を必ずしも経由しない学びのあり方が、「子ども主語」「自律的な学び」「エージェンシー」といった言葉と結びついて理想化される状況もある。また、こども家庭庁の創設をはじめ、総合的な子ども政策のなかで、教育と福祉などの境界線は問い直され、教育政策の位置づけは相対化されている。

　教員の質の担保どころか、教員志望者減による人員の確保も難しい状況で、教員、あるいは学校の仕事のスリム化や外注、教職ルートの多様化や人材の多様化を促す教職資格自体の規制緩和の動きもある。教育の仕事や専門性を教職の専有物とすることは自明ではない。開かれた教育の専門性との関係において、教職の専門性・専門職性を議論していくことが不可避となっているのである。さらにいえば、学校という場は、必ずしも教育の場である必要はなく、知的な学び、特に勉強は学校外のさまざまなサービスを通して保障し、むしろ学校は、ケアや福祉的役割を担う居場所として、あるいは社会性を育てる集団生活の場として位置づけるのがよいといった論調もみられる。そこにおいて、教職の専門性は事実上霧散しているし、専門職としての教職、あるいは大学における教員養成の必要性すら自明ではない。

　本章では、教職の専門性と専門職性をめぐる議論と論点を整理し、教育「変革」政策における教師教育政策の特徴を明らかにするとともに、そこでの教職の位置づけや専門性・専門職性をめぐる課題を明らかにする。まず、日本における教師

像と教職の専門職論の歴史的展開を整理しておこう。

1. 日本における教師像の歴史的展開

(1) 聖職者像と労働者像の二項対立図式と専門職としての教師像

　戦前・戦中には、教師を「教育ノ僧侶」とした森有礼をはじめ、教師を公僕や奉仕者と見て、使命感や献身性や遵法の精神を要求する「聖職者」観が支配的であった。戦後、日本教職員組合（日教組）の「教員の倫理綱領」（1952年）により、労働基本権の保障要求等がなされ、「労働者」としての教師という見方も構築されていった。こうした聖職者像と労働者像の二項対立図式に対して、1966年に採択されたILO・ユネスコの「教員の地位に関する勧告」は、教師を「専門職」として明確に位置づけた。その上で、専門職としての仕事から要求されるものとして、研修の意義、労働条件の改善、教育政策決定への参加、学問の自由、市民的権利の保障等が提起された。

　教職については、公共的使命などの精神的側面が強調される一方で、専門性の根拠となる専門的知識が明確にされているわけではなく、専門家としての地位も自由も自律性も十分に保障されていないのが実態である。ILO・ユネスコの「教員の地位に関する勧告」についても、日本政府はその趣旨を具体化しているとはいえない[1]。「準専門職（semi-profession）」というべき現状から、古典的な専門職要件の獲得を目指して、あるいは、高度な準専門職の確立を目指して（竹内1972）、教職の専門職化（専門性や専門職性の高度化）を進めていくことが課題となってきた。

　ここで、専門職としての教師像の確立を考える上で、日本における教師像の基底をなしてきた聖職者像に、専門職としての教師像につながる契機が内在していた点に注目したい。先述の森有礼においても、国体の形成という至上目的への教職を通じての献身と禁欲を説く一方で、儒教主義思想と異なる近代合理主義を基にした教育観に立って、教師の任務と役割を説くという形で、聖職者論と専門性論の2つの契機を看取できる[2]。また、大正期の「教育者の精神」を説いた澤柳

---

1) 堀尾他編（2005）などを参照。
2) 寺崎（1973）pp. 15-19を参照。

政太郎の教師論においても、精神主義的な聖職者論からの展開として、教科書に対する主体性を持った授業のスペシャリストとしての、自律的な研究者としての教師像の萌芽を見て取れる（浅井 2016, p. 39）。

　こうした「教員」ではなく「教育者」や研究的実践者としての教師のありようは、近年諸外国からも注目されている「授業研究（lesson study）」をはじめ、日本の教師たちの教育実践研究の文化において追求されてきた。そして、教師の教育実践における主体性の認識は、教職の自律性を重視する民間教育研究団体の活動にも展開した。

　ただ、専門職としての教師像と聖職者像との潜在的なつながりは、教育政策の文脈において、たとえば、1971 年の中央教育審議会答申における「特別の専門的職業」という文言が示すように、教職の専門職性を教職の特殊性に矮小化しがちであり、政治的中立性の要求、労働基本権や学問の自由等の制限、聖職者的な献身と自己犠牲を強いる論理としてしばしば機能してきた[3]。こうした労働者性を否定しがちな教育政策側の専門職論に対し、民間教育研究団体も含めた教育運動側の専門職論は、労働者性を基礎としながら教職の自律性や専門職性の確立に力点があった。しかし、教育実践研究を軸にした草の根の専門職論についても、聖職者論の残滓を認めることができる。たとえば、戦前・戦後を通して、日本の先駆的な教師たちが著した教育実践記録は、いわば「求道者としての教師」の道を説く側面ももっていた[4]。それは日本の教師の矜持と教育実践の卓越性の基盤であった一方で、近年の教職のブラック化を教育現場の内側から支える側面もあったと考えられる。

（2）「省察的実践家」概念のインパクトと「学びの専門職」としての教師像

　1990 年代以降、日本では、教師の専門職像について、ショーン（Schön, D. A.）による「技術的熟達者（technical expert）」と「省察的実践家（reflective practitioner）」の 2 つの考え方が対立関係、あるいは相互補完関係として並置され、教師教育改革の議論を枠づけてきた[5]。すなわち、高度な専門的知識を適用して問題を解決

3）教育政策側と教育運動側の専門職論の区別については、櫻井他（2013）を参照。
4）石井（2017）を参照。
5）佐藤学（1997）、石井、同上などを参照。

していく技術的熟達ではなく、複合的な問題状況において臨機応変に対応する思慮深さや臨床的判断に、専門家が専門家である根拠を見出す専門職像（省察的実践家）が提起されたのである。

　戦後教育改革で「大学における教員養成」を実現することで、1970年代までは日本の教師の学歴レベルは国際的にみて高水準であった。しかも、民主社会の担い手として、経済復興の担い手として、公共的使命と責務の遂行者として、教師は社会的に信頼されてきたし、待遇面も国際的にみれば比較的恵まれていた。

　1970年代末以降、量的拡大から質の追求へと学校教育の課題がシフトしていくなかで、教職の地位にかかわる専門職性よりも、役割にかかわる専門性の中身や実践が議論の的になっていった。また、保護者や地域住民に対する学歴における教職の優位性もゆらぎ、近代学校に内在する諸問題、知識と権力との関係や専門職の抑圧的性格も指摘されるなかで、知識人としてのみではない教職の専門性の基礎づけ、あるいは、理論と実践、専門職と素人との垂直的関係の問い直しが求められていた。さらに、研修制度の体系化など、教職に対する官僚的組織化も進行していた。「省察的実践家」概念はこういった状況に対して、教職の専門性や自律性を立ち上げ直していく意味を持っていた。1990年代、冷戦構造の終焉とグローバル資本主義の拡大、それに伴う社会の流動化や不確実性の高まりも背景に、既存の知や秩序を問い直すポストモダン言説が隆盛した。「省察的実践家」概念は、近代学校や専門職を絶対化せず、その民主的なあり方を問う志向性ともマッチするものであった。

　その後2000年代以降、社会の再帰性がさらに高まったハイ・モダニティな状況が顕在化するようになる。たとえば、学力論争は、伝達されるべき内容を熟慮・構想することなく、どのような現実にも即応できる「力」（能力と態度）を育てる方向に向かうようになった。また、教育の不確実性やテクノロジー欠如状態の顕在化により、ある望ましい方向へと現実を目的意識的に制御するシステムや構造の構想という技術的関心は、直接的には追求されず、授業研究は、状況に合わせて対応する主体としての教師の研究に解消されていくことになったし、「省察的実践家」概念は、教えることから学ぶことへのカリキュラム研究や授業研究のパラダイム転換論と結びついて、「学びの専門職」を意味するものとして捉えられるようになった[6]。そして、政策的にも、「生きる力」の育成、「資質・能力」の育成といった教育課程政策の展開と軌を一にして、教職の質的高度化の

文脈で「学び続ける教員」像が追求されるようになった。

　変化の激しさへの対応として、社会のいたるところに「学習」が発見され、そこへの介入や支援が主題化、組織化されるなかで、教育実践を担う教師たちも、経験を通して巨視的に自ずと育つものから、研修を通して意図的に体系的に育てなければならないものとしてとらえられるようになっている。「学びの専門職」という教師像は、その動きを主導した佐藤学においては、個人主義的・心理主義的な「学習」概念の関係的・社会文化的な「学び」概念への脱構築の先に構想されており、教職の本質的な不確実性や複雑性への注目と、教師の自律的な学びへの志向性をもっていた。一方で、ハイ・モダニティ状況において、ビースタ（Biesta, G. J. J.）が「教育の学習化（learnification）」（ビースタ 2016）という言葉で指摘しているような問題状況（教育の言語が学習の言語（個人主義的でプロセスに関わる言語）で置き換えられ、教育という営みの関係的な性格、および方向性や価値に関わる問いが消失してしまっている状況）も生み出されている。教師の学びを合理的で体系的な介入の対象とすることが、教育の客体として教師を位置づけることに陥ったり、最低限のスタンダードがひとつの「型」ではなく遵守すべきマニュアルとして機能し標準化を招いたり、「学び続ける教員」が、提示された目標や指標に向けて「研修を受け続ける教員」に矮小化されたりすることが危惧されるのである。

2. 教職の専門性と専門職性をめぐる現代的課題

(1) 教職の「脱専門職化」批判

　1990年代以降、教師の資質能力の向上が課題として認識され、「教職実践演習」の導入、「教職大学院」の創設、教員養成の「修士レベル化」、「教員育成指標」や「教職課程コアカリキュラム」の策定など、教員養成・採用・研修の全体にかかわる改革が展開してきた。こうした政策動向は、実践的指導力や高度専門職業人の養成を基調としている。その背後には、戦後の「大学における教員養成」原則による教師教育の内実に対する問いかけがある。また、変化の激しい社会に対応する資質・能力ベースのカリキュラム改革、あるいは多様化し複雑化する子ど

6）石井（2019）などを参照。

もたちをめぐる諸課題に対応する学校の組織改革といった具合に、学校や教師への要求が高度化していることもあって、教師教育の意図的・効果的なデザインや質保証への志向性が強まっている。さらに近年、団塊の世代の教員の大量退職に伴い、教員の世代交代が急速に進行するなかで、教育委員会も「授業スタンダード」を作成しそれに基づいた指導助言を行うなど、最低限の質保証を目指す試みも進んでいる。

　こうした教師教育改革をめぐる議論や取り組みについては、実践的指導力が即戦力に矮小化され、養成・研修のそれぞれの段階の教師教育が標準化されることで、専門職養成がスペシャリスト養成や実務職養成に矮小化されること（教職の高度化の名の下の「脱専門職化（deprofessionalization）」や「単純労働化（proletarianization）」）への危惧が指摘されてきた。たとえば佐藤は、臨時教育審議会の答申（1984 年）から現在まで続く「新自由主義の政策とイデオロギーは、国家による集権的統制を市場競争による統制へと転換し、公的領域を私事化して極小化し、国家と社会の責任を自律的個人の自由な選択による自己責任へ転換し、命令と通達による管理統制から、査定と評価による管理統制へと転換させた」（佐藤 2016a、p. 3）という。さらに、「グローバリゼーションによって『分権改革』が急速に進行し、学校行政は、中央集権的統制から『教育消費者』の市場のセクターと『納税者』の地域共同体のセクターによる統制へと移管されてきた。…［中略］…今日の教師は日本社会の『公共的使命』を背にして立つ存在ではなく、『教育消費者』としての保護者や『納税者』としての市民に献身的にサービスを提供する『公衆の僕（public servant）』へと変化している」（佐藤 2016b、p. 14）と述べる。そして佐藤は、教師の「声」の復権、専門家としての自律性の確立、専門職としての地位と待遇の改善の 3 つの原理で教師教育改革をデザインし、専門職基準の確立と専門家協会の創設などを含んで、教職の高度化と専門職化を遂行していく必要性を提起する。

　さらに、教員養成の修士レベル化にしても、教職の高度化政策は、大学院レベルにふさわしい教職の待遇改善の議論を欠いて、大学院における教師教育プログラムの効果を問うことに傾斜しがちであり、いわば「専門職性（professionalism）」改革（教職が職業としてどれだけ専門職としての地位を獲得しているかを問題とする）として遂行すべき改革を、「専門性（professionality）」改革（教師が児童・生徒に対して教育行為を行うときに、どれだけの専門的知識・技能を用いるかと

いう、教師としての実質的な役割や実践の質を問題とする）としてのみ遂行しようとするものととらえられる（石井 2021a）。

　ここまで述べてきたような「脱専門職化」という見立てについて、それが理念と施策のずれというだけでなく、実際には同一の施策にも「専門職化」と「脱専門職化」の両面が同居している状況が指摘されている。たとえば、丸山和昭は、「『教員養成』は量の削減と高学歴化が、『教員採用』は教員免許の自由化が、『研修』においては免許更新制の制度化が、そして『待遇』では特権の剥奪が、80年代以降の教員政策における傾向として確認される。…（中略）…『研修』『教員管理』は教員の雇用形態に何らかの規制を加える点で一致しているが、これらの規制が"専門家（専門職）"の要件で先に挙げられているような『自律的な資格』や『独自の倫理綱領』に基づいているわけではなく、むしろ教育委員会にその運営が大きく委ねられる点からするならば、外部干渉の増大という点において"脱専門職化"施策として評価することができる」（丸山 2006、pp. 187-188）と総括している。

(2)　学校のガバナンス改革の中の教職の専門職論

　この間の教師教育政策においては、資質・能力ベースの改革等、学びの質の充実が目指されることで、教職もまた質的に高度化していかねばならないということは自明の前提であった。しかし近年、教職をめぐっては、「教育の質の向上⇒教師の質の向上」という図式がゆらぎ、教職の専門性は学校教育の成功に欠かせないという前提が希薄化し、教職の専門性や専門職性や質的高度化の追求を自明視することが難しくなっている。本章の最初に述べたように、学校外においても学びの場が広がるなかで、教育は学校教員の専有物ではない。他方、いわゆる「しんどい学校」などを念頭に置きながら、学校という場や教師に期待するものを教育から福祉的な役割へとシフトさせる論調もみられるなかで、教職の専門性は拡散している。

　こうした状況の背景にあるのは、社会の構造変容に起因する学校のガバナンス改革である[7]。低成長時代、国家財政や政策リソースに拡大を望めず、他方で、社会や市民のニーズが多様化するなか、行政や専門職による一律統治ではなく、

---

7)　石井（2021b）などを参照。

　規制緩和や分権化を進め、ローカルに最適な施策や実践を探っていくこと、地域や現場の裁量を高めつつ質を保証していくことが公共政策の課題となっている。教育政策においても、多様なアクターの参画による、子どもの学びや生活の総合的な支援とそれを実現する分散型のガバナンス構造への移行が進行し、教師や学校の仕事の相対化が生じているのである。

　学校のガバナンス改革は、多様なアクターの対話と協働による市民社会的な公共性の再構築に向かうことが期待される一方で、グローバル資本主義の肥大化を背景に、商業主義的な市場化のパワーや経済的価値が勝り、教育の商品化、教育的価値や公共性の空洞化が進行することが危惧される。こうした構造改革の両義性を踏まえ、1970 年代の「脱専門職化」論の教育の民主化につながる問題提起（学校における専門職の自閉性や特権性を問い直し、クライアントの利益の拡大につながり得るような、教職の自己変革を含んだ、民による共同統治への可能性）[8] を発展させる形で、ウィッティー（Witty, G.）は、「民主主義的な専門職性（democratic professionalism）」概念を提起した。すなわち、社会民主主義と新自由主義をともに乗り越えようとするギデンズ（Giddens, A.）の「第三の道」にも言及しながら、専門職自治の閉鎖性も国家統制の閉鎖性もともに避けて、自律を求める専門職の主張と専門職以外のグループのニーズや関心に耳を傾ける民主主義への志向性との緊張を解いて、「専門職の仕事を脱神秘化し、教師と、生徒・親・コミュニティのメンバーといった疎外されてきた構成員…（中略）…との間に連携をつくり上げること」（ウィッティー 2004、p. 110）をめざすのである。

　また、丸山は、教師教育改革に対する脱専門職化への危惧について、古典的な専門職要件の獲得と喪失の観点からのみ議論するのではなく、「知的職業集団としての専門職が、国、大学、隣接職種等との相互作用の中で、どのように知識水準、職域、及び影響力を変化させていくのか、を明らかにすること」（丸山 2017、p. 47）、いわば「再専門職化（re-professionalization）」の過程として教師教育改革を再検討する必要性を指摘している。教職以外においてもゆらぐ専門職像[9]を規範化して「脱専門職化」の問題を指摘することは素朴に過ぎるかもしれない。他方で、教師教育改革が、「脱専門職化」や「単純労働化」と呼びたくなるような、

8）今津（2017）を参照。
9）進藤（1994）などを参照。

教育の仕事の劣化や公共性の解体に向かうものであるのか、「再専門職化」と形容できるような、教育の仕事や公共性の再構築に向かうものであるのかを見極める必要がある。

　この点に関して、学校のガバナンス改革の実際としては、非「教職の専門性」が「教職の専門性」を凌駕し優位化する傾向が強まっているとの指摘もある。学校の責任体制と校長のリーダーシップの確立を掲げた施策が、校長の任用資格要件の厳格化ではなく緩和として遂行された点に象徴されるように、日本の教師教育政策は、学校の組織と経営を「脱教職」化する志向性が強い。また、チーム学校によって役割分担や負担軽減も期待されているが、特定業務のスペシャリストが設けられたからといって、それらを包括する役割、教職のゼネラリストとしての役割から教員が解放されるわけではなく、「『チーム学校』イメージは、従来よりも幅広い『教育』を射程に入れたマネジメントを必要とし、教員の多忙軽減を導かない可能性が高い」（浜田 2020、p. 33）と指摘されている。

　こうした状況に対して、浜田博文らは、学校運営協議会のガバニング・プロセスに関する事例研究の知見を紹介しながら、学校ガバナンスにおいて地域住民・保護者を巻き込んだ教育活動を組織していく教員のイニシアチブや専門性の役割は不可欠だとしている。また、学校評価への地域住民・保護者の参加を組織化する上で、教育実践を主題とする多方向コミュニケーションを機能させることが重要で、そこでイニシアチブをとるべき第一のアクターは教員であり、その正統性を担保するのは教職の専門性だと指摘している。そして、他のアクターとの関係構築のための調整能力は重要ではあるが、最終的には教育実践自体の遂行とその改善に収斂させて教職の専門性を捉える必要があると述べる。

（3）教職の専門性と専門職性をめぐるポリティクス

　「公」をめぐる「官」と「民」の関係を非階層的構造へ再構築する試みは、ウィッティーの言うように、これまで官僚統制や専門職統制の下で疎外されてきた構成員を尊重する、水平的協働につながればよいが、「官」との間の垂直的関係を温存させたまま、「民」の内部やアクター間（教師、子ども、保護者、地域住民、NPO、大学、企業など）における新たな垂直的関係を生み出しているようにも思われる。この点にかかわって、たとえば、近年のデータ覇権主義とも形容できる状況下で、データを手にする者がその分野の専門性が必ずしもなくても参入可能

になってきた点に留意する必要がある。画像診断の技術をもつカメラメーカーなどが医療を担う、あるいは、学習データを最も多く握っている企業が、カリキュラム、教材、学習支援、評価などを一括で担う教育システムを構築するといった具合に、技術のもとに人間である専門職が補助的な役割を担うといった構図も考えられる。

とはいえ、AIが医師や教師といった専門職の仕事を代替し得るかといえば、現時点では難しいと思われる。それは技術の水準の問題というより、医療や教育という営みに関する観念やそれを担う者に期待される仕事のイメージという点が大きい。AIが代替し得る仕事の範囲は、当該の仕事をどうとらえるか（専門性イメージ）という概念的立脚点に依存する。たとえば、教科学習は検定試験のようにスキルアップに特化すればよい、人間としての成長の機会まで教育や学校に求めないということになれば、だれでも授業や教育は担えるのではないか、必ずしも人間が担わなくてもいいのではないかということになるだろう。

近年の「教師崩壊」（妹尾 2020）とも形容すべき、教員の長時間労働、過剰業務、徒労感などのブラックな労働環境を背景とする、教員の質の低下と教員不足の問題は、欲ばりすぎず、多くを求めず、高度でマルチな専門性がなくてもできる仕事として、教職の持続可能性の問題を提起するものである。またそれは、教員のワーク・ライフ・バランスと健康とウェルビーイングを守るという観点からだけでなく、「定額働かせ放題」状態を法的に正当化している給特法の改正をめぐり、教員の労働者性や待遇改善の議論とも接続している[10]。

こうした教師の仕事の限界状況は、先述の教職の「自律性」よりも「特殊性」を強調する専門職論の文脈において、学校への要求を高くする一方で、教職の待遇や条件を切り下げてきたことを背景にしている。教員の労働環境の改善は、教職の特殊性に矮小化されてきた専門職論を問い直し、労働者としての条件整備の先に、専門職としての教職の自律性の尊重と待遇改善につなげること、また、聖職者意識と結びつきがちな教職の矜持を、自己規制のシステムの構築を含んだ専門職倫理として再構築することを課題とすべきであろう。教師の働き方改革を、専門スタッフとの協働や周辺業務の外注の域を超えた、学びの保障などの本業部分の単純労働化や下請け化や非人間化に陥らせることなく、労働者性の確立の上

10）内田良他（2020）などを参照。

に、個人の人間的力量頼みの「教師論」に依拠しすぎず、システムの力も生かしながら、他教員や補助スタッフなどとの分業・協働で仕事を行う「教職員（組織人）論」の脈絡において[11]、教職の専門性を持続可能な形で立ち上げ直していくことが求められよう。

3.　教育「変革」政策における教師教育の新局面

(1)　新研修制度の基本的な特徴

　以上のような、教職の専門性と専門職性を巡る状況は、令和答申や「政策パッケージ」などの教育「変革」政策の文脈において、新たな局面を迎えている。2022 年 5 月 11 日、教員免許更新制を廃止する教育職員免許法の改正案と、教員一人ひとりの研修記録の作成を各教育委員会等の任命権者に義務づける教育公務員特例法の改正案が、参院本会議で可決、成立した。2009 年 4 月に導入された教員免許更新制は 2022 年 7 月 1 日の改正法施行に合わせて廃止され、一方、新研修制度のスタートに向けて、文科省は教員研修の指針を改訂し、具体的な研修の姿を示すガイドラインを提示するなどしている。

　教員免許更新講習の廃止についてはそれを歓迎する声が大きいが、他方、研修記録の作成の義務づけについては批判的な見解が示されている。2022 年 4 月に衆議院の文部科学委員会と参議院の文教科学委員会それぞれの参考人質疑で議論がなされ、新研修制度そのものの実効性への疑問、管理強化や負担増などの問題、さらには、教員免許更新制成立の背景にある教師不信や脱専門職化の志向性も指摘されている。

　新研修制度は、「審議まとめ」に示された「新たな教師の学びの姿」を具体化するものである。令和答申の「教師が技術の発達や新たなニーズなど学校教育を取り巻く環境の変化を前向きに受け止め、教職生涯を通じて探究心を持ちつつ自律的かつ継続的に新しい知識・技能を学び続け、子供一人一人の学びを最大限に引き出す教師としての役割を果たしている。その際、子供の主体的な学びを支援する伴走者としての能力も備えている」という言葉を引きながら、教師が学び続ける存在であることが「審議まとめ」においては強調されている。教師としての

11）榊原（2016）を参照。

自らの強みを伸ばし、変化の激しい社会において最新の知識・技能を主体的にアップデートし続ける存在として、まさに個性的に主体的に学び続ける意欲を子ども達に培うためのロールモデルであることが期待されているのである。

　令和答申にいう「個別最適な学び」とは、学習者主語の学びであり、教員の「個別最適な学び」を目指す新研修制度では、学び手である教師自身の手による自律的・体系的・計画的な学びの実現を基調としている。そのためには自らの学びを適切に振り返りつつ、適切な目標の策定と現状の適切な把握が必要とされる。そして、自己の「現在の姿」のより客観的な把握のために、また、学びの成果の可視化による学ぶ意欲の喚起のために、学習履歴の活用等の必要性が示される。さらに、目標となる「将来の姿」を適切に設定するために、任免権者や服務監督権者・学校管理職等との間で、教員育成指標や研修受講履歴等を手掛かりとして積極的な対話を行い、適切な研修を奨励することの重要性が示されている。

　そうした教師の自律的・体系的・計画的な学びは、必要な学びの機会や学習コンテンツの選び取りとして構想されている。オンラインも積極的に活用して、オンラインと対面、個別最適な学びと協働的な学びの統一的実現が志向されており、教育委員会等や大学のみならず民間事業者によるプログラムの提供も視野に入れながら、質の高い学習コンテンツの充実と質保証、学習コンテンツをワンストップ的に集約・提供するプラットフォームの構築の必要性が述べられている。

(2)「個別最適な学び」を目指す教育「変革」政策の論理

　新研修制度をめぐっては、真に教師（学習者）主語の自律的な学びをもたらすものであるのか、また、教職への不信ではなく信頼を前提としそれを高める方向で実装されるかが論点として浮かび上がる（石井 2022a）。さらに、新研修制度の先に目指されている「新たな教師の学びの姿」自体の検討も必要だろう。先述のように、新研修制度は、子どもたちを対象とした教育課程政策と教師たちを対象とした教師教育政策を横断する共通の変革スキームのもとに構想されている。そこで、「政策パッケージ」をもとに、主に子どもたちの「個別最適な学び」を対象に述べられている教育「変革」政策の内実と基本構造（変革スキーム）を確認することで、その相似形としての「新たな教師の学びの姿」の方向性の妥当性や論点を考察してみよう。

　「政策パッケージ」は、モノの所有に価値を置く工業化社会（大量生産・大量

消費、縦割り、自前主義、新卒一括採用・年功序列）から、他分野・業種をつないで利活用されるビッグデータに高い価値を置く Society 5.0（新たな価値創造、レイヤー構造、分野・業界を超えた連携、人材の流動化）への転換を基調としている。従来の日本の教育の強みでもあった特徴を、「同一性・均質性を備えた一律一様の教育・人材育成」と総括し、それが、とくに子どもたちの多様化を背景に、「同調圧力」「正解主義」としてマイナスに機能し、子どもたちの生きづらさ、および価値創造やイノベーションの妨げとなっていると指摘する。

　こうして、子どもの認知特性を踏まえた個別最適な学びと協働的な学びの一体的充実を図ることで、「そろえる」教育から「伸ばす」教育へと転換し、「子供一人ひとりの多様な幸せ」を実現するとともに、学校がすべての分野・機能を担う構造から、協働する体制を構築し、社会や民間の専門性やリソースを活用する組織への転換を目指すとされている。個性尊重、「新しい学力観」（知識よりも主体性）、教育の自由化、「合校」論といった、1990 年代の議論を想起させる構想であるが、一人ひとりに応じる個別最適な学びを実現したり、外注するのみならず学校内外のアクター間の連携を可能にしたりするものとして、AI によるマッチングシステムやスタディログといったデジタル技術の活用に期待が寄せられている点が特徴的である。そして、スマートフォン・エコノミーなど、プラットフォームビジネスのレイヤー構造を抽象化して、それ（分野と関係なく一気に解けるアプローチ）を他分野にヨコ展開する「DX の思考法」（西山 2021）が生かされている。

　以上のような、「個別最適な学び×教育 DX」による教育「変革」論に対しては、次のような危惧も指摘できる（石井 2022b）。塾や習い事で分数のかけ算は解けるようになっているので、学校では学ばなくてよいといった具合に、個別最適な学び、修得主義、ICT と教育データ利活用、働き方改革、カリキュラムオーバーロードの解決が、機械的・行動主義的学習観と結びつき、スマート化、効率化の文脈で実装されると、教科学習は、目標項目の系列をクリアしていく検定試験的でスタンプラリーのようなカリキュラムに矮小化されかねない。そして、何をもってその教科を修得したといえるのかという学力観や目標論が空洞化すると、教科学習は、AI ドリルやデジタルコンテンツで代替可能な時間短縮の対象とされるかもしれない。加えて、教師や他の大人が手をかけなくても自分で、自分たちだけで学びを進めているようにみえて、大人たちが設定した一定の枠内で、あ

るいは、自分の世界観の枠内に閉じた形での主体性になっている可能性がある。それは、「学びの責任」という名の大人にとって都合の良い従属的な主体性であり、学び手自身にとっても、自分の嗜好や信念に閉じていく自己強化であり、既存の選択肢から選ぶ、あるいは選ばされる学びとなっているかもしれない。

　こうしたプラットフォームビジネスをメタファーとする学習システムは、主語を教師に置き換えれば、「新たな教師の学びの姿」とかなりの部分で重なることがわかるだろう。また、「政策パッケージ」では、特定分野に強みのある教員の養成や理数やICT・プログラミングの専門家など、多様な人材・社会人が学校教育に参画し協働できる流動性の高い教員組織への転換も施策として挙げられている。レイヤー構造の提案は、タテ社会日本の共同体構造を反映した学校組織の閉鎖性、および保護者や社会の学校依存状況に対する問題提起として具体性があり、部活動の外部委託など、論争を伴いつつも、教員の労働環境の改善につながる動きも起こっている。だがそれは、外注・連携による業務のスリム化を基調としており、教職の専門性・専門職性や定数改善・待遇改善への視点は希薄である。

(3)　「研修を主体的に選び続ける教員」を超えて教職の自律性へとつなぐ視点

　「個別最適な学び」を、学びの孤立化やスタンプラリー的なスキル化や主体的従属に陥らせず、「協働的な学び」とのつながりを大事にしながら真に自律的な学びにつなげる上で、山﨑準二の指摘は示唆に富む。山﨑は、「『教職の実務職化』を前提とした『学びの履歴づくり』とその成果の『可視化』を前提とした『評価』によって〈制度化の内における学び〉に囲い込みながら／駆り立てていくようなものであってはならない」（山﨑 2016、p. 130）とし、学び手の自発的なニーズを信頼・尊重し、〈手づくりによる学び〉、〈つまづきからの学び〉、〈制度化の外に向かう学び〉が包容・援助されるように教育専門職に相応しい教育権限を保障することの必要性を説く。山﨑は、教育行政等によって公的認証を受けた学習コミュニティや教員養成コミュニティに閉じることなく、多様な人と情報が集う複数の実践コミュニティに参加する自由の必要性も指摘している。

　日本の民間教育研究団体などにおいては、教育実践記録を持ち寄って相互批評がなされてきたが、それは教師の力量形成の方法論であり、実践コミュニティの構築や知の共同創出（典型の創造と実践の理論化）を通じて教職の自律性を立ち

上げていく方法論でもあった。研修記録や学習履歴については、そうしたいわば
教師の学びのポートフォリオの所有権を教師自身に大きく委ねることが少なくと
も重要であろうし、制度的な枠に収まることなく、自分たちで実践を持ち寄って
学ぶ場を創出していく試みをこそ励まし、その学びの成果の一部を教師自身の判
断で示すことで、一定水準の学びをクリアしていることを必要に応じて確認する
程度のゆるやかな運用が望ましいだろう。

　ただし、こうした徒弟制的な性質を内包したコミュニティ・ベースの力量形成
モデルは、メンバーシップ型の日本型雇用と適合的なものであった。ジョブ型雇
用も拡大するなか、また、人と人とのつながりが横断的・局所的・分散的になっ
ていくなか、移動や越境のなかでスキル獲得や成長につなげていくような、自律
分散的な学校組織のあり方や、「旅」を通して成長していくような力量形成モデ
ルを構築していく視点も求められる。

　新研修制度における研修記録の義務化については、教員免許更新制を生み出し
た暗黙的想定でもあった教師不信の構造を残存させている部分があるし、専門性
にかかわる力量形成と質保証の手段としても実効性には疑問がある。他方、専門
職性に関わる教職への信頼と尊厳の回復という点について、この制度で社会的な
信頼が調達される見込みは薄く、むしろ社会の教師不信の構造を制度的に追認す
るメッセージを与えることが危惧される。教職の労働者性の観点から、定数改善
と働き方改革といった労働環境の改善を図るとともに、教職の専門職性の観点か
ら、待遇改善と尊厳の回復に切り込む施策こそがいま必要であろう。

　学校依存を改め教員の働き方改革を実現する上でも、学校の仕事や役割のスリ
ム化や外部との連携は重要である。しかし、教員数を増やしたり待遇を改善した
りする前にまず業務改善をといった論理は、とくに、学校の役割のコアを明確に
せずしては、スリム化がさらなるスリム化の要請を呼び込み、いつまでたっても
学校や教員にリソースが投入されないかもしれない。さらに、疲弊して質の追求
どころではない学校や教員に投資するより、デマンドサイドの政策で社会課題の
解決に向けた市場を形成すべく、家庭への給付金などの支給も行ったりしなが
ら、サービスの選択主体を刺激し、学校外のアクターやサービスの拡充に投資す
る方が効果的だという見方もあるかもしれない。しかし、教員以外の学校スタッ
フや学校外の選択肢の拡充が重要だとしても、規模からしても、学校や教員とい
う巨大な社会インフラの充実なくして、多くの子どもたちのウェルビーイングは

保障されないだろう。子どもたちと学校での学びと生活を共にする教師が生き生きと働けず疲弊している隣で、子どもたちだけが幸せであることは考えにくい。教職の尊厳と社会的信頼の立ち上げ直しが急務である。

おわりに
── 授業像と教職の専門性における持続可能な卓越性の追求へ

　アクターが多様化し、システムが流動化し、学校や教職の位置も相対化されている状況だからこそ、学校という制度や教育という営みの軸足を確認することが重要である。「脱学校化」や「脱教職化」の流れのなかで追求すべき教師、あるいは学習支援スタッフの役割は、学習者各人の「自習」をAIなどの力も借りながら個別に支援する、必ずしも教科などの専門性がなくても務まる学習管理者的チューターに解消されるものではなく、逆に、「授業」で一斉に教えたり、コミュニケーションを巧みに組織化したりする、マルチで熟練した専門性や実践知に支えられた名人芸的・職人的ティーチャーに固執するものでもないだろう。いわば、「自習」論から「授業」論を問い直し、教師に時間的・精神的余裕を生み出し得る持続可能性をもち、かつ仕事の手ごたえを手放さないような授業像の均衡点を探っていくことが課題である。

　これまでの日本の授業では、クラス全体で練り上げ深める「創造的な一斉授業」が研究授業等でも花形の位置にあった。しかし、そもそもそうした創造的な一斉授業の原風景のひとつである斎藤喜博の実践は、個人学習、組織学習、一斉学習、整理学習という学習形態を単元レベルで組み合わせるもので、各人が自習的に学び、互いの課題や解釈などをすり合わせた上で、クラス全体で共通の問題や課題に一斉学習で挑んでいくような、フレキシブルな形態も含んだものであった（斎藤 1964）。それが、一時間の研究授業として見栄えもする組織学習から一斉授業のあたりがフォーカスされるようになり、一時間単位の学習形態として展開されるようになったと考えられる。

　近年、ICT活用に適合的な授業として提案されている実践をみると、「創造的な一斉授業」が花形になる前の自習と一斉授業の間の形態に近い。毎時間各自で課題を設定して単元の内容や課題を計画的に進めていくような自由進度学習的な展開もあるが、単元の問いを軸に、最初は一斉で、真ん中は各人がフレキシブル

に複線的に、最後は相互にすり合わせたり一斉に練り上げたり、パフォーマンス課題に取り組んだりといった具合に、一時間単位で展開されがちな課題提示、自力解決、集団解決、適応題の流れを単元単位で展開するものもみられる。

　完成形とみられてきた授業様式を、その発生源に戻って歴史をたどり直してみるとよい。「創造的な一斉授業」は教師の職人的なアート（直接的な指導性）への依存度の高い授業形態である。これに対し、学びの質や深さにおいて危うさもあるものの、より学習環境やシステム（間接的な指導性）でフレキシブルな学びで育てる方向で、単元単位で仕掛け、見守るアプローチも模索されようとしている。それを「教える」ことから「学び」へといった二項対立図式でとらえるのではなく、練り上げのある創造的な一斉授業のエッセンスを継承しつつ、活動を見て思考を見ず、データをみて人をみずとならないよう、学習課題と問いの設定、および学びの触発や見極めやゆさぶりにおいて質を追求していく必要があるだろう。

　また、学びや成長が成立する条件から考えると、学ぶ対象である教材を介した共同注視の関係性を、子どもと子ども、子どもと教師、あるいは他の大人たちとの間に構築していくことが、学びの成立とその支援の基本である。さらに、教師や学校を自律的に学び超えていく上では、学びや活動の共同責任の関係を基盤にした伴走者的役割が重要となる。初等教育段階では、教師との人格的な関係を軸に、子どもと伴走しながらも、子どもたちが教材と向き合い、世界と出会いそれに没入する過程を組織化することが、そして、中等教育段階、とくに探究的な学びにおいては、学校の外の本物の指導者や伴走者（専門家や先達たちや実践共同体）への橋渡しも重要となる。子どもたちを教材や世界との対話へと誘う共同注視の関係を軸とする教育実践は、そうした教育実践とそこでの子どもたちの学びの事実をともにまなざし見守る、学校や教育の仕事に関わる大人たちの共同注視と共同責任の関係によっても支えられている。それは、さまざまなアクター間の水平的関係を構築する基盤を形成し、機械的分業ではない専門性の相互浸透により、子どもたちにとっての学校の総合的な役割を協働的に実現する学校エコシステムの創出を展望するものである。

　学校の外側においても学びや活動の場が多様に構築され、学校に閉じずに学びの保障を考えるラーニング・エコシステムや学習歴社会が形成されつつある状況で、パッケージやプログラムの束ではなく、点の学びを線でつなぎ物語化する役

割、および、学習者個々人の既存の視野や価値観に閉じた学びにならないために、単に目標設定を支援したり適宜励ましたりするコーチ的な役割だけでなく、視野の外部を指さしたりする問題提起的な役割が重要となる。公教育としての学校の公共性への志向性と共同体（生活の場）としての性格は、他の学びや活動の場には解消されない上記の役割を担うポテンシャルをもつ。さらに、教科などに関する一定の専門的知見をもち、子どもたちと多くの時間を共に暮らす経験を長期にわたって積み重ねていく教職の仕事とその専門性は、さまざまな専門家や支援スタッフとの協働において、その存在の独自の意味や重要性が再確認される必要があるだろう（石井 2021a）。

[引用・参考文献]

・合田哲雄（2020）「アイディアとしての『Society 5.0』と教育政策」『教育制度学研究』第 27 号
・浅井幸子（2016）「教師の教育研究の歴史的位相」佐藤 学他編『岩波講座　教育変革への展望 4　学びの専門家としての教師』岩波書店
・石井英真（2017）「現代日本における教師教育改革の展開」田中耕治・高見 茂・矢野智司編『教職教育論』協同出版
・石井英真（2019）「教育方法学―『教育の学習化』を越えて教育的価値の探究へ」『教育学年報 第 11 号　教育研究の新章』世織書房
・石井英真（2021a）「教職の専門性と専門職性をめぐる現代的課題―劣位化・脱専門職化を超えて再専門職化の構想へ」『日本教師教育学会年報』第 30 号
・石井英真（2021b）「カリキュラムと評価の改革の世界的標準化と対抗軸の模索」広瀬裕子編『カリキュラム・学校・統治の理論』世織書房
・石井英真（2022a）「『教員免許更新講習廃止法案』の検討―研修記録による教員の『個別最適な学び』をどう見るか」『季刊教育法』第 213 号
・石井英真（2022b）「教育『変革』政策の展開と教師の自律性―『教育 DX×個別最適な学び』による脱学校化の行方」日本教育方法学会『教育方法 51』図書文化
・今津孝次郎（2017）『新版・変動社会の教師教育』名古屋大学出版会
・ウィッティー，G.：著、堀尾輝久・久冨善之：監訳（2004）『教育改革の社会学―市場、公教育、シティズンシップ』東京大学出版会
・内田 良・広田照幸・高橋 哲・嶋﨑 量・斉藤ひでみ（2020）『迷走する教員の働き方改革―変形労働時間制を考える』岩波書店
・斎藤喜博（1964）『授業の展開』国土社
・榊原禎宏（2016）「教職の専門性の今後の在り方」『学校経営研究』第 41 巻

・櫻井直輝、梅澤希恵、葛西耕介、津田昌宏、福嶋尚子（2013）「カリキュラム形成に関わる教職の専門性・専門職性の研究」『平成 24 年度　学校教育高度化センター学内公募プロジェクト報告書』
・佐藤 学（1997）『教師というアポリア』世織書房
・佐藤 学（2016a）「学びの専門家としての教師」佐藤 学他編『岩波講座　教育　変革への展望 4　学びの専門家としての教師』岩波書店
・佐藤 学（2016b）「教育改革の中の教師」佐藤 学他編『岩波講座　教育　変革への展望 4　学びの専門家としての教師』岩波書店
・進藤雄三（1994）「専門職の変貌」『法社会学』第 46 号
・妹尾昌俊（2020）『教師崩壊』PHP 研究所
・竹内 洋（1972）「準・専門職業としての教師」『ソシオロジ』第 17 巻・第 3 号
・寺崎昌男（1973）「解説　教師像の展開」寺崎昌男編『近代日本教育論集　第 6 巻　教師像の展開』国土社
・西山圭太（2021）『DX の思考法』文藝春秋
・野本響子（2022）『子どもが教育を選ぶ時代へ』集英社
・浜田博文（2020）「学校ガバナンス改革の中の教職の『劣位化』」浜田博文編著『学校ガバナンス改革と危機に立つ「教職の専門性」』学文社
・ビースタ, G. J. J.：著、藤井啓之・玉木博章：訳（2016）『よい教育とはなにか─倫理・政治・民主主義』白澤社
・堀尾輝久・浦野東洋一：編（2005）『日本の教員評価に対する・ユネスコ勧告』つなん出版
・丸山和昭（2006）「日本における教師の"脱専門職化"過程に関する一考察」『東北大学大学院教育学研究科研究年報』第 55 集・第 1 号
・丸山和昭（2017）「再専門職化の時代における教員養成の方向性」『日本教育行政学会年報』第 43 号
・山﨑準二（2016）「教師教育の多元化システムの構築」佐藤 学他編『岩波講座　教育　変革への展望 4　学びの専門家としての教師』岩波書店

第8章　「ヒロくん」と教育支援の反作用
── 構築される「エイジェンシー」と実践 ──

松田恵示・田嶌大樹

1. ファミレス

タジ：待った？（ファミレスに入りながら）

ヒロ：いや別にそんな。Bティー（中学校時代、3年間ヒロ君の担任をしていた
　　　先生）ともこのあいだ会ったんだよ。

タジ：なんで、連絡きたの？

ヒロ：いや、俺が連絡してさ、進路のことでさ、商業科だからそういうの早めに
　　　決めなきゃいけないじゃん。だからそれでちょっと進路のことみてほしい
　　　からっていって、連絡してT駅の近くに行って。

タジ：あ、T駅で会ったんだ。

ヒロ：そう、その時も、俺から誘ったから割り勘で払って。

タジ：いっちょまえやん。でも今回は俺が誘ったんだから俺に払わせろよ。

ヒロ：はははは。

　「ヒロ」くんは当時、公立高校の商業科に通う2年生であった。インタビュー
を行っている「タジ」と私は、ヒロくんとさらにその3年ほど前に、当時、いわ
ゆる「荒れ」の中にあった公立中学校で知り合った。私たちは、「荒れ」の中に
ある学校と教育環境の改善を目的とした、教育支援のアクションリサーチを試み
ようとしていた。そのなかで、出会ったのがヒロくんである。

　彼は、いわゆる「荒れ」の中心にいる、「1軍」を形成する5名ほどの生徒の
うちのひとりであった。しかし、仲間からのみならず、学校の教師たちからも人
望のある点では異彩を放っていた。インタビュー時にみせる受けこたえの様子

や、中学校在学中の生活、いくつもの出来事のなかでも、明るくほがらかで意外といえば怒られてしまうが「義理堅い」ところが彼の特徴である。しかし、もちろん同時に、「1軍」と括られるほどの「やんちゃ」で「強面」な生徒でもあった。

　冒頭のファミレスでのインタビュー場面は、ヒロくんが高校2年生の夏休みの時のものである（これ以降「インタビュー②」と表記）。ヒロくんとは、彼が中学校を卒業し通い始めた高校1年生の夏休みの時（これ以降「インタビュー①」と表記）、さらには高校3年生の夏休みの時（これ以降「インタビュー③」と表記）にも、やはりファミレスでインタビューを行った。中学生の1年間と、卒業後毎年夏休みにあった彼との3年半の記録を通して、本稿ではヒロくんと私たちが紡いだ、ある期間の生活や世界ないし「実践」を、若干の解釈を添えつつそのままに記述してみたい。本稿のテーマは、今日の格差や貧困の問題が、教育という営みに提示する課題を見つめ直すとともに、「社会的包摂」に向かう教育支援のあり方について考えるための視点を示すことにある。あるいは、そのような「問い立て」をすることの構築的なプロセスを、経験の中に語ってみることである。ただ、その実態は、このようなインタビューを通じた、ヒロくんと私たちとの、ある種の「駄弁り」の実践記録でしかない。ここではこのような記述を通して、そこにあった事象そのものの持つ手触りを直接伝えることで、「学校」という教育の場にむしろ「在学する」ということは、どのような背景のなかで、そして子どもたちにどのような意味をもたらす経験であるのかについて接近できるのでは、と意図するところである。

　出会った頃のヒロくんの「やんちゃ」さは、今日、さまざまな格差や貧困の問題として語られる多くの要因を背景にしている側面が強い。しかし、不登校や中退が大きな社会問題となるなかで、逆にヒロくんは、なぜ「登校」し、そして「卒業」を迎えているのか。ヒロくんへのインタビュー（「駄弁り」）を通して、本稿ではできる限り彼と私たちの生活世界を繊細に描写してみたい。

　そこで、ここでは高校2年生の時に行った「インタビュー②」を中心に、中学校の時の様子や「インタビュー①」ならびに「インタビュー③」の内容を部分的に加えて論考を進めることにする。「インタビュー②」は、ヒロくんが高校2年生の夏休みの夕方に、インタビュー実施者の「タジ」がファミレスで会食しながら行ったものである。高校1年生の時の「インタビュー①」は、執筆者である「マツ」と「タジ」の2人が、さらに高校3年生の時の「インタビュー③」では「タジ」

がそれぞれ同様の状況で行っている[1]。

2.「オラオラ邪魔すんな！」

「タジ」と「マツ」が初めてヒロくんを知ったのは、ヒロくんが中学3年生の時の、ある日の鮮烈な出来事のなかでのことであった。ひときわ暴力的で「やんちゃ」グループのリーダー格である「シマ」くんが、「ふざけんじゃねえ！　どけよくそが！」と叫びながら金属バットを振り回していた。それに便乗して、制止しようとしている教師たちに対して「オラオラ邪魔すんなよ、くそ教師どもが！」などと暴言を浴びせていたのが、その日のヒロくんである。

「宿題」をめぐってシマくんやヒロくんが先生から指導を受けてしまい、楽しみにしていた部活動に参加できなくなったことに腹を立てたシマくんとヒロくんを含むグループのメンバーたちは荒れに荒れまくった。そしてしばらく暴れた後、しかしながら腕力の強い教師によって押さえられ、放課後、学校の外に追い出されてしまった。この時のことについて、ヒロくんは次のように語っている。

ヒロ：ああでも最初に話してね、部活来てよって言ってたから。
タジ：うん。あー、そうかそうか。一番最初に廊下で会ったんだよね。
ヒロ：であの、Y先生が紹介してくれて、で、もともとなんかサッカー上手いや
　　　つ来るからって言われてて、で、あ本当に、って言ってて、そしたら「タ
　　　ジ」がきて、で話して、その後、部活来てやったって感じ。

（インタビュー①）

アクションリサーチに取り組むことになり、大学から院生メンバーとして中学校に初めてやってきたタジに、ヒロくんはある先生を介して出会い、サッカーといういわば「コミュニケーション・ボンド」のおかげで仲よくなった。先のシマくんやヒロくんたちの金属バット騒動は、こうして放課後にタジとサッカーを行

1）ヒロくんは、現在、社会人として服飾関係の社員として働いている（2023年現在）。改
　めて本稿内容の確認と出版についてご了解をいただき、何かの役に立つのであれば、と
　のメッセージをいただいている。改めて、心より深く感謝申し上げたい。

うことを楽しみにしていたにもかかわらず、宿題をめぐることでの指導を受けて
しまい、部活動への参加を制限されてしまったことが、実は引き金となったこと
でもあった。

　当時、ヒロくんが通っていた中学校は、いくつかの地域事情や特殊な要因が重
なったことにも原因を持つ、いわゆる「荒れ」の真っ只中にある学校であった。
新学年初日から、便器が壊され壁に穴が開けられるなど器物の破損が続き、授業
中の立ち歩き、教室からの出歩き、大声を出すなどの授業妨害、対教師暴力など
も常時みられる状態にあった。

　また、もともと学校の通学区域には困窮世帯が比較的多く、教科用図書費、学
用品費、修学旅行費、通学に要する交通費、学校給食費などの就学経費が補助の
対象となる、要保護及び準要保護生徒の全校における割合が半分を大きく超える
ような状況にあった。学力テストの結果も行政区域内で最下位となっており、教
育委員会も行政課題として、当時、再重点を置く地区ともなっていた。

　こうした中、ヒロくんは「荒れ」の中心にいる「1軍」のなかでも「ツートップ」
といわれた2名のリーダーと、ほぼ同格の位置にいる3名程度の生徒のひとりで
あった。しかし、明るくさっぱりとした性格は生徒のみならず教師からも好感を
持たれる場合が多く、当時の学校のムードメーカーのひとりともいえる存在で
あった。 学校近くの公営団地に住み、専門学校に通うお兄さんとお母さんとの
ひとり親家庭であるが、別居するお父さんともしっかりとつながっており、小学
校高学年から地域のサッカークラブに所属するとともに、中学入学後、地域と学
校の両方でサッカー部に入って活動する生徒でもあった。

ヒロ：シマくんとかが仲いいのが、中2の頃仲良かったのが確か他中学校の子た
　　　ちだったんですよ。でそのほぼ女とかなんで、だから、でも、あれですね、
　　　たまに他中学校の子とか来たりしますよ。
マツ：へえー、そんで、夜遊ぶってさ、しゃべってるくらいなん？
ヒロ：グダグダしているだけっすよ。なんか携帯みてたり。なんかもう、鬼ごっ
　　　こしたり、ばーってしたり、することはないです。
マツ：へえー、なんかさ打ち上げやったりとか、そんな事もしないわけ？
ヒロ：そんなないですね。
マツ：なんで周りの人はそんな言うんやろ？　周りの人が警察に行ったりするん

やろ、それで。

ヒロ：いや、多分公園で何かあの一部タバコとか吸ったりするやついるんで。

マツ：あー、それは、あかんな。

ヒロ：それで、あの通報入ったり、あと一応マンションの下とかの広場とかでたまに自分たちたまってるんで、そうすると何かその家の人たちが戻る時に通り道で怖いですって言ったり、っていうなんかこうなりますね。

マツ：ヒロくんは、家は、何か門限とかっていうのは、あんまり。

ヒロ：特にないですね。

（インタビュー①）

　ヒロくんは、「大人」には敬語を使える。ただし、学校の先生を除いては。地域での年代の違う人との付き合いも多く、自然と身につけているのであろう。夜にかけて仲間が集い、なんとなく時間が流れていく。けれども、そのこと自体が、ヒロくんたちにとって「心地よい時間」なのであるが、さりとて積極的な「目的」を自らで構成するわけでもなく、ちょっとした出来事との遭遇を好みつつ、しかしながら仲間同士での内輪での円環的な時間の共有が、彼らにそこを居場所とさせている。学校空間からその外側に「適当に」滲み出している、そんな、とりとめのない液状化した日常が広がっているという感じなのだと思う。インタビュー②は、そんなヒロくんが中学校を卒業し、さらに1年半近く過ぎた時に行われたものであった。

3. 「頭足んないじゃん」という進路選択

　インタビュー②は、夕方の6時にファミリーレストランで待ち合わせをして行ったものである。インタビュー実施者はタジであるが、直接会って話すのは、ちょうど1年ぶり、という状況にあった。タジは大学院を修了し研究員として大学に残っていたのであるが、サッカーという共通言語を持ち合わせるタジは、ヒロくんにとってまさに「ナナメの関係」にある「お兄さん」的存在であり、時にメッセージアプリでやり取りする親しみのある関係の中にあった。

　途中、食事もとりながら進んだこのインタビューの終了時刻は、夜の9時を回っており、ほぼ3時間話し続けられたものであった。久しぶりに出会った気恥

ずかしさを埋めるための儀礼的な近況のキャッチボールから始まり、まずはサッカーという共通言語からの話題、ならびに高校生活全般に関する近況を話す段階で緊張が解けていき、中学校時代の共通の知り合い、友人や中学校時代の教師の話題へと移り、その時ヒロくんの心の中を大きく占めつつあった進路の相談や、バイト先での出来事、さらには進学に関する相談などが、「お兄さん」的存在のタジだからこそという関係性のなかで語られる。そして、さらにより踏み込んだ高校生活や「やんちゃ」な出来事を含む友人関係の中身、さらには進路や人生の方向性などについて気持ちをぶつけるような会話がなされていく。

　進路や進学に関する相談事項、たとえば職業に関する意見の交換や大学に関する情報、専門学校など、学びと職業の関係性などについての内容がほぼ4割程度、時間的には占められており、直近の生活や友人関係、ならびに日々の出来事に対する語りが3割程度となっていた。このような3時間の会話の中にある、一つひとつの「語り」のスコープ（まとまり）とシークエンス（つながり）には、ヒロくんの意味的世界が言葉を介して表出されてくる。ヒロくんの思考や認識に着目し、ヒロくんの意味的世界を理解することに焦点づけて、ここでは彼の語りを追いかけてみよう。

　ヒロくんは、商業高校に現在通っているのであるが、しかし、これは進路を選択したというほどに、将来について実は考えていたわけではなかった。

ヒロ：はは。もういま部活辞めちゃったからさ。
タジ：ああまじで、いつ辞めたの？
ヒロ：去年の、冬かな。いま、全然もうバイト三昧で、居酒屋とイタリアン掛け持ちしてて、でもイタリアンの方一本にするって言って居酒屋辞めちゃうんだけど。
タジ：うん、なんで？
ヒロ：やっぱね、バイトがね、週5で入ってるから、さすがに辛いなみたいな。
　　　…（中略）…
ヒロ：いまね、かじってんのが料理と、服飾と、スポーツ。
タジ：おう、お前結構多彩にやってるな。
ヒロ：はは、そうだよ。だってこれも俺が作ったんだよ。（所持していたクラッチバッグをみせる）

タジ：まじ？　みせて。え、いちから？

ヒロ：そう。生地買って。生地はちょっとあったんだけどね。

タジ：道具は？

ヒロ：ミシン。

タジ：ああ、自分の家の？

ヒロ：そうそうそう。自分で。で、友だちが結構作ってって、クラッチバッグと
　　　かトートバッグとか作ってって言われて、作ってあげたりとか。
　　　…（中略）…

ヒロ：そんで、高校も本当はそういうところに行こうと思ったんだけど、頭足ん
　　　ないじゃん？

タジ：足んないの？

ヒロ：足りなかった。Ｂ校っていうところに行こうと思ってたんだけど、普通に
　　　足んなくて、だから普通科でなく商業に行って、でいま、大学こっち進も
　　　うか、専門学校進もうか、服飾の専門学校とか、って……。

（インタビュー②）

　　中学時代から、地域のクラブや学校の運動部でサッカーを行っていたヒロくん
であったが、高校ではすでに退部してバイトがメインの生活を送っている。ス
ポーツや服飾関係にそもそも関心があったのだが、中学から高校への進路選択時
には、現在通っている高校に在学していた先輩の誘いが、大きな決定要因となっ
たことを教えてくれる。

タジ：ふーん。そうか、それで入試の時も考えてて、いくつか候補あったの入試
　　　の時。

ヒロ：入試はね、でも体育と服飾かな。服飾って言ってもそんなに服飾は女の子
　　　ばっかり来るから、そこそこ頭いいとこしか受けれないし、Ｃ校ってい
　　　うのも、ちょっと高かったんだよね。だからちょっと厳しいなってなって
　　　て。で、俺の場合あの、サッカーの先輩に誘われて、商業のいまの高校
　　　入ったみたいなもんだから、もう高校辞めちゃったから。

タジ：先輩？

ヒロ：いや、先輩もう普通に卒業しちゃったし、俺もサッカー部辞めちゃったか

　　　ら。

タジ：あー、そういうことか。

ヒロ：普通に高校、なんで行ってるんだろってそんな。ははは。でもまあ検定
　　　取っとけばいい、資格取っとけばいいって言われるから、Bティーにも、
　　　だから資格は取っとけよっていう風に言われるから、一応やってるけど。

タジ：あー。なるほどね。

ヒロ：つまんないよ、高校。

　　　　　　　　　　　　　　　　　　　　　　　　　　　　（インタビュー②）

　古賀は、構築主義的エスノグラフィーについての論考のなかで、自身の中退者
に対する観察・聞き取り調査を例にとり、多声的で討議的な調査実践の可能性を、
教師や保護者と、他方で生徒や退学者という「退学問題の2つの語り」の中に示
そうとしている（古賀 2004、pp. 39-57）。この視点からすると、ここでのヒロく
んの現状は教師や保護者が語りやすい「不本意入学」の典型例といってもよいほ
どであるが（女子が「頭の良い集団」として自分を押し出すことを受け入れてい
るのも面白いが）、一方で、彼自身はそれを「先輩との関係性」の物語として意
味付けているという「進路選択問題」との複数性が垣間みられている。

　「先輩との関係」は、「不本意入学」の「いいわけ」として語られていたわけで
はなかった。進路の選択という出来事は、ヒロくんにとっては「職業につながる
興味・関心」という要因は後景に退くものであり、「頭足んない」ことから選択
するとともに、だからこそ「先輩」からの誘いが大きなポイントとなっていたの
であろう。ただヒロくんは、関係性の物語それ自体をやや嘲笑しながらも否定す
ることなく、「Bティー」という「重要な他者」との「関係性」において、「資格
取得」という高校在籍の有用性について受け入れることを、いわば「落としどこ
ろ」として表明している。学歴や資格取得などを通じて作用する学校の人員配分
システムの内部に、かろうじて踏みとどまっているのである。こうした、「進路
選択問題」の複数性を調整する「再物語化」のコツ＝「重要な他者」の選択的前
景化（役柄の負わせ方）、を身につけているとともに、それこそがしかし裏返し
として、「つまらない」高校生活の質感を醸成しているということにもなってい
るといえる。

4.「就職とか厳しくなるぞーって」

　ヒロくんは小学校の高学年からサッカーを続けてきた。そして高校入学後も
サッカー部に入部した。しかし、高校1年生の冬にはサッカー部を辞めている。

ヒロ：でもおれらの今年の代からは辞めたのがおれ合わせて3人なの。

タジ：何人いんの、いまやってるやつは。

ヒロ：普通に15人くらいいる。おれらの代からはまあまあいいじゃんって。け
　　　どおれらの1年下、今年入ってきた奴らが、5人くらいしか入ってこな
　　　かったんだけど、へたれらしくて、ちょっと。もう何人か辞めちゃったら
　　　しくて。おれらの代がいいんじゃないみたいな。

タジ：へえー。そんな感じあるの、端からみてて。

ヒロ：おれらの代だけ結構やってんじゃん、みたいには言われてて。で、おれ以
　　　外に辞めた子2人は、ひとりはなんか、担任がだるくて、課題がだるくて、
　　　課題やってないって言って部活行かせてもらえなくて、でそれがだんだん
　　　続いて辞めさせられたみたいな感じなの。だから担任だけどね。ほぼ。ほ
　　　ぼ担任に辞めろみたいに言われて、辞めさせられちゃって、でもいまは坊
　　　主にしてちゃんと切り替えて守ってるんだけど。

タジ：ん、どういうこと？

ヒロ：なんか坊主にしろって言われて、最初は嫌がってたんだけど、断って辞め
　　　たんだけど、最終的にもう一回サッカーやりたいって言って坊主にして
　　　戻ったんだけど、だけど、そいつおれと仲いい子なんだけど、なんかね、
　　　なんか勉強とかもやる気になんなくて、戻ってからもつまんないって言い
　　　出して、お前何のために戻ったんだよって話ししてて、で、なんか部活を
　　　辞めさせられるんじゃなくて学校を辞めさせられるかも知んないっていう
　　　危機なの、成績が悪すぎて。もう寝てばっかで。だからお前やれよって
　　　言って。でおれは普通にもう練習に身が入らないって言って辞めて。

タジ：うん、それは何、バイトとの掛け持ちで？

ヒロ：いや、バイトとの掛け持ちでっていうか、遊びたくなった。もう練習三昧
　　　で。
　　　　　　　　　　　　　　　　　　　　　　　　　　　　（インタビュー②）

　ヒロくんの「仲いい子」が、サッカー部を辞める経緯について語ってくれてい
たのだが、ヒロくんは、そのような外的な要因があったわけでなく、生活のなか
で、部活動が長い時間占有してしまうこと自体に対して違和感を持ち退部に至っ
たのだった。彼らにとって「成績が悪い」というのは、なんの留保もなく行動の
基準になるものなのだが、「なぜ辞めなければならないのか」といった意味はそ
こにほとんど付随しておらず、単に高校生をやっている以上、課せられている
「ルール」以上の意味はない。このように「辞めなければならない状況が生じた」
わけではなく「遊びたくなった」ところには、しかし、中学校のサッカー部とは
異なる高校の部活動への適応が難しかったという理由が実際にはある。

ヒロ：うん。で試合も、なんか、いいことなんだけど、強いチームとやりすぎ
　　　ちゃって、負けてばっかで、メンタル結構くるわみたいな。たまには普通
　　　の同じ世代とやりたいみたいな。まあコーチからしたら強い人と戦ってあ
　　　れしろよって感じなんだけど。なんか校舎が広いのね、校庭も広くて。だ
　　　から外周とかが辛いみたいな。
タジ：結構外周とかさせられるの？
ヒロ：うん。雨の日も、オフになんないから、校内でウェイトとかやらされちゃ
　　　うから。でもおれらの年代は結構サッカーがもう超やりたいっていう子
　　　ばっかだから、耐えてやってるけど、おれはもう無理だった。
タジ：そこまでは無理だった。
ヒロ：そう。遊べなくてつまんないし。なんもできないやみたいな。まず、おれ
　　　とその仲いい子が辞めちゃって、2人1組とかやってた子なんだけど、そ
　　　のいま戻った子なんだけど、それが一回辞めちゃって、もうおれひとりに
　　　なって、もう他の子とかも一緒にやってくれてたんだけど、なんかめんど
　　　くさくなっちゃって。で辞めて、先輩もいなくなっちゃったしもういい
　　　やってなって、であともうひとりは陸上部に移動しちゃって、部活。そう
　　　だから、唯一普通にへたれて、練習に向き合わないって言って辞めたやつ
　　　はおれだけなんだけど。あとはみんなちゃんとした……。

（インタビュー②）

　進学した高校のサッカー部は、比較的「強い部」で、相応の練習の厳しさや、

生活時間における部活動の優先を求められたようである。しかしこのことは、サッカー部に入っている、といったヒロくん自身のアイデンティティに関わるというよりも、むしろ、今後の進路を狭めてしまうのではと、ヒロくん自身は気がかりになってくる。レギュラーの力のあったヒロくんなのであるが、学校的な、あるいは達成主義的な価値観のなかでの、むしろ生きづらさがここでもまた滲み出てくるという感じである。

タジ：公式戦とかは、出たの？

ヒロ：出た出た。最初の方とか出てたんだけど。

タジ：続かなくなってきたの？

ヒロ：もう、怪我したり、肉離れとかして、体力の差激しくなっちゃって。で走ってるつもりなんだけど走ってないって言われるね。

タジ：ふーん、きつかった？

ヒロ：うん、コーチが。走ってやってるつもりなんだけど、ちゃんともっと走れやって。なんでだろうと思ったくらい。

タジ：ふーん。どこで出てたの？　ポジション。

ヒロ：トップ下とか。なんかキックで買われてたの、ほぼ。だからフリーキックコーナーキックとかで、キック力があるみたいな。あのー、ミドルとかを。おれらの代ってみんな同級生体とかちっちゃくて、小さい子ばっかなの。体小さい子ばっかだけどテクニックあるんだけど、シュートにもっと力がないって、それで力があるのはお前だけって言われてて、でだから最後の最後で出たり、とか。試合とかも、そういう感じ。

タジ：へえー、じゃあコーチとかにも引き止められたんじゃないの？

ヒロ：いや、でもね、なんか微妙な感じ。就職とか辞めたら厳しくなるぞーって言われただけ。

タジ：ふーん。

ヒロ：普通に辞めるって言ってるから。絶対もう最初にこいつ辞めるなっておれは言われてたから。
　　　…（中略）…

ヒロ：あー、大学でもし体育学科とか入ろうとしたらさ、部活とかやってなかったらやっぱり厳しい？

タジ：いや、うーん。

ヒロ：聞かれるっちゃ聞かれる？　聞かれるは聞かれるけどみたいな感じ？

タジ：うーん、まあ。

ヒロ：体育専門の X 大とかじゃなくて普通の学校の体育学科みたいな。

タジ：まあ、なんだろうな、まあ部活やってるかやってないかってそんなに大き
　　　くはないかもしれないけど、逆に、部活辞めたのはなんでって聞かれるの
　　　は聞かれるかもしれないね。

ヒロ：あー。

　　　…（中略）…

ヒロ：部活辞めてからかも、そんな心配になって。部活辞めてるから、就職する
　　　面接も、聞かれるよみたいな。部活動して辞めたのって。忍耐力がいまの
　　　時代はないからって。みんな辞めてっちゃったりするからって、ゆとりの
　　　後だから。だから、理由聞かれるよって。確かに、体育大学行きたいのに
　　　部活辞めたから、どうすんだよって。

タジ：部活辞めた理由聞かれた時に？

ヒロ：そうそうそう。

（インタビュー②）

　ヒロくんは選手としては期待されていたようである。ところが、コーチから
は、部活動を辞める時に、そこではなく「就職」の話以外は辞める話は出なかっ
たと語ってくれる。それで部活動を辞めてしまうのだが、しかしその後、少し興
味のある「体育の先生」への進路や「体育大学」への進学、さらにはそれにとど
まらず就職全般においても、「部活動を辞めた」ということが不利になるという
ことが気になってくるのであった。

　部活動は、この意味で「中途退学」と同じ磁場の中にある。「部活動を辞める」
ことには、教師や指導者からは「中途退学」と同じ目線が降り注がれる。「継続」
の物語として読み込まれる部活動の世界は、少なくとも、本来、スポーツという
文化が有する「非日常」の世界を構成してはくれていない。むしろ、学校内でさら
に二重、三重に試される、「継続」の物語が果てなく続く「日常」にみえてしまう。
部活動で自己実現というよりは、部活動で自己統制という、そんな感じである。

5.「成績」

ところで、ヒロくんは通っている高校で、実は成績はトップクラスであった。

ヒロ：おれは、髪の毛とかも、本当は、パーマだめだったり、あとツーブロック
　　　はダメなの。だけどみんなやっぱりツーブロにするじゃん。でカゲキじゃ
　　　なかったらいいらしいの。その、地肌が透けてるとか、だからやっぱり中
　　　学校と似てるなとか思うじゃん。けど、おれがやっていくと、なんか、
　　　ちょっと注意してくる先生とかはいるけど、ジェルとかガチガチにしてる
　　　からいつも、セットしてってるから、ちょっとガチガチすぎだよって言わ
　　　れたりはするけど、周りよりは酷く言われない。周りは、おれらの同級生
　　　とかはあんまり高校の成績とかがよくないやつは言われてるけど、おれら
　　　の友だちとかは、ヒロが言われないのはそこそこやることはやってるから
　　　じゃねみたいな。まあそうだよねって返してあげるけど。
タジ：ははは。じゃああれなの、勉強とかもまあそれなりに。
ヒロ：勉強とかは普通にね、商業科順位がね、205人中だったの、それが、あー
　　　違う学年順位が205人中、26とか。クラスとかも2位とか3位とか。
タジ：え、すげーじゃん。それがあるからあんまり先生にも言われない。
　　　…（中略）…
ヒロ：2年の後期らへんで、3学期らへんで就職か進学かもうとりあえず決めな
　　　いといけないの。で、3年で就職のやつはもういっぺんにばー、と行っ
　　　ちゃうから、そこで迷ってると遅れちゃうみたいな。それで二者面談で担
　　　任と1対1って、順位順なの、上から半分に分けられて、上のやつらが最
　　　初会社選べるの、その、成績いいやつから。だから、成績いいやつでいれ
　　　ば、一応いいやつ選べるじゃん、就職って言っても。だから一応成績は
　　　保ってるつもりだけど。

（インタビュー②）

　高校において、成績の持つ彼らの生活世界への影響は大きい。それも、そのよ
うな成績はいつも「相対評価」の形で現れ、集団内の序列として機能するところ

に根拠を持っている。偏差値によって高校は序列化され、一方でひとつの高校内では集団内の相対評価で成績は決まってくる。この当たり前の事実は、しかし、とても奇妙な仕組みである。中学校から高校への進学時には、「将来を考えて」進路選択が求められる。しかし現実には、「頭足んない」かどうかが問題であり、また同時に、そこで「背伸び」をすることは、その後の集団内序列という「成績」のことを考えれば、実は一概に自分にとって有利に働くわけでない面もある。ヒロくんは、この意味で本人が意識したかどうかに関わらず、こうしたメリトクラシーの仕組みの持つ奇妙さに、うまく「乗っかっている」ところがある。そしてこのことに、高校ではさらに「進級」という仕組みが加わってくる。

ヒロ：おれらいくつかクラスあるんだけど、そのうち○○○○科っていうパソコン処理系のところは男子が多いのね、2、3人くらい。だけど商業科は、多分全部 10 ずつくらい多い。

タジ：え、クラス全体は何人？

ヒロ：36、35 とか。結構女の子多いよ。あと、男辞めてってるやつばっかりだから。

タジ：なんで？　なんで辞めてくのそういうやつって。

ヒロ：ぐれちゃったりとか、おれらの学校もうあのー、成績に最後の 2 年に上がる時とか、成績に 1 が 1 個あったら追試なの、2 個までが追試なの、追試で、合格したら上がれるのね、進級できるんだけど、3 個あったらもうアウトなの。

タジ：3 個あったら留年？

ヒロ：いや、留年がない。もう退学。

タジ：退学になんの？

ヒロ：そうそう、だからおれらの学校はもう 1 が付いてたやつとかは進路変更になっちゃったり。2 学期？　次 2 学期なんだけど、この前 1 学期でバイバイしたやつもいた。

タジ：へー。2 個以上 1 がついたからってこと？

ヒロ：いやもう見込みがなかったんじゃない？

タジ：あー、もうやる前からこれは無理だって？

ヒロ：だからまた転入しちゃったり、どっか行っちゃったり。おれらのこの前の

　　クラス、去年のクラスだったら、2人くらい辞めちゃった。
タジ：まじで、それ仲いいやつがなったらすげえきつくない？

（インタビュー②）

　もちろん「1」という評価は、相対評価のなかで必ずつけられるというもので
はない。しかし、高校は義務教育ではないことから、成績や出席日数（継続の成
否）により「退学」という制度がある。ヒロくんも次のように語っている。

ヒロ：中学に戻りたいね。守られてたしね。中学は。
タジ：何で？
ヒロ：何しても退学とかないし守られるじゃん。やっぱ高校って退学あるし、あ
　　　と将来のことも考えないといけないし、中学校はまだ、遊べる。

（インタビュー②）

　この意味では、高校における「中退問題」は、やはり現代社会が生み出してい
るひとつのマッチポンプであり、メリトクラシーを内に含む近代社会の反作用で
もある。もちろん、ヒロくん自身はどれだけ遊んでいても学習することに対し前
向きであり努力をするところもあり、友だちに対しても勉強を教えてあげると
いったことも日常的に行う生徒である。けれども、ヒロくんの高校での立ち位置
は、ヒロくんにおいても、メリトクラシーを体現する義務教育ではない「高校」
という教育制度によって担保されているものであり、社会的に創り出された「成
績」による偶発的結果である。個々の子どもたちが抱える学校との距離感は、こ
のような不可避の偶発性に支えられている面にあらためて意識が促される瞬間で
あった。

6.　地元という「絆」

ヒロ：シマも、いまずっと遊んでんのね。地元だと。タカとか。いっぱい遊ん
　　　でんだけど、いまも。さっきも一緒に居たんだけど。タジと月曜日飯行くん
　　　だよって言ったら、まじで、俺も行こうかなって言ってたけど、実際もう
　　　シマも疲れてて寝ちゃってるから。

タジ：来ればよかったのに、なんでそんなに疲れて寝ちゃってるの？　何してるの？

ヒロ：まー遊びまわってるけどシマは。実際。でもたまに先輩の現場とか手伝いに行ったり。

タジ：あー、小遣い稼げるみたいな感じ？

ヒロ：そうそう。

タジ：それは中学校の時の先輩？

ヒロ：中学校っていうか、地元の先輩だね。中学校は違うくて、でも地元で、結構挨拶するから。俺の兄貴の同級生なんだけど。

タジ：ほうほう。タカは？

ヒロ：タカは、あのー、いまは夏休みだけど、定時行って、午前は仕事してる。塗装の仕事入ってる。

タジ：へえー。それはまた地元の人の？

ヒロ：そうそう。仲いい先輩、知り合いの幼馴染。タカのお兄ちゃん2個上なの、俺の兄貴と同い年で。でタカとおれは幼馴染なんだけど、それで。
　　　…（中略）…

ヒロ：そう、みんなだいたいS地区の子で。でおれはもう一回なんかこっち戻ってきちゃったら、地元の子と遊んでるから、結構遊ぼうとか言われるけど、帰るの考えるとだるいから帰るわって言って帰っちゃったり、テスト前くらいかな、テスト期間中学校早く終わったりするから、そん時に一緒に近くの○○○あるじゃん、T駅のそこが近いから○○○行ったりして遊んでるくらい。

（インタビュー②）

　ヒロくんが、高校1年生時のインタビューの時から一貫して語り続けていることがある。それは、「中学校の友だちがよかった」「高校はつまらない」という愚痴だ。ヒロくんはシマくんをはじめとして、中学校、とりわけさらに小学校区を中心とした地元の友だちと「連（つる）む」ことの「心地よさ」を繰り返し話してくれる。また、他の仲間も同様だと言い、中学校の「やんちゃ」グループの輪の中の関係が、高校進学後も彼らの居場所となっている様子をイキイキと語る。

　「地元」という言葉は、ヒロくんにとって、やはり特別である。「帰るの考える

とだるい」という彼の言葉からは、「遠出したくない若者たち」といった一般的な傾向に加えて、これまでの「地元」での心地よさを超える何かに出会うことが、高校での仲間関係には感じられないという気持ちが滲み出る。馴染みの生活空間が持つ居心地の良さから脱皮してみようと思うエネルギーが、外部にはまだ存在しない。それは、仲間という人間関係にも同様にあてはまっているのだろう。けれども、シマくんは「疲れてて寝ちゃった」けど、ヒロくんはタジからの誘いには応じる「感度」を持っている。ヒロくんの、この外部に対する「感度」は、ヒロくんの生活の随所に広がっている特徴でもある。

ヒロ：ヤスとかケンとかは会うよ。あいつも高校行ってたんだけど辞めちゃっていまは。いま職人やってる。現場やってる。

タジ：なんで辞めたの？

ヒロ：出席日数足りなかったんじゃない？　行ってなかった最後の方。三部だから、夜おれら遊んでるじゃん、あっちは夜学校じゃん、それでもう嫌になったりしてた。結構。でヤスっていう子もなんやかんやそういう感じで、学校辞めちゃって、定時の高校辞めちゃって、であのー、そう、お父さんの、そこにある○○工業っていうのがあるんだけど、そこヤスん家の親父さんがやってるところなんだけど、そこの手伝い。

タジ：へぇー。

ヒロ：結構学校辞めてる子いるよ。

タジ：うそ、何人くらいいるの？

ヒロ：ヤスの彼女のケイってわかる？　中学のときの同じ組だったんだけど。そいつも○高校行ってたけど辞めちゃって、なんかわかんないけど出席日数足りないかなんかで。

タジ：みんななんで出席日数足りないんだよ。

ヒロ：そうそう、でもねー、やっぱね中学校の方が楽しくて高校つまんないって言ってる子が多い。

タジ：あー、あんまり足が向かなくなるの。

ヒロ：そう。なんか高校で友だち作ろうと思わないし、やっぱ中学校の友だちが楽しかった。地元の話の方が多い。あとはな、中学校では。あんまり絡まない人ばっかになっちゃった。前までは会ってたけど久々に、おう、って

会ったりはするけどね。

（インタビュー②）

　地元の友だちの情報はいつでも豊富である。ヒロくんの周りでは、仲間の広がりもなくお客さんのように通う高校での「出席日数不足」での中退が多い。この「出席日数」という言葉は、高校とヒロくんたちの間に横たわる、ひとつの大きな試金石でもある。

ヒロ：体育祭とか。体育祭とか参加してなくて。もうあと、全然もう 1 年の終わり、2 年終わりって全然参加してなくて、ちょくちょく授業がなくてもう、いろいろあったけど出てないの俺は。休んだりしてて。だから欠席日数が多い。俺は。欠席日数が多いから、もし就職ってなっても、この欠席日数はどうしたんですかって聞かれるよとは言われる。だからもうこれ以上欠席はしない方がいいとは言われてる。

タジ：ふーん。中学校の時って結構休んでたっけ？

ヒロ：中学校、中 3 は微妙だった。中 2、いや、学校は行ってたね。中 1 とかはすごかったけど遅刻とか。中 2 で普通に行くようになってだんだん、で中 2 の最後の方にまた行かなくなって、遅刻とかが多くなってきちゃって、でも中 3 はまた普通に行ってたね。

タジ：その行かなくなる時はどんな理由で行かなくなるの？　めんどくさいみたいな？

ヒロ：いやもう遅刻、一回遅刻してそれに慣れちゃってみたいな。

タジ：なるほど。

ヒロ：高校遅刻がありだったらいいんだけど。

タジ：あー、ないんだ。

ヒロ：いや、遅刻でもいいんだけど、遅刻だと反省文書かなくちゃいけないの。遅刻が、めっちゃ多かったらしいの俺らの入学する前。作文とか反省文とかいっぱい書かされるの一回遅刻しただけで。だからもうそこから遅刻は減ってるけど欠席が多くなってるって感じ。

タジ：欠席は特に何もないの？

ヒロ：欠席はない。だから遅刻したら、電話すれば、あれ、電話すれば、反省文

157

とかも書かされないんだけど、病院行ってたとか言えば。言えばいいんだ
けど、電話するの忘れちゃった時とかは休んじゃう。だからもう遅刻する
くらいだったら、休んだ方がいい、反省文とか書かされるくらいだったら
休んだ方がいいって感じだったけど、先生からしたら、あー、就職とかか
らしたら、欠席の方が重いよっていうのを知って、まじかよみたいな。
もっと早く教えろよみたいな。ははは。

タジ：ははは。なるほどね、まあでも距離も遠いしね。

ヒロ：うん、一回でもほんと遅刻したらまじで行きたくなくなるんだよ。

タジ：起きれない、寝坊ってこと？　朝強いの？　弱いの？

ヒロ：いや、起きれるっちゃ起きれるんだけど、起きれない時はほんととことん
　　　起きれない。曇ってる時とか特に起きれない。

（インタビュー②）

　　確かにヒロくんにとっても「生活習慣の確立」は、大きく立ちはだかる壁であ
る。「出席日数」は、その壁を越えれないことにより結果出てくる「刻印」のよ
うなものである。しかし「起きれるっちゃ起きれる」ヒロくんは、おそらく「もっ
と早く教えろよ」という言葉の中に、自分なりに「考える」力を宿していること
がみてとれる。そして、実際に「出席日数」をコントロールしている。習慣化と
は、むしろ「考える」という煩雑さを軽減するための人間の知恵であろう。この
ことからすると、「考える」ということが、まずは先行して存在しているという
ことの意味を、そしてそのことが、なぜ、あるいは環境との対応関係（仲間や出
会いへの感度など）のなかでどのような内容を伴うものとして現れるのか、そう
いう場面の存在を、ここではあらためて感じさせてくれるのである。

タジ：それは絶対やめた方がいいよ本当に。犯罪はいかんわ。うん、いいことな
　　　い本当に。そっか、そこらへんはなんかわきまえてるよね、みんな。

ヒロ：そうおれらとかはみんなやんない。やったら引く。逆に。おれらのメン
　　　バーはやんない。メンツは。揉めたりもしないからそんなに。全然。そん
　　　な悪いこと全然しないから。楽しくいこうよって感じ。しょっちゅう揉め
　　　るのは警察とか。

タジ：ん？

ヒロ：警察とかはしょっちゅう揉めてるけど。

タジ：あー、そう。何で？　ふかしてるとか？

ヒロ：警察が棒とか持ってくるの、そんで「もちけん」（持ち物検査）させてよっ
　　　てきて、やると、シマくんとかが拒むの。いつもみたいに。おいやめろよ
　　　さわんなよ気持ち悪い。でどんどん触ってきて、だんだんヒートアップし
　　　てきて、ウォイ！　みたいな。

（インタビュー②）

　一方で、地元の仲間とのつながりは、「やんちゃ」な側面を、バイクや買い物
への興味を通して、あるいは犯罪などの逸脱行為との接点を通して広げていくも
のでもある。ここでも、ヒロくんには「出席日数」と同様、「やったら引く」と
いう場面が、試金石として存在している。しかし、彼らに限らず私たちの日常は、
この種の危うさの中にある一種の「均衡」なのであろう。「善と悪」の、「誠実と
虚偽」の、「守ることと破ること」のバランス感覚なのであり、逆に言えば、両
方から力の「均衡」こそが、日常という安定的な、ある一点を構成しているのだ
ろう。この時の、調整役が仲間の絆なのであり、ここでもまた「考える」という
作用が、一種の解毒剤として活性化する必要がある。

7. 「Bティー」

ヒロ：やりあったのはBティー。Bが一番やりあった。3年間クラス一緒だった
　　　から。担任一緒だったから。中3はまあ、あれだったから。喧嘩してたけ
　　　ど。中1らへんは一番なんか、中1、中2、中3はどれも毎年は喧嘩して
　　　た。中3ももう「シマ」とかと絡み始めておれもちょくちょく授業出なく
　　　なっちゃったりしてたから、それでBティーとも仲悪くなっちゃったり、
　　　中2とか、なんで喧嘩したんだろう、いろいろあるんだけど、まあ全部お
　　　れが悪いんだけどね。寝てて、起こされて、ふざけんなよとか言って喧嘩
　　　になったりしてて。

タジ：ほう、それは何、まさに喧嘩する時もまあおれが悪いんだけどねって思っ
　　　てたの？

ヒロ：いや、いま思えばそういう風に。でもなんかね、いま思えばほんとまじ逆

　　　　ギレ。生徒指導の先生とかも喧嘩したり、中２までは生徒指導の先生と
　　　　喋ったりしてたから、喧嘩になった。
タジ：へえー。じゃあまあその時はただのうざい先公だなって感じだった？
ヒロ：いやＢティーはね、なんかね、喧嘩した時だけ、みたいな。喧嘩した時
　　　　以外は、うざいとか思わない。
タジ：へえー、なんで、他の先生と違うの。
ヒロ：なんでだろうね。Ｂティー新米だからめっちゃちゃんとやってたからか
　　　　な。新米でめっちゃやってくれてたからかな。
タジ：ははは、だからこそって？　新米だからとかそんな関係ないと思うけどね。
ヒロ：Ｂティーに最後の方、中３に来てほしかったもん。中学に来てって感じ
　　　　だった。だからいま思えば、３年間教員って異動しないんでしょ？
タジ：あー、まあ基本的にはそうかねえ。
ヒロ：でしょ、だからいま思えばなんであんなビクビクしてたんだろうって。い
　　　　なくなっちゃうかもしんねって。馬鹿みたいに。
タジ：まあそういう大人の事情はな、言わないから生徒に。
ヒロ：Ｂティー来てほしいねってみんなで話してたから。

　　　　　　　　　　　　　　　　　　　　　　　　　　（インタビュー②）

　ヒロくんは、冒頭にも登場したＢティーと、中学校時代、激しくぶつかりな
がらも強い関係性を持っている。現在でも「重要な他者」として、彼に大きな影
響を与えているひとりである。「新米」であったがゆえに、他の先生と違って
「ちゃんと」やってくれる、というＢティーに対する信頼の表明は、いわゆるド
ミナントな教師や学校的、あるいは規範的文化に対する反発と、迂回的な教師あ
るいは「重要な他者」の存在への、しかしながら渇望が示されるものであろう。
　ところで、井上俊は「私たちは、自分の人生をも他者の人生をも、物語として
理解し、構成し、意味づけ、自分自身と他者たちとにその物語を語る、あるいは
語りながら理解し、構成し、意味づけていく——そのようにして構築され語られ
る物語こそが私たちの人生にほかならない」（井上 1996、pp. 11-27）と述べてい
る。このような物語の構成には、他者の物語、あるいは物語を語り合い、物語を
相互作用の中において確かなものへと「オーソライズ」してくれる「他者」の存
在がもちろん欠かせない。アイデンティティの形成に一定の役割を果たす「重要

な他者」は、この意味で自己の物語を承認し、また物語を語り合うことで、世界そのものを共に構築する仲間でもある。

　「やんちゃ」なグループ同士のつながりは、日々の出来事を生み出す礎ではあっても、それを時間軸や空間軸上に配置したり、あるいはプロット（筋立て）を与えたりするには、しかしながら非力である。ヒロくんにとって、Ｂティーの存在はこの意味で貴重である。

ヒロ：いや、本当は最後の最後で、Ｄ校っていう高校を最初迷ったんだけど、Ｄ校なら２年から音楽科かスポーツ系かってわけれんの、普通科かって。だからそういうスポーツ系のところに行こうかなってなったんだけど、Ｂティーも最後の方に、ここいいんじゃないってなったんだけど、もうほぼ願書決めるところだったから、でＦ校に無理に行って、落ちたらもう大変、いやだってその時びびっちゃってたからおれ受験に。だからまあ安パイないまの商業に行ったんだけど。

（インタビュー②）

　クラス担任であったことからすれば、このように最後の進路選択場面に「Ｂティー」が登場するのは当たり前と言えば当たり前である。しかし、自然と語られるＢティーといういわば「反射物」の存在が、ヒロくんにとって大きな存在であることがやはり語りの中に浮かび上がる。ヒロくんはこの他にも、中学校時代の教師については「うざい」話であっても、とても楽しそうに語る。小学校や高校の教師に比べて、中学校教師は一般的にやや影が薄く語られるきらいがある。しかし、アクションリサーチを共に行ったヒロくんの通う「荒れた」中学校の教師たちの日常は、ある意味「戦争状態」であり、さまざまな意見と教師間の人間関係が織りなすパワーゲームの側面もあるのだが、実は卒業後に「ボディーブロー」のように効いてくる、子どもたちが構築する生活世界の根拠を、子どもによって粗密があるものの、実は形作っているところがある。

8.　コミュニティと実践

タジ：へえー。ヒロはいま月どれくらい稼いでるの？

ヒロ：おれは、いまは結構休みもらえるようになったの。あのー、イタリアンの
　　　方が、居酒屋と掛け持ちしてるからっていって。本当は週2、週2で合わ
　　　せて週4ペースで入りたかったんだけど、イタリアンの方が、おれ褒めら
　　　れてめっちゃ。いいよっていって。ヒロいいねっていって。で、そこから
　　　入れられるようになっちゃって、週5になっちゃったの、そっち週3にされ
　　　て。で自分週2のはずだったじゃないですかって言って、オレのお母さん
　　　も飲みに行った時にイタリアンに行った時に、ヒロ最近働かせすぎじゃな
　　　いって言って。で、あいつでも使えるからいいんだよ、あいつがいないと
　　　回んないんだよみたいに言ってくれたりして、イタリアンに来たの、お母
　　　さんが。でワインとか一緒に飲んだりしてるのね、夜とか。閉店が9時な
　　　んだけど、9時に店閉められるけど、そのあと、あと片付けとかした時に
　　　ワインとか一緒に飲んだりしてて、で、あの、かまわんみたいな感じで
　　　言ってくれて、その、一番働いてた月は9万くらいかな。3万6万くらい
　　　とか、居酒屋の方が3万5千とか、3万くらいもらってて、そのイタリア
　　　ンの方が、5万くらいもらってたから、だいたい9万とか8万とかいって
　　　たけど、いまは減らしてもらってるから結構……。
　　　…（中略）…

タジ：そういうこと話す奴はいるの、いまみたいな感じで、何仕事しよっかなっ
　　　て。

ヒロ：いやー。

タジ：あんまりいない？

ヒロ：同級生には全然いない。同級生ではいないけどBティーとか、親とか。
　　　あと、イタリアンの店長とかも相談乗ってくれたり、するけど、イタリア
　　　ンの店長もなんか、P高校ってとこ行ってたの、P行ってて、途中で、料
　　　理の世界に行きたいって言ってた人だから、高校行く意味あんのって思っ
　　　てきたらしくて、出席日数足りなくなっちゃって、でも結構優秀だったら
　　　しいの、落としてP高校だったらしくて、だから全然頭良くて、で、地
　　　元の友だちに定時誘われて、定時行きたいからここ行こうよって言われ
　　　て、じゃあ一緒に行こうかっていって。

タジ：途中から？

ヒロ：途中から。で、出席日数足りないから編入するために担任が結構やってく

162

れたりしたらしくて、同じ学年で定時に行かせてくれるっていうのでいろ
いろ手続きとかしてくれたらしくて、で、いざ入るってなった時に、その
行こうよって誘った友だちがばっくれたらしくて、いまおれはなんでここ
にいるんだっていう感じで3年間過ごしたらしくて。

　…（中略）…

ヒロ：スタイリストとかは辞めとけって言われるの、親には。

タジ：なんで？

ヒロ：大変だからかな。最終的にはもう、親父のいまロケバス。親父が、ロケバ
　　　スの運転手やってるんだけど、そこに入れてもらおうかなって思ってるん
　　　だけど、親父からはもうちょっとそこを考えないで、もっと違うところ行
　　　けるように考えろって。なんか、一番最終的なラインでいいからって言わ
　　　れるけど。その親父のロケバスの仕事じゃなくても、スタイリストの洋服
　　　返却をやるの。

（インタビュー②）

　バイト先のイタリアンの店長さんは、ヒロくんにとってひとつの「ロールモデ
ル」となっている。学校に通うということ、お金を稼ぐということ、仕事と生き
がいということ、このような、ヒロくん自身が直面し始めている生活世界での課
題に、大きな情報を与えてくれている存在である。また、そのような学校でも家
のなかでもない場所に、「お母さん」や「お父さん」がとても自然な形で出てく
ることも、ヒロくんの生活世界のひとつの特徴となっているところがある。「お
母さん」や「お父さん」も、やはり「地元」の人であり、「地元」でのネットワー
クを有している。こうした両親のネットワークが、飲食やちょっとした遊びの機
会を通して、実はヒロくんを巻き込み、ヒロくん自身の「地元」との関係の範囲
を広げていることが、随所にエピソードとして語られる。結局のところ、こうし
た語りの内容からは、子どもにとっての家庭の意味が浮き彫りにされていく。

　ただ、ここに語られる家庭は、極めてファジーで、液状的な、それでいて機能
を十分に果たしている、「柔らかい」そしてある意味「覚束のない」カタチをとっ
ている。「最終的にはそこに入れてもらおう」という言葉には、それが実際に可
能かどうかということには回収されない、複数的な家庭への、しかしながら確信
的な信頼がある。ヒロくん、という「自分」は、内容が先行して存在していると

いうよりは形式だけがあり、むしろ多彩な他者との「生きている」という実践の
結果、あるいはその場に特有の言語実践によって、事後的にそしてはみ出しなが
ら生まれてきている。そして、家族や地域も、である。しかし、それは他者に依
存しているということでは全くない。むしろ、開かれた「自分」や「他者」の同
時生成的なイメージであり、変容していく「自分」や「他者」である。上野千鶴
子が、J.バトラーの言語行為が持つ、使用（use）、誤用（misuse）、濫用（abuse）
を内容とする、差異の非決定性を礎にして述べる「エイジェンシー」という新し
い主体性のひとつの側面が、ここには開示されているかのようである。「エイ
ジェンシーとは、構造による決定と非決定とが言説実践の過程でせめぎ合う、生
きられた場のことに他ならない」（上野 2001、p. 299）。

9. 「駄弁り」の反作用

タジ：へー、じゃあ、いまはやっぱ服飾が一番いいって感じだねえ。

ヒロ：調べてる。なんか、普通の生活をしたい。普通に結婚して、普通に子ども
　　　産んでっていう生活をしたいんだけど、それ考えるとサラリーマンでいい
　　　じゃんってなるけど、高校からサラリーマンってちょっとあれかなって
　　　思ったりもするし、でも大学で何を学べばいいのって、大学で就職のこと
　　　何を学べばいいのって考えてるけどさ。

　　　…（中略）…

ヒロ：進路の授業が一番嫌いだもん。あせらされてる感じ。ほぼまだ何も考えて
　　　ない、まだ未定っていうところに押しつけてて、最終的におれだけ残った
　　　らどうしようって、なんかきっかけないかなって。作ったり、こういうの
　　　作ったりして、友だちの地元の女の子とか作って作ってって言われて作っ
　　　たりしてあげると女の子のお母さんとかに、こういう方向進んだ方がいい
　　　よとは言われるけど、でもなんか甘くねえよって言って。ぜってー大変だ
　　　よって。

　　　…（中略）…

ヒロ：そう。普通にやりたいことせっかくみつかったのに将来金になんねーじゃ
　　　ん、成功するかどうかも不安定なとこで、強い決心が必要ですって。

タジ：あー、へえー、そこでやってくためにはって。

ヒロ：そうそう。服飾なんて特にそうだって言ってたから。でも服飾の年収とか
　　　も調べても、やっぱり低いけど、やりがいって言って働いてる人はだいた
　　　いやりがいってこと言ってて。

タジ：あー、そう言わないとやってらんない、みたいな。

ヒロ：そうそうそう。高校全然考えないで行って失敗したからさ、だからもう失
　　　敗したくねえって思って考えすぎちゃったりさ。

　　　…（中略）…

タジ：あー、でもどっちかって言われたら服飾とかそっちの方がいいんでしょ？

ヒロ：行きたいね。

タジ：ただ果たして飯が食えるのかって感じか。

ヒロ：結婚したいって思ってる、結婚して子ども産んで幸せな家庭を作りたいっ
　　　ていう夢を普通にソーイングスタッフにもしなった時に、年収低いから
　　　さ、来てくれるかどうかもわかんないじゃん、嫁さんが。

　　　…（中略）…

タジ：なんで作ろうと思ったの？

ヒロ：おれの親に、筆箱買ってって言ったの、そしたら、だったら作っちゃえば
　　　いいじゃんっていったの。前から、靴下とか縫ったりしてたからおれが。
　　　だから裁縫やってみればって言われて、確かにそれいいかもって面白そう
　　　じゃんってなって、ジーパン切り始めて、最初、これファスナーあるじゃ
　　　ん。これを使おうってなって。自分でデザイン手がけて、デニム生地切っ
　　　て、ここのところをチャックにして、って。

タジ：え、全部自分で考えながらやったの？

ヒロ：そうそう。でいいじゃんってなって。これを持ってったら恥ずかしいって
　　　なって、もっとシンプルなの作ろうっていってファスナー買ってきて作っ
　　　て、それを未だに使ってて、で、それは全部手縫いなの。ミシンは使い方
　　　わかんなかったから。で、これもね、筆箱とか作ってること知ってるから
　　　おれの友だちが。トートバッグ作ってよって言って。

　　　…（中略）…

ヒロ：それは地元の友だち。で、仲いいから、なんでここまで来てんのってなっ
　　　て、このマサが作ってって言ったから、じゃあマサに作るならうちにも
　　　作ってよって言われて、あ、いいよ作ってあげるよって言って、それで女

の子にも作ってあげたら、そこからはもう他校の子とかにも。で、なんか
載っけたの、インスタに。その、自分の作ってるやつを、メイドインヒ
ロっていってタグつけて、全部載っけてんの、それをみて、他校の子とか
が、もうすげえって。みたいな。普通に金払うからやってよって。いい
よっていって他校の子にひとつ作ってあげたんだけど、その子にちょっと
借り作っちゃったからお代いいよあげるよって言って。

（インタビュー②）

　高校2年生の夏休みといえば、高校時代を前半と後半の2つに分けたとする
と、ちょうど前半の最後の時期である。しかしこの時、ヒロくんは「進路」に対
して、大きなプレッシャーをすでに受けていた。ヒロくんの通う商業高校では、
キャリア教育が1年生の時から「しっかりと」行われている。また、もし就職す
るならば、高校だと決まるまで教師が最後までつきっきりになるけど、大学に進
学すれば、自分でやらなければならなくなるぞ、といった指導も受けていること
を語ってもいた。もちろん、高校にも大学の指定校推薦制度などもあり、半数程
度は就職するが、2割程度は大学へも進学するといった実情であった。
　そんななかで、「ソーイング」への興味と関心を、ヒロくんは語る。語りなが
ら写真をみせてくれた彼の作品群のクオリティーは高く、彼の目は生き生きと輝
いていた。しかし、「普通に結婚して、普通に子ども産んでっていう生活をした
い」という彼の人生モデルから、お金を稼ぐこととやりがいの調整に大いに悩ん
でいるのである。このような語りのなかで、しかし、随所にいろいろな「他者」
が登場してくることに気づく。親、友だち、友だちの親、教師、バイト先の人、
近所の人など。そして、このインタビューのなかでも多くの時間は、その悩みに
対して、「お兄さん」的存在のタジに、多くの質問を投げかけ共感し合っている
時間なのでもあった。
　クラッチバッグやトートバッグをプロ並みの品質で仕上げていくヒロくんに対
して、3時間のインタビューを終えた時（そしてこの話をタジとマツで共有した
時）に、やはり成長したなと私たちは感じることが多かった。さまざまな格差や
貧困の問題として語られる多くの要因を背景にして生活するヒロくんは、しかし
ながら「タフ」に感じられる。ヒロくんの生活や世界をすべて理解できたわけで
はもちろんないけれども、ヒロくんにとっての学校の存在の正負両面での意味の

輪郭に、執筆者の 2 人が少しだけでもたどり着いたのではないかと思われた瞬間
であった。

10. 教育支援と「可逆性」

「頭足んなくて」たまたま「先輩に誘われて」、結構選択に失敗したと思ってい
て、そこそこ欠席日数も多くて、続けていたサッカーも辞めて、それほど親しい
友だちもできず、けれど、信頼する他者からは資格取得など社会に出るためには
必要だとアドバイスを受け、地域や家庭で出会うさまざまな人たちの「物語」の
中にも発見される「高校」の意味をそれとなく感じ受け止め、逆に強く「辞めた
い」と思うほどの状況にもとりあえずは直面せず、自分の生活の「習慣」として
の高校生活という現実が、多くの他者との言説実践の結果、構成されている。ヒ
ロくんにとっての「学校」とは、概して言うとそんな感じである。また、紙面で
は触れることができなかったが、そこには「スクール・ラブ」のことなど、もう
少し出来事のバリエーションが確かに広がる空間でもある。

　ただ「高校」は、2 年生までのヒロくんにとっては、ある種の「スピンオフ・
ストーリー」である。大きな物語としての「高校」というプロット（筋立て）が、
「進路」という形で圧力を受けるなかで、入学前から描かれたストーリーという
のではなく、事後的に整理される「振り付けられた」展開に、まだ同化すること
もできず、現実として広がるのは、場面あるいは出来事としてのスピンオフへの
没入である。けれども、「高校期」を貨幣のように交換機能を持つ「財」として
「後出し」で意味付けることに苦しみ、むしろ徐々に「スピンオフ・ストーリー」
を通して、大きな物語を描くためのエネルギーを蓄積しているようにみえるので
ある。

　このように、中途退学する子どもたちだけでなく、在学している子どもたちに
とっても、何にでもなるが何にもならない可能性をいつも持っているという、不
安定な磁場、これが「高校」というものの現実であるようにみえる。しかし、こ
れを語り合う私たちを交えた実践は、決してネガティブなものではない。むし
ろ、互いに求め合うように語り合っている事実がある。このようななかで、ヒロ
くんは、語り合う、あるいは関数を紡ぎ合う人々を実に豊富に「増員」させてい
る。彼の強みは、インタビュー実施者のタジをはじめ、「地元」の仲間を含め、

中学校から高校へという時間の経緯とともに、出会いの場と、つながる人間の量や種類が増えていることである。外部に対する興味と「感度」の高さが、おそらくそのことを支えている。そして、いつでも勘違いしたり、聞き違いしたり、使い間違いしながら、言説そして物語を楽しく紡ごうとしている。他者への「感度」と「出会い」のポジティブな弾み車の回転は、逆に反対回転のネガティブなはずみ車の存在をも予想させるところである。ここには「考える」という、回転方向の順接性を誘う作用が、大きな役割を果たしていると感じられる。ヒロくんは、よく考える。「自分」なりに。ヒロくんにみられたのは、このような生きられた場によって形成される「エイジェンシー」であった。

　たとえば、近年の教育改革の動向のひとつとして、OECD による「Education 2030（OECD Future of Education and Skills 2030）」はよく知られているが、このなかで「エージェンシー（Student agency）」[2]が、これからの教育を考える時の中核的概念として示されている。「変化を起こすために、自分で目標を設定し、振り返り、責任をもって行動する能力」（OECD 2019/白井 2020）と定義されるエージェンシーは、先行きの不明確な VUCA の時代に、私たちが望む未来を実現するのに必要な力として強調されている。この OECD の提唱したエージェンシーについて、白井は「必ずしも社会学や心理学などの特定の学問分野に依拠するものではなく、より広い意味の概念として位置付けられている」（白井 2020、p. 79）と述べている。このことからも、本稿で触れた「エイジェンシー」という言葉と同義ではないが、これからの教育において行動性（遂行性）や責任性、あるいは当事者性や社会文脈性などが求められているところは視線を同じくしているところがある。

　再び先に触れた上野の議論に戻ると、「エイジェンシー」と実践性（パフォーマティビティ）という概念を J. バトラーが持ち込んだことで、フーコーが看破した近代の「主体」概念の従属性や再生産性（構造を反復するに過ぎない仕組）は、構築主義という「構造の単純な反復と再生産から脱けだす理論的な武器」（上野 2001、p. 300）から論じ直すことができるようになったことを、上野は強調する。ヒロくんが結局のところ多様なコミュニティの実践の中に、そしてヒロくん

2）本章で考察する概念としては「エイジェンシー」を使っており、OECD の訳語である「エージェンシー」とは便宜的に使い分けている。

だけでなく、その語りをともするタジとマツとの実践の中に、ヒロくんと反作用として実践に参加するコミュニティのメンバー全員が、事後的に自己と他者をそれぞれに発見していく過程に巻き込まれ、あるいは牽引するという事態が、「エイジェンシー」と呼びうる、教育の成果そのものであるのだろう。いや、むしろそれ以上に、こうしてヒロくんとともに「語り合う」言葉と実践の往還を共有し、「生きられた学校経験」をそれぞれの「勘違い」を正す必要もなく、ファミレスを拠点としてある人生の一場面を過ごしている時間の記述こそが、学びと学び直しが交叉する「教育」そのものなのかもしれない。この意味で、教育支援は実践への参加であるとともに、実践への参加を通して支援者が入れ替わる、意図性のない可逆的行為でもある。

　ヒロくんが 3 年生の夏休みに行われた「インタビュー③」では、その後、2 年生の冬に、「お兄さんの専門学校中退」など、精神的にかなり厳しい状況に追い込まれる時期があったこと、「地元」の友だちとの関係性の変化、そしてサッカー部への復帰、服飾専門学校への進路決定など、大きなターニングポイントとなるような出来事が相次いで語られた。そして、それとともにヒロくんの語りの位相が、また大きく変化している様子がみてとられた。ひとつの「スピンオフ・ストーリー」から、ドミナントなストーリーへの展開が相補的に反復しているかのようであった。しかし、もちろんその試みが成功したり、あるいは安定したりするかどうかはやはりいまのところわからない。しかし共通してみえるのは、「being」としての存在の価値であり、「well」を作用させるパフォーマティビティであり、「エイジェンシー」が発揮される場（well-being）の存在である。このような「学校」をめぐる、あるいは「在学」をめぐるストーリーテラーとしての子どもの「エイジェンシー」を、社会はいま、どのようにあらたに支えていくことができるのだろうか。「つながり」の支援と他方でその可逆性が求められる所以である。

[引用・参考文献]
・井上　俊（1996）「物語としての人生」井上　俊他：編『ライフコースの社会学』岩波書店、pp. 11-27
・上野千鶴子：編著（2001）『構築主義とは何か』勁草書房
・古賀正義（2004）「構築主義的エスノグラフィーによる学校臨床研究の可能性―調

査方法論の検討を中心に」『教育社会学研究』第 74 集、pp. 39-57
・酒井　朗（2015）「教育における排除と包摂」『教育社会学研究』第 96 集、pp. 5-24
・白井　俊（2020）『OECD Education2030 プロジェクトが描く教育の未来―エージェ
　ンシー、資質・能力とカリキュラム』ミネルヴァ書房
・瀬戸知也（2001）「『不登校』ナラティヴのゆくえ」『教育社会学研究』第 68 集、pp.
　45-64
・灘光洋子、浅井亜紀子、小柳志津（2014）「質的研究方法について考える―グラウ
　ンデッド・セオリー・アプローチ、ナラティブ分析、アクションリサーチを中心と
　して」『異文化コミュニケーション論集』(12)、立教大学大学院異文化コミュニケー
　ション研究科、pp. 67-84

第Ⅱ部

学校現場における
事例研究

第9章　教育という "物語り"
── 方法としての「臨床教育学」に 関する覚書 ──

鈴木卓治

はじめに

　科学技術の先端的な諸成果が人間の心身発達研究や医学・医療領域へ多大な貢献をもたらす今日、素朴に日常的な "語り" を取り上げその可能性を問うことは、未聞の人にとっては少し反時代的な響きがあるかもしれない。しかし、とりわけ医療や看護をはじめ心理・ケアの場面へ "語り" すなわち「ナラティブ（narrative）」を重視する動きが活発になって久しく、学術的にも大きな思潮を形成している[1]。たとえば、Narrative-Based Medicine（NBM）に関連する論文・著作の発表やその応用として教育プログラムの開発などが活発に行われることを筆頭に、人間・社会科学へも広く波及し、現在では「ナラティブ・アプローチ」として多くの学問分野・領域に採り入れられている[2]。このようにナラティブを方法とする諸研究の進展に呼応する形で "当事者" 研究が興隆しつつあり[3]、また日本教育学会の学会誌では 2011 年に特集「教育学における新たな研究方法論の

1）一例として、Greenhalgh and Hurwits eds.（1998）、McNamee and Gergen eds.（1992）を参照。なお「narrative」の日本語表記については一義的に対応する日本語を見つけることは難しく、本来は「（物）語る」という言語行為であるが、本稿では「（物）語られた」ものだけでなく「書かれた」ものも含んだものとして「語り」をあてることにする。また片仮名表記については、（引用文献以外は）筆者の論述のなかでは「ナラティブ」に統一することにする。

2）ナラティブに着目する研究には、このほかにも家族療法における Narrative Therapy や、さらには本稿で取り上げる医療人類学を経由した物語論もあり、一般的にこれら全てをまとめてナラティブ・アプローチと呼ばれている。なお、ナラティブ・アプローチの基幹となる「ナラティブ」概念の整理そしてこのアプローチ法の多様な展開の可能性と課題については、野口（2009）の論考を参照。

構築と創造」が組まれナラティブに着目した方法論がそのひとつとして紹介されるなど、教育学分野へも波及している（田中　2011a）[4]。これらの動向を要約すれば、計測・再現可能なデータからなる実証科学や、"大きな物語り（grand récit）" と呼ばれるグランドセオリーから意識して離れ、対象の個別性や経験の「意味」を探究することに改めて注意が向けられるようになったといえるだろう（Lyotard 1979）。

1. 学校現場における経験から
—— 子どもの問題の捉えなおしへ

　この領域に筆者が関心をもつようになったのは、学校現場（公立学校・教諭職）において、クラス担任そして生徒指導や教育相談の担当として生徒のさまざまな問題に直面した諸経験に起因する。具体的には、家庭やクラス内の人間関係、いじめや不登校、心身の不調といった生徒の問題に同苦し直接かかわる場面で、"生きにくさ" や "苦悩" が深く浸透した固有のライフ・ストーリー（生活史／物語り）が生徒自身の口から語り出されるということを何度も経験したのである。それは、はじめはとても当惑する出来事であったが、次第にその語るという行為は自身のこれまでの人生やかかえる苦しみの意味を誰かに伝えようとする切迫した試みであり、曖昧かつ不合理で不可解な内容は本人の経験そのものであると実感する経験をくり返しもったのである。その後、指導的な立場（指導主事）で活動するなかで、多岐にわたる複雑な問題を生徒指導上の分類名や病理性へ一元的に収束させていく捉え方に、徐々に違和感を覚えるようになった。さらに校内外の事例研究会（ケース・カンファレンス）において、専ら危機管理や医療のコンテクストを用いる排他的な語り方に疑念が高じることを多く経験したことも、大き

---

3) 文部科学省は現在、新たな学校像のひとつとして学校外の人的資源を活用する「チームとしての学校」づくりを標榜し、職務内容の分業化と代行化を推進している。河野（2016）の当事者研究は、学校教職員のメンタルヘルス問題を視野に入れ、長年の懸案である教師とスクール・カウンセラーの有機的な協働の限界を指摘しており、これからの学校や教師のあり方について示唆的である。

4) なお田中（2011b）は、臨床教育学の立場から研究課題を教師の "専門性" に定め、ナラティブを方法論として確立しようとする方向性を示している。

な要因となった[5]。

　教師の日常的な活動のなかで児童生徒（以下、子どもと記す）の"語りを聴く"ということはごくあたり前の行為であるが、生徒指導や教育相談の場でのカウンセリング的な面談にあってはとりわけ重視されて久しい。しかし先に述べた諸経験から、この"子どもが語り─教師が聴く"ことについて反省的に捉えなおすようになっていった。教師は日常的に子どもの声を傾聴するように努めるが、しかし実際には、聴き取ることのできる可聴域は限られ、極端にいえば管理指導的なプロットに沿った語りのみを選択的に聴き取っていたのではないかと振り返ることが多くなり、"教育のアクチュアリティ"をどのように捉えていけばよいかという課題意識を深めていった。その後（1995年）学校現場を一旦離れ、大学院で臨床教育学（clinical pedagogy）の学理論をリフレクション（省察）の方法として学ぶなかで出会い[6]、それ以降関心を寄せてきた医療人類学（医療領域に人類学的な視点を採り入れ、医療と人間科学を架橋しようとする研究領域：medical anthropology）の領域も、1970年代以降まさにこのテーマと重なる"物語論的転回（narrative turn）"と呼ばれるパラダイム転換を迎えていて、学校現場で（問題に対する解決志向ではなく）「意味」探索に焦点を定めた事例研究を進めていく大きな支えになったのである[7]。

---

5) 付言すれば、これまでの学校現場における主に生徒指導・教育相談を中心とする諸活動、そして教育委員会主催の事例研究会でのスーパーバイザー活動などを重ねるにしたがって、"現場の要請に応える"という自身の実践スタイルに疑問をもつようになった。つまり、自身の取りくみに直接的に期待されているのは子どもの問題の早期解消という"効能性"であり、この対症療法的な実利主義志向は、教育政策レベルから到達目標の達成（義務）をかかげる教育委員会をへて学校現場の教師の思考と行動までを貫く、教育界の今日的な通弊のひとつに他ならないといえば言い過ぎになるであろうか。
6) 臨床教育学領域での物語論に着目したアプローチ法について筆者は、自身の教育・研究の基礎として、皇（2018a、2018b）による解釈学に基づく学理論に負うところが大きい。
7) 医療人類学領域について筆者は、日本で主導的な役割を果たしてきた江口の諸論考から多くを学び、本稿の第2節および第3節の論述ではその多くを負っている。具体的には、斯学のアプローチ法は、学校現場において子どもへのかかわり方を工夫し、よく観察し、新しい事象に気づいていくことの重要性、そして問題の記述（語り）をつみ重ねていくことによってそのコンテクストを少しずつ変容させ、一義化・惰性化した問題理解を多義性・多様性へと開放していく試みの土台となった。江口（2019a）の論集は物語論が興隆を見せてきた1980年代後半から近年までの諸論考をまとめたもので、主要文献として挙げておきたい。

2. 子どもの意味の世界へ
── 物語的思考様式による "語り" の再生

　近年の学校現場においては（本書の第11章で紹介するように）とくに、広汎性発達障害（pervasive developmental disorder）などの障害の名称が広く浸透しつつあり、心身に悩みを抱える子どもの問題をめぐって "疾患" を中心にその理解を図ろうとする事例解釈が確実に多くなっている。したがって、子ども本人やその家族がその事態をどのように受けとめ、いかなる意味を与えているのかを考慮に入れることが、子ども（の問題）理解を深めていくための重要なポイントになる。解説的にいえば、医療レベルでの問題の捉え方は、子どもの語りの背後にある病理性を識別し、より適切な治療やケアに結びつけようとして、早急な診断と早期の介入を行おうとする。それは大切な行為であるが、しかしこの場面で耳を傾けて構成した現実とは、既に聴き手（教師/医療者）の独特なバイアスが入った "人為的な加工と恣意的な抽象化" がなされた現実であるということに留意が必要であろう。したがって物語論的な観点から強調すれば、問題を介しての面談ではとくに「語り－聴く」という相互行為のなかで、可塑性を保持させたストーリー（物語り）を "その都度" そして "新たに" 構成されるものとして重視することが求められるといえる。逆に、医療レベルへ専制的に傾斜した問題の捉え方は、子どもへの "安全配慮" 義務違反として早期に医療機関との連携を図らなかったことに対する非難を回避するため、学校側での危機管理意識をさらに高じさせるという負のスパイラルに陥らせてしまうといえるだろう。

　子ども（の問題）理解の深化へ向けては "語りを聴く" ということが基本となるが、この方法（論）は、医療者中心の視点から、患者やその家族など "当事者" の視点を中心とする医療への転換という、精神科医であり人類学者でもあったクラインマン（Kleinman, A.）が当時（1970年代）の医療全般へ向けて放った大きな課題提起のひとつである。つまり、一般に病気（sickness）という総称で括られるものを、患者やその家族が実際に経験する病い（illness）と、医療者がそれを専門的な枠ぐみにしたがって再構成する疾患（disease）とに区別して考えるべきだというものである（Kleinman 1988）。この方法論そして認識論の展開の背景には、人類学者であるギアーツ（Geertz, C.）の提唱した「厚い記述（thick description）」に代表される人類学的な思考が影響を与えている（Geertz 1973）。それは要約すれば、人間の行為は複雑な意味の網の目に織り込まれていて、それらを理解するためには表層のみの“薄い記述”ではなく、観察者も含めて複雑に織り込まれた全体として、つまり多様な解釈への余地を残した“厚い記述”として取り出されなければならないという主張である。

　そして、さらに同じく医療人類学者のグッド（Good, B.）は解釈学的な研究を進展させ、「人間の病いは基本的に意味論的（semantic）なつまり意味をもつ（meaningful）ものであり、そしてすべての臨床的な実践は本来、解釈をともなう（interpretative）“解釈学的（hermeneutic）”なものである」と結論づけ、医療場面における“意味を中心とした（meaning-centered）アプローチ”を提示している（Good 1994）。また文化心理学者のブルーナー（Bruner, J.）も、クラインマンの示した病いと疾患の二分法に通じる二つの思考様式を峻別することを提唱したが、この思考様式とは科学的推論（scientific reasoning）にもとづく“科学—論理的思考様式（paradigmatic mode of thinking）”と、物語的推論（narrative reasoning）にもとづく“物語的思考様式（narrative mode of thinking）”の二つである（Bruner 1986）。とくに、後者の物語的な想像力を働かせることの重要性を説いており、この二分法は心理学をはじめとするこの時期（1980年代）の人間科学諸領域に大きな影響を与えることになった。

　以上に示したパラダイムの転換ともいえる背後には、明らかに共通の方法論的な視点が認められる。つまりそれは、人間は言語または言語を媒介にして相互交渉を行い、語ることによって社会的リアリティを構成するという社会構成主義的な視点である。そして行為の記述には、生のデータ取得や客観的な記述とされる過程において、すでに参与者の解釈が入り込んでしまうという解釈人類学的な視点である。このような“解釈学的転回（hermeneutic turn）”そして“物語論的転回（narrative turn）”を背景とし、先の病いと疾患との二分法を推し進め、当時の医療観に対する批判的な方法論を模索した医療人類学が1980年代以降に必然的にたどり着いたひとつの重要な視点が、「ナラティブ」への着目だといえるだろう[8]。

8）本節における論述内容の詳細は、江口（2019b）の論考を参照。

3. 子どもの問題をめぐる「厚い記述（thick description）」を求めて

　子どもの問題を“事例記録”として記述する場合、先に述べた観点からは、次のような過程を経ることが明らかになるだろう。つまりそれは厳密にみると、実際に子どもに直接かかわる場面では、教師は一方で私という単位で問題の場面に参与し具体的に応答するという行為者の役割と、他方では場面全体を第三者として観察し記述するという役割を果たすといった、二つの分裂した役割を引き受けていることになる。しかしその場面は、事例記録においては、次のように再現される。つまり、子どもの言動の記録には参与者と観察者という二つの役割の分裂は埋められ、参与者である一人称の私はほとんど現れずに子どもの様子が述べられる。教師は行為者として場面の内部に居ながら、そこでの出来事を場面の外部にいるもう一人の仮設的な私に報告し、事態を後日再現されうるように記述する、という構図が明らかになる。

　ここで課題となるのは、教師の前反省的に使う教育用語そして最近では疾患名のラベリング行為が挙げられるが、ここでは、終始一人の私がいたかのように事態が描き出されることに注目したい。つまり、行為者と記述者（観察者）の分裂は無かったかのように、私の二重性は等閑に付され記述がなされるという点である。具体的にいえば、もともとは行為者である私や周囲の子どもたちとの関係のなかで現れた問題について、その場面に当てはめられる言葉（教育用語、生徒指導・発達障害の分類名）が記述という行為をとおして、当の子どもに内在する気質（ケースによっては疾患名）となり、客観的な事実として括りだされるという点である。

　確かに子どもの問題を記録することは、その場面を具体的に捉えるという過程をとおし、今後のかかわりの見通しや手立てをもつために不可欠である。しかし他方では記述される子どもの側からみる時、この事態はどのように体験されるのであろうか。重要な点はひとつの出来事を客観的な事実として括りだし、特定の場面で生起した記述内容の妥当性を、その“真・偽”という問題にシフトさせてしまうことにあるといえる。つまり、行為者と記述者の裂け目が隠されてしまう結果、言語行為論者のオースティン（Austin, J. L.）の言語研究を参照すれば、「事

態を私は……と思っている」という「行為遂行的（performative）」な発言が後方
に退き、「……は……である」といった「事実確認的（constative）」な発言が事
例記録として残される点に留意が必要となるのである（Austin 1962)[9]。

　子どもをめぐる教育観やその問題観そして病像の捉え方も時代とともに流動
し、さらに地域社会や家庭環境の変化も著しいなか、（子どもの）問題の記述と
その解釈は、いつ、どこで、だれが、どのような事態に対し行ったものなのかと
いうコンテクストを抜きに論じることはできない。このような社会文化的な背景
をも含めたなかで、はじめて問題の意味とその解釈の妥当性は明らかになるとい
えるだろう。したがって、場面に応じて変化する行為としての（子ども自身の）
語りに着目し、複数のコンテクストを掘り起こしていく記述と解釈の作法が求め
られるのである。つまり「厚い記述」は、従来の生活指導上の分類名や病理性へ
短絡的に一義化させてしまうことでは見出せない異相のストーリーライン
（storyline）を浮上させ、"問題のある子ども"という管理指導の（ケースによれ
ば矯正的な）コンテクストによってのみ語られがちな子どもを、それ以上の"自
らの言葉"で語る固有な一人の"人間"として語りなおす、その回路を拓くこと
につながるといえるのである[10]。

4.「臨床教育学」の来歴とその学術的な課題とは

　先に述べたように、筆者が学校現場へ身を置いて子どもの問題に直接かかわっ
た経験のリフレクションを深めていく上で、解釈学的な臨床教育学は大きな土台
となったわけだが、この教育学分野の一領域である臨床教育学について、学術的
な出自と来歴そしてその課題を素描しておきたい。

　日本の高等教育において「臨床教育学」の名称を冠する教育・研究の出発点は、
1988年の京都大学教育学部に独立大学院専攻として同名の講座が創設されたこ
とに求められる。以降、臨床教育学の言葉を掲げる著作の刊行が始まるととも

---

9) 本書については、坂本百大による先行訳（1978）があるが、その後第二版（Austin 1975）
　 が刊行されている。本稿では、第二版をも参照し、より精確な訳出を期した飯野訳から
　 引用することにした。
10) 子どもの問題のテクスト化に関して筆者は、試論レベルではあるがその"形式知化"
　 を試みており、その内容については拙論（鈴木 2007）を参照。

に、教育系大学の学部・大学院を中心に教育臨床や学校臨床などと称する科目や
コース、附属機関としてセンターを新設する動きが急速に広がっていった。そし
て、日本で「臨床教育学」をタイトルまたはサブタイトルとする著作には、次の
図書を示すことができる。先ず、臨床心理学の立場から河合隼雄による『臨床教
育学入門』（1995 年）を嚆矢とし、つづいて教育社会学の立場から新堀通也によ
る『教育病理への挑戦─臨床教育学入門』（1996 年）、教育哲学・教育人間学の
立場から和田修二と皇紀夫による『臨床教育学』（1996 年）が挙げられる。また
新堀は、この当時、教育系の大学・学部の存続のための方策として、臨床教育や
教育臨床を名称とする科目やコースなどの新設が積極的に進められたとする重要
な指摘を行うとともに、複数の研究分野・領域から取りくまれる臨床教育学と称
する教育・研究について、その志向性や方法論をもとに草創期における臨床教育
学を分類し体系化を試みている（新堀 2001、2002）[11]。具体的にいえば、心理学
系、教育学系、福祉・医療系の 3 つに大別しているわけだが、この分類をベース
にさらに細分化し当今の学術的な動向を踏まえると、大枠として次のように類型
化することができるだろう。

①臨床心理学系
　教育問題の解決を主目的とし、臨床心理学の手法を学校現場に直接的に応用
　する立場。
②学際系
　学校教育学・（臨床）心理学・福祉学の三領域を柱とする学際的な手法を採
　り、教育問題をそれらの諸学に関連づけて分析し体系化を図るとともに、そ
　の対策・支援のシステム化を図る立場。
③質的研究系
　教育社会学や教育心理学などの領域において取りくまれ、フィールドワーク
　やエスノグラフィー、そしてアクションリサーチなどの手法をもとに、ナラ
　ティブ分析やディスコース分析によって教育問題の発生要因の分析やその対
　策法の提示を目指す立場。

11）草創期における臨床教育学の各方法論への批判的（再）検討については、今井（2001）、
　酒井（2002）の論考を参照。

④解釈学系

教育問題の解決や予防を主目的とするのではなく、問題のテクスト化を図り
その解釈をとおして教育の意味を（再）発見しまたその手法を開発・工夫し、
既存の教育言説の批判や教育（問題）を理解する新たな視点の獲得といった、
教師の再教育に主眼をおく立場。

本稿は④の解釈学的な立場からの論述であるが、これら4つの分類について特
徴のひとつを大まかに示すならば、④と比較して①から③は問題の解決志向が強
く、教師教育領域への関心とその研究蓄積がやや少ないことが挙げられるだろ
う。

また教育学系の主要学会である日本教育学会では、1996年の年次大会におい
て、「教育研究の反省と新しい試み」を共通テーマとするシンポジウムのひとつ
として「臨床教育学に何を期待するか」を開催し、さらに同学会内に1998年か
ら2001年の3年間、「臨床教育学の動向と課題」を課題名とする研究委員会を組
織し、概念・領域・方法論について集中的に検討がなされている[12]。

そして2000年代に入ると武庫川臨床教育学会を皮きりに、都留臨床教育学会
や北海道臨床教育学会が各地で発足し、2011年には全国組織として日本臨床教
育学会（Japanese Association of Clinical Research on Human Development and
Education）が設立されている。当学会は現在、日本学術会議協力学術研究団体
の指定を受けているが、その設立趣意書には、臨床教育学の学問的な性格として
次の内容をかかげている[13]。

12）日本教育学会大会のシンポジウムについては、大会報告（1997）を参照。また同学会
の課題研究については、2000年から2002年の大会報告を参照。なお、この課題研究（期
間：1998年9月〜2001年10月）は共同研究として計11回の研究会がもたれ、その報告
と討論の内容は、資料集『「臨床教育学」の試みⅠ』、『「臨床教育学」の試みⅡ』、『「臨床
教育学」の試みⅢ』として冊子体にまとめられている。これらの資料には、他分野・領
域の臨床学である精神医学や心理学などから方法論を借用するのでなく、教育学の"内
側"から（教育学の今日的な展開として）「臨床教育学」を立ちあげようとする意志と試
みが記録されており、草創期における臨床教育学の諸構想の原点と核心を知ることがで
きる。

13）http://crohde.com/concept.html（参照日2024年2月11日）

　臨床教育学の開拓の試みは、ここ 20 年ほどの間、日本の教育学の世界で多様に積み重ねられてきました。しかし、臨床教育学という言葉は、まだ、確定した定義があるわけではありません。私たちは、現在のところ、以上に述べたような状況認識と課題意識を踏まえ、臨床教育学を、次の三つの側面を持った、総合的な人間発達援助学であると考えています。

①子ども・若者やおとな・老人の生活についての理解を深め、人々の生存と発達を支えるための、総合的な人間理解・子ども理解と発達援助の学問。

②福祉・医療・心理臨床・文化・教育などの諸分野で働く発達援助専門職の専門性の問い直しとその養成・教育の学問。

③とくに、教師の専門性の問い直しとその養成・教育・研修の改革のための学問。

　この趣意書のなかで学問的な性格を述べた部分からは、当学会が子どもから老人までの世代を対象とし、また学際性を重視するとともに、教師教育領域の喫緊の課題にあげられる専門性の検討と再構築が明確に示されているのがわかる。そして、今日の学校を含む社会生活のなかで生起する課題に直面する人たちに直接かかわる専門職にある人々へ届く言葉が模索され、その課題の解決に貢献する教育・研究という課題解決型の志向性が当学会設立の主要な動機になっているといえるだろう。さらにいえば、一般的に学会を設立するということは、現代では学術に関する研究発表の場を設定し、論文掲載のための学会誌（学術誌）を刊行することと同義であり、いわゆる"学問の制度化"を被ることになる。とくに学会誌に採択・掲載される論文については、先の趣意書にあるように広く専門職にある人々が名宛人であるにもかかわらず、現実には同じ分野・領域の専門性をともにする研究者が中心となる傾向が強いといえる[14]。これはピアレビューの根拠でもあるわけだが、この点は研究レベルの維持と向上に必要な専門知の質保証シス

---

14) 先に述べた日本学術会議協力学術研究団体の指定を受ける要件のなかに"構成員（個人会員）が 100 名以上であり、かつ研究者の割合が半数以上であること"とある。また当学会の入会には、既会員の推薦が必要となっている。

テムであると同時に、知識生産に関して "排他性をともなう専門家主義" を維持する仕組みであること、つまり臨床教育学における "(臨床) 知の制度化" への批判的な視座が必要になってくるといえないだろうか。

　このように臨床教育学が新たな領域として誕生し、教育学研究そして教育・福祉・医療の "現場" へ急速に波及してきた要因のひとつには、"いじめ" や "不登校" に代表される教育病理といわれる問題が多発しさらに深刻化するなかで、教育学分野により実効性のある対処法が強く期待されていたという、当時の社会的な背景を挙げることができる。具体的にいえば、子どもの教育をめぐる問題群への対応に当たるため文部科学省は、学校現場におけるカウンセリングなどの教育相談の機能を充実させることを目的として、1995 年に「スクール・カウンセラー活用調査研究委託事業」を開始している。この事業を端緒としてスクール・カウンセラーが誕生したわけだが、本来、スクール・カウンセラーという資格があるのではなく、その多くが臨床心理士の有資格者である。先に挙げた河合は当時、中央教育審議会委員、日本心理臨床学会理事長、日本臨床心理士会会長の要職にあり、『臨床教育学』をはじめとする著作発表や講演など一連の諸活動は臨床心理学の応用とする臨床教育学のイメージ強化の役割を果たし、学校現場に対して子ども (の問題) 理解の心理主義化を推し進める大きな要因になったといえるだろう。その結果、たとえば問題をめぐる語りのなかへ "ふれあう"、"よりそう"、"むきあう" といったフレーズを駆使するなど、教師の共感力の必要性を喚起して情緒的な教育関係論へと一義化して語る「こころの教育」言説を量産することによって、実際に言説空間の排他的な占有化をもたらした点は否定できないと考えられる。

　以上のように臨床教育学は約 10 年ごとのスパンで、教育・研究の始動、日本教育学会でのシンポジウム開催と課題研究のつみ重ね、全国組織の学会設立という展開をみせてきたといえる。概観的にいえば、臨床教育学は一方で学問としての外延を大きく拡げ、他方では分岐と拡散をつづけてきたといってよいだろう。しかしこのことは同時に、臨床教育学そのものの教育学分野の教育・研究における存在意義を改めて問いかえす理由にもなるといえる。たとえば、臨床教育学を自身の専攻領域とする研究者が "いじめ" や "不登校" を臨床研究と称して知見を蓄積してきたのであれば、それを敢えて臨床教育学の名のもとでひとつに領域化することにどのような意味があるのか。あるいは、学際性の名のもとで他の学

問分野・領域の応用による自学問の延命といった、陳腐化した教育学批判の言いかえとは異なる役割はどこに求められるのか。端的にいえば、私たちが臨床教育学という領域の内側になおも踏みとどまる積極的な理由はどこにあるのか。教育・研究に対し社会貢献度が強く要請される今日、実効性という功利主義なメンタリティーへの傾斜に抗し、敢えて未解決性や不完全性を持ちこたえるなかで（子どもの）問題に内在する（であろう）意味を追究する志向性にこそ、（臨床教育学の）"臨床"と称する理由があるのではないか。臨床教育学が「臨床」を名のる以上、これらの問いを避けてとおることは到底できないと考えられるが、この課題については稿を改めて論究することにしたい。

おわりに

　子どもの問題事例から多義性を探究することについては、これまでみてきたように、学校という場を支配する言葉の問題と、その言葉が再現する他者の問題の検討へと進み、現実を解釈し再構成している私たち自身の問題へと回帰してきた。そして問題を記述することには、他者が語ることに耳を傾けそれを書き留める行為によって成立しているかのようでありながら、しかし実際には、逆に子どもという他者を他者として描くことがきわめて難しく、先入見を前意識的に書き込んでしまうという、テクスト化にあたっての重要な課題があることを示した。このことから問題を記述する（語る）際に、通念的なコンテクストを唯一の尺度と見なし、そのなかへさまざまな出来事を押し込む試みは、ことごとく問題を捉えそこなってしまうことになるといえる。したがって複数のコンテクストの併用を意識化し、出来事とそれらの尺度との間の"差異"を見出すことによって、はじめて教師の先入見が破れ、未発掘の意味を掘り起こす可能性を手にすることができるといえるだろう。子どもの問題を解釈するということはつまり、問題を尺度に、あるいはその逆に一致させるための行為ではなく、双方の"ずれ"を省察する格好の機会だと言いかえることができるかもしれない。この点での共通理解を欠いた事例研究会は、解決が困難な問題についての情報収集や問題解消のための対応策を練ることに終始する、単なる作戦会議に転落するといえる。なぜなら筆者は、問題事例として（描き出され）語られる子どもたちは、共通感覚的に正常な子どものあり方からの"引き算"としてしか規定できないケースが目立つ印

象を何度も強く受けてきたからである。問題を解釈するということは、逆説的ないい方になるが、常に事態の実相を捉えそこなうことによって"差異"を生じさせ、多様な理解へつながるからこそ有意義なのではないだろうか。このように、今日の学校現場に広く普及する問題の通念化そして因習化した捉え方を超え、──あるいはそれらを通しながらも──自明化した子ども理解がひとつの問題へのかかわりによって揺さぶられるという経験を重視することが、きわめて大切になってくる。約言すれば、子どもの"厄介な"問題へかかわるといういわば受苦（パトス：pathos）的な経験のつみ重ねをもとに、手もちの教育観に浸透している偏見や独善を（教育の）多様な意味の連関のなかに引き出しその相対化を図るという（物語的思考法にもとづく）解釈学的な実践が、今日の教師に対し"当事者"として切実に求められているのである。

[引用・参考文献]

・今井康雄（2001）「教育学の暗き側面？─教育実践の不透明性について」『研究室紀要』東京大学大学院教育学研究科教育学研究室、第 27 号、pp. 1-13
・江口重幸（2019a）『病いは物語である─文化精神医学という問い』金剛出版
・江口重幸（2019b）「病いは物語である─『臨床民族誌』の考え方」および「文化精神医学が問うもの─医療人類学の視点から」『病いは物語である─文化精神医学という問い』金剛出版、pp. 19-47
・河合隼雄（1995）『臨床教育学入門』岩波書店
・河野哲也（2016）「学校のこころの問題─心理職の課題とあるべき姿」石原孝二・河野哲也・向谷地育良編『精神医学と当事者』東京大学出版会、pp. 81-105
・酒井　朗（2002）「臨床教育学構想の批判的検討とエスノグラフィーの可能性─『新しい教育学の創造』と『問題の対処』をいかにして同時達成するか」『教育学研究』日本教育学会、第 69 巻第 3 号、pp. 2-12
・新堀通也（1996）『教育病理への挑戦─臨床教育学入門』教育開発研究所
・新堀通也（2001）「臨床教育学の概念─わが国における展開と系譜」『武庫川女子大学教育研究所研究レポート』第 25 号、pp. 1-76
・新堀通也（2002）編『臨床教育学の体系と展開』多賀出版、pp. 34-77
・鈴木卓治（2007）「問題事例のテクスト化に関する臨床教育学的考察─教育の『意味論』的再生へ向けた事例記述の作法をめぐって」『臨床教育学的・エスノグラフィー的・物語論的教育研究の展開─学校における言説空間の輻輳性に着目した授業研究の試み』平成 16 年度～平成 18 年度科学研究費補助金（基盤研究 C）研究成果報告書、pp. 153-160

・皇 紀夫（2018a）「教育学における臨床知の所在と役割」『臨床教育学三十年—その歩みといま』ミネルヴァ書房、pp. 151-170（初出 教育思想史学会『近代教育フォーラム』第 10 号、2001 年、pp. 115-127）

・皇 紀夫（2018b）「『物語』としての教育—人間形成への物語論的アプローチ」『臨床教育学三十年—その歩みといま』ミネルヴァ書房、pp. 170-178（初出 香川大学教育学研究室：編『教育という「物語り」』世織書房、1999 年、pp. 28-35）

・田中昌弥（2011a）「教育学研究の方法論としてのナラティブ的探究の可能性」『教育学研究』日本教育学会、第 78 巻第 4 号、pp. 77-87

・田中昌弥（2011b）「臨床教育学の課題とナラティブ的探究」日本臨床教育学会編『臨床教育学研究』創刊特別号、群青社、pp. 44-57

・野口裕二（2009）「ナラティヴ・アプローチの展開」『ナラティヴ・アプローチ』勁草書房、pp. 1-25

・和田修二・皇 紀夫（1996）『臨床教育学』アカデミア出版会

・「日本教育学会第 55 回大会報告　シンポジウム〈臨床教育学に何を期待するか〉」『教育学研究』日本教育学会、第 64 巻第 1 号、1997 年、pp. 20-34

・「日本教育学会第 58 回大会報告　課題研究〈臨床教育学の動向と課題〉」『教育学研究』日本教育学会、第 67 巻第 1 号、2000 年、pp. 84-91

・「日本教育学会第 59 回大会報告　課題研究〈臨床教育学の理論的課題〉」『教育学研究』日本教育学会、第 68 巻第 1 号、2001 年、pp. 84-92

・「日本教育学会第 60 回大会報告　課題研究〈教師のアイデンティティ構築と臨床教育学〉」『教育学研究』日本教育学会、第 69 巻第 1 号、2002 年、pp. 72-79

・Austin, J. L.（1962）, *How to Do Things with Words*, The William James Lectures Delivered in Harvard University in 1955, edited by J. O. Urmson, Oxford: Clarendon Press.（飯野勝己：訳『言語と行為—いかにして言葉でものごとを行うか』講談社、2019 年、p. 226 および坂本百大：訳『言語と行為』大修館書店、1978 年）

・Austin, J. L.（1975）, *How to Do Things with Words*, The William James Lectures Delivered in Harvard University in 1955, 2nd edition, edited by J. O. Urmson and Marina Sbisa, Oxford: Clarendon Press.

・Bruner, J.（1986）, *Actual Minds, Possible Worlds*, Harvard University Press, Cambridge.（田中一彦：訳『可能世界の心理』みすず書房、1998 年）

・Geertz, C.（1973）, Thick Description: Toward an interpretive theory of culture, *The Interpretation of Cultures*, Basic Books, pp. 3-30.（吉田禎吾・柳川啓一・中牧弘允・板橋作美：訳『文化の解釈学 I』岩波書店、1987 年、pp. 3-56）

・Good, B.（1994）, *Medicine, Rationality, and Experience: An Anthropological Perspective*, Cambridge University Press, Cambridge.（江口重幸・五木田紳・下地朋友・大月康義・三脇康生：訳『医療・合理性・経験—バイロン・グッドの医療人類学講義』誠信書房、

2001 年）

・Greenhalgh, T. and Hurwits, B.（eds）（1998）, *Narrative Based Medicine: Dialogue and discourse in clinical practice*, BNJ Books.（斎藤清二・山本和利・岸本寛史：監訳『ナラティヴ・ベイスト・メディスン―臨床における物語りと対話』金剛出版、2001 年）

・Kleinman, A.（1988）, *The Illness Narratives: Suffering, Healing and the Human Condition.* Basic Books, New York.（江口重幸・五木田紳・上野豪志：訳『病いの語り―慢性の病いをめぐる臨床人類学』誠信書房、1996 年）

・Lyotard, J. F.（1979）, *La condition postmoderne.* Minuit, Paris.（小林康夫：訳『ポスト・モダンの条件―知・社会・言語ゲーム』水声社、1989 年）

・McNamee, S. and Gergen, K. J.（eds）（1992）, *Therapy as Social Construction*, Sage.（野口裕二・野村直樹：訳『ナラティヴ・セラピー―社会構成主義の実践』金剛出版、1997 年）

第10章　教師と子どもについての事例 (1)
── 教育言説の差異化へ向けた "語りなおし" の試み ──

鈴木卓治

はじめに

　現代社会の著しい専門主義化にともなって、学校教育においてもその機能と領域の分業化と専門化が急速に進み、"教師であること（being a teacher）"の存立の基盤が大きく揺らいでいる[1]。そして、学校現場では児童生徒（以下、子どもと記す）の教育をめぐる課題の要因が複合化し、問題事象の理解に対し多元的な深化が図られることが求められている。さらに、子どもの問題に対する不適切な対応への批判の高まりは、学校の存在意義や教師の専門性の問いなおしを強く迫るものであるが、より端的にいえば、学校そして教師の営みを支えている教育の「意味」もろとも鋭く問われていると考えられる。

　このような現状認識と課題意識から、筆者は教育委員会主催の研修や教師との事例研究会（ケース・カンファレンス）などにおいて子どもの問題に直接かかわった経験をテクストにした解釈研究をつみ重ねてきた[2]。そして、事例テクス

1）たとえば、国際比較（OECD調査：Teaching and Learning International Survey）からみた現代日本の教師（小学校・中学校）の主な特徴のひとつは、他国と比べ自己効力感が低いという"教職の生きがい"の喪失傾向が認められる点にある（OECD 2013、2018）。この調査でさらに注目すべき結果は、日本の教師の多忙化と献身性の実態の裏側で進行している"専門性"の危機であり、専門家としての仕事の空洞化といえるだろう。今日的な教師の専門性をめぐる語り（議論）のコンテクストおよびその諸課題については、今津（2017）、岩田（2008）の論考を参照。なお、この専門性の課題に関連して、教育実践における「リフレクション（reflection）」概念の批判的な再検討については、Rogers（2002）の論考を参照。

2）教育実習における体験の省察をテーマとした筆者のフィールド研究については、拙論（鈴木 2012）を参照。

トの解釈をとおして得られた諸知見をもとに、教育学関連学会や論文発表で行っ
てきた課題提起の主な内容は、問題を語るそのコンテクストの変換を可能にする
言語手法の開発に焦点化されてきている。具体的には（次章で示すように）教師
による子どもの問題の語り方に注目すれば、従来の生徒指導や最近では医療関連
の用語（なかでも発達障害のカテゴリー）による管理指導のコンテクストを用い
た語りに大きく傾斜し、子ども（の問題）理解の画一化と平板化が広がっている
実情を指摘することができる。問題を一義化して語るということは、問題解釈の
多様性がうながす発見的な思考法を切りつめ、教師の教育理解の型を再考しその
あり方を捉えなおす思考回路を遮断することにつながると考えられる。たとえ
ば、昨今の"こころの教育"論議の動向に注視すると、事件化するいじめ問題と
教育が"こころ"を接点として短絡的かつ無批判に結ばれ、専ら継起する事件へ
の防衛策つまり危機管理のコンテクストに限局化した語りが通例となった言説状
況こそが、まさしく教育の"意味の危機"を雄弁に物語っているといえる。

　このように学校現場では、教育を語るための新たな言葉や言説の生成力や造形
力を衰弱化させ、その結果、教育をめぐる語りは全般的にその可変性を徐々に消
耗し、問題についての実際的な語りは言説的な病態に陥っているといえるだろ
う。したがって、今日求められる教師の専門性に関する視点として、問題発生を
"新たな"「意味」出現の一形態と捉え、問題への対症療法的な解決・解消志向を
教育の「意味」を（再）発見するイメージに変容させ語りの変換を目指す解釈学
的な臨床教育学の発想が改めて重視される。つまり、制度化を被った教育言説の
転換を可能にする方法論の構築が教師教育領域における喫緊の実践的要務になっ
ていると考えられるのである。

　本章では、学校現場でのフィールド研究において芽生えた着想と継続的に焦点
化を図ってきた課題意識から、ある教師の記した事例をテクストにして、子ども
をめぐるその意味の世界を探っていきたい。そして、事例研究のあり方の意味論
的な再生へ向け、その基礎となる経験のテクスト化について方法論上の課題を示
していくことにする[3]。

3）子どもの問題事例のテクスト化に関する試論レベルの方法論化については、拙論（鈴木
　2007）を参照。

1.　教師の語り —— 母と子どもをめぐる物語り

　　ここでは、テクストの意味を記述者の心理や記述過程などに還元して解釈するのではなく、言葉によって創り出された世界つまり模倣して再現された“物語りとしての世界”を解釈するという方法原理をもとに、この立場から事例が内包する意味を探索していきたい。主眼は、子どもをめぐって生起するさまざまな出来事を手がかりに、学校や家庭において教育という営みが行われている“現代という世界”の一側面を切りだし、その断面において教育の意味を（再）発見することにある。次に取り上げる事例は、担任である教師が受けもつ子ども（小学1年生）へのかかわりを記述したものである。紙幅の関係で主な子どもの言動そして教師の内言を抜粋して示すことにする。なお、場面ごとのタイトルは、記述者である教師がつけたものである[4]。

《事例》
〔注目する子と私〕
　　山中伸司（仮名）は一般からの入学者であった。3月26日の新1年生保護者会で、「夢について」話すことで自己紹介とした。その場で、伸司の母親は次のように語った。「母一人、子一人で暮らしている。実家は三代続いている商家だった。その跡を継ぎたい気持ちが強かったけれど、兄に跡を取られてしまった。絵を描くのが好きで、現在は得意なことを生かせる仕事をしている。」初対

4）事例の全文については、奈良女子大学附属小学校内学習研究会編（2004）を参照。本記録を敢えて取り上げる主な理由は、（プライバシーへの配慮とともに）当時の記録が示す母子関係のあり様を、今日においてどのような解釈が可能かということを試みる点にある。事例をテクストとしていかに読みその意味を解釈するかは、読み手の関心や時代状況に応じ変化するものであるが、教師の親子関係をめぐる教育観が教育の多様な意味を限定し排除していないか、その（解釈の）語りが病んでいないかなど、読み手である私たち自身の教育観の省察をうながすという複数の目的をもって、本事例の解釈を行っていきたい。なお筆者はこれまで、奈良女子大学教育システム研究開発センターの研究協力員として、研究プロジェクト（名称：教育実習における教員志望者の成長過程に関する臨床教育学的研究—教員養成システムの高度化対応へ向けて—）に取りくみ、調査および分析の任にあたってきた。

面同様の人々の前だから、当たり障りのない話をすることもできる。しかし、そうしなかった母親の態度に、私は我が子の教育にかける並々ならぬ意気込みを感じ取ったのだった。〈この人は、全てをなげうって子育てをするに違いない。その覚悟で、この学校を選んでいる。私は託されているのだ。応えたい。〉と考えた。

〔伸司の背伸びに見える言動〕

　4月29日、小運動会があった。伸司はおしゃべりをしないで、静かに演技に見入っている。応援をしている子、足で砂遊びをする子に混じると、大人びて見える。……落ち着いているように見える。このような態度の子は、他に女の子で1名いただけだった。〈落ち着きすぎている。〉と思えないこともない。

　ここに伸司が初めて書いた日記（5月11日）を示した後で、次のように記す。（筆者註）

　まだひらがなをけいこしているのに、「かんじの学校ってかんじをおぼえ」たというのだ。新鮮な気持ちで、自分の能力を伸ばそうとしている。けれど、その後すぐに続いて「デカレンジャーごっこをしたのが（た）のしかった」とある。私はここに、何とはなしにアンバランスを感じる。

　続けて伸司の日記を示す。（筆者註）

　5月25日(火)「月と太ようのこと」

　せんせい、あのね。きょうのよる月をみてたら月が二じゅうに、なってた。なんでかなとおもった。そうだ。たしか、太ようが月にかくれるとまわりのとこだけがあおくみえるだった〔原文ママ〕。

　ここでも背伸びをする伸司が見えるような気がする。

〔直接体験に子どもらしく反応する伸司〕

　4月14日の帰りの会のことだった。

　T：今日はどんなことが楽しかったのですか。伸司君。

（挙手していないのに指名されて、困ったように首を回し、帽子で顔を隠す）

伸司：いっぱい。

　突然の指名にとまどったのだろうか。「いっぱい。」と答えるのが精一杯のように
みえた。この瞬間に伸司であれば、様々な楽しかった場面が脳裏をよぎったは
ずだ。しかし、その整理がつかず、「いっぱい。」でおおまかにくくらざるを得な
かったのだろうか。この子には、もう少しゆったりとした時間が必要なのかもし
れない。伸司は特別な子ではなかった。指名したのは期待感の表れだったのだ
が、空振りに終わった。

　ここに、6年生がうさぎを連れてきてくれたこと（5月11日）に対する伸司の
発言を示した後で、次のように記す。（筆者註）

　おたずねの質は外見的な発見に止まり、刮目するようなものではない。とはい
え、こうした伸司への期待やうがった見方は、彼にとって酷なのかもしれない。

〔周りの人を気遣う伸司〕

　5月6日、太一が「忍者屋敷の写真」を発表した。裕子がたどたどしく質問し
ようとしたが、意が伝わらない。伸司は、「忍者屋敷の中のどこで撮ったのです
か、って言いたいのやろ。」と、分かりやすく伝え直したのだった。5月13日の
音楽では、こんなことがあった。太一とひかりが、歌の本をめぐって取り合いの
けんかをしている。その様子をよく見ていて、「あっ。（机の引き出しの中に）あ
るよ。」と助ける。続いて、詩織が弾き終えたピアノのふたを閉じようと苦労し
ていると、いつの間にか前に出て行き、手伝って一緒にふたを閉める。自分のこ
とだけで精一杯の子が多い中で、とびきりの気遣いを見せる。その素早さ、自然
さに驚いた。教師に誘導されての言動ではない。伸司は、内側の何かに動かされ
てそのようにならざるを得ないでいるように見える。いったい何が伸司に「気遣
い」を迫るのだろうか。

〔伸司と母の愛〕

　私には、どうしても3月26日の母の姿が伸司の背景に焼き付いて離れないの
である。伸司について、〈なぜか。〉〈どうしてか。〉と自問するとき、常にあの母

の姿が思い浮かぶ。伸司にとって世界の全てだった母親。その母親は、伸司に全てを賭けるようにして生きている。その二人の強固なつながりが、伸司をここまで知的に育て、気遣いを可能にしているのではないか。

　ここに、母親とバドミントンをし「……そしておかあさんが『すごくできるやん。』と、ほめてくれたんだ。そのときぼくは、こころにやったあと、おもった。あきらめないで、よかった。おかあさんまたしよう。」と記した日記（5月22日）を示す。（筆者註）

　完全休養日のあり得ない大黒柱と束の間の愛を漏らさず受け止めようとする子と、勤労への信頼感や不撓不屈の精神の素子のようなものが、〈そいつを身に付けさせてやろう。〉等と意図しない慈愛の沃野で芽吹くように見える。そこには母の十全な愛があるかわりに、裏切れない厳しさがある。伸司は、母の生きる姿を肌で感じ取り、自分の能力の全てを母との生活に傾け、学んで賢くなることに母と共に賭けているのではないか。

2.　意味論からの事例解釈の試み
——“母子物語り”の典型という見立て

　事例では入学時から5月末までの約2カ月間のなかで、教師の「注目する」子どもである伸司の様子が語られているわけだが、その形式および内容に関する特徴は、さまざまな出来事を時系列にそって示し、その内容を要約する形でそれぞれにタイトルをつけていて、いわば再構成と編集という一種の“加工”の手をくわえ、解釈の中心軸に親子関係をおくという意味づけがすでになされている点にあるだろう。つまり、伸司の生育基盤として重要な役割を果たす（と思われる）母親の様子を、事例の冒頭で象徴的に描き出しているように、伸司と母親の母子関係に対する教師の初期段階での理解がその後の教師の思考と行動を終始方向づけていると考えられる。以下、教師による語りのコンテクストを追うことによって、この事例における子ども理解の型（特性）をみていきたい。
　新1年保護者会の場で「初対面同様の人々の前」にもかかわらず「母一人、子一人で暮らしている」などと話す母親の態度に「並々ならぬ意気込みを感じ取っ

た」と、その印象を述懐しているように、教師は「全てをなげうって子育てをするに違いない」母親の願いに「応え」るべく、伸司に視線を注ぐことになる。そして、一方で「大人びて見える」、「背伸びをする」言動に気をとめるとともに、他方では期待していた質問や応答の内容が「刮目するようなものではない」ことから、教師は「伸司への期待やうがった見方」を一時反省する場面を語っている。しかし、「自分のことだけで精一杯の子が多いなかで、とびきりの気遣いを見せる」伸司の振る舞いに対し、何がその「気遣いを迫るのだろうか」と不審に思いつつも、最終的には当初抱いた親子の関係性にその主要因を一元化させた語りを進行させている。

　このように、「大人びて見える」、「落ち着きすぎている」、「アンバランスを感じる」、「背伸びをする伸司が見える」、「内側の何かに動かされてそのようにならざるを得ないでいる」といった一連の伸司の言動と教師のそれらに対する印象群を、母子関係に集約させるコンテクストによって語っているといえる。つまり教師は、わが子に「全てを賭けるようにして生きている」母親と、「世界の全て」として母親を受けいれ「自分の能力の全てを母との生活に傾け、学んで賢くなることに母と共に賭けている」伸司との関係性を表象する出来事を事例のなかに説得的に配列することによって、母子間の愛情に強く関連づけた一種の"典型的な母と子"の物語りに仕立てているといえるだろう。

　しかし、ほぼ同じ条件の下におかれた子どもたちに想いを馳せれば、母親の子育てに対する態度に事例のコンテクストが短絡的に結びつく必然性は、当然ないだろう。したがって、特殊な生育環境にその要因が求められる事例ではなく、むしろ家庭外での生活つまり学校内外での友人関係やさまざまな場面でみせる表情や身ぶりなどの個別的で多様な側面から、他のコンテクストによる語りの可能性を探ることが求められる事例記述といえるかもしれない。

3.　新たな「意味」の発見へ向けた課題とは

　また思考を反転させ、事例を"敢えて"母子物語りと見立てるならば、親子関係におけるその密着性について留意が必要であろう。人間関係における密着性とは、単に物理的または心理的次元での"近さ"を意味するだけではなく、密着とは一定の志向性を伴う関係のあり方であって、丁度離れるに離れられない"囚わ

れ”の関係性にあるといえる。

　親子の密着関係についての（教育をめぐる）問題の意味とは、密着が悪くて逆に分離がよい、あるいは子どもの成長の発達段階に応じて密着から分離へと親子関係を次第に転換すればよい、という形態選択の問題ではなく、親子関係において現象している人間のあり方を問うこと、問題を（人間の）生の意味の連関において解釈していくことが必要だと考えられる。親子関係の特質が、事例において教師が「母の十全な愛があるかわりに、裏切れない厳しさがある」と見なすように、“愛情”を基盤とする限りその愛がいかに豊かなものであっても、自己本位的な性格を免れることはできないだろう。とりわけ、社会的な諸機能の分化が急速に進む今日、家庭内での人間関係は自閉化そして孤立化へと傾斜し、（たとえば虐待などの）深刻な養育そして教育の問題を発生させている点を否定することはできないだろう。

　事例における親子関係は、母親の立場からは自分の思いのままに操作できる恣意的な関係にあるということができ、いわば（密着という）自他未分の関係性にあるが、しかしこの関係は、閉鎖的で排他的な親子中心の独自な世界を容易につくり出すことにつながるといえる。そして、親子の密着関係がごく自然的なその所与性に由来するとすれば、密着という関係性を新しい意味の連関のなかへ再生させる課題を指摘することができるだろう。

　事例に即すると、伸司の課題を通念的な成長課題に矮小化させるのではなく、人間形成過程のもつ今日的な課題として止揚して克服されるべき密着性の前反省的な意味を取り出し、まさに個別事例的に解明することが求められるといえる。つまり、親子関係が一方で必然的に保持している生育基盤としての関係性を、他方では親と子の双方が発展的に自ら解消させることが課せられた、いわば人間形成へ向けた教育上の“両義”的な克服課題を見出すことができるだろう。言いかえれば、子どもが親子関係において庇護されてあることとその庇護から離脱することとは、家庭教育におけるより実践的で根本的な課題であり、広義の教育課題に連結する事柄といえる。この“両価”的な２つの働きは対立的かつ一体的な関係で結ばれていて、両者の相即不離的な緊張関係こそが躍動的でダイナミックな教育の場を創出させる、その基礎になると考えられる。すなわち、教育の実際的な場とは、常に両義的で矛盾対立的で錯綜した意味の連関の構造に支持された上で、“教育の日常”が維持されそして進行するという仕組み（構造）をもつとい

えるだろう。

　事例はしたがって、子どもが育つことの意味を子どもとの教育関係の個別的な場面において多義的に発見し、そしてまた逆にその意味の劣化と矮小化について"身をもって"気づいていくという意味探究的な実践力の養成が、学校教師の今日的な専門性のひとつとして強く求められていることを、示唆的に物語っているといえるかもしれない。

4.　"語りなおし"へ向けた事例記述の作法について

（1）　事例の語りを規定する言葉とコンテクストの変換

　事例は、先に述べたように、平均的でありふれた母子物語りに回収されやすい構図にあるが、出来事の解釈や意味づけについては、親子関係以外のさまざまなコンテクストへ開放されることが求められる。つまり、事例を一義的に語りきらないということ、多様で相互に矛盾するコンテクストを用いて語るということ、未決定の状況に出来事を"浮遊"させ意味を早計に特定しないということが、事例に埋没する多義性の掘りおこしを可能にする意味の探索的そして産出的な解釈作業の要点になるといえる。すなわち、異質のコンテクストを顕在化させる作業として、筆者は次の 2 つの工夫があると現時点で考えている。そのひとつは、教師によって語られる側の子どもの立場を転換させ、自ら語る者としてその語りをコンテクストのなかに織り込むことである。事例では、伸司には自己を語る手もちの言葉が未だ少なく、今後の成長過程において、自己の言動を自らの言葉でそして特有のコンテクストを用いて語るその語りのなかから"伸司自身にとって"の意味を問うことが可能性として残されているといえる。つまり、"当事者"である伸司が内側から経験する内容と記述者である教師が外側から再構成する出来事とは決定的に異なることを意識化し、現行の母子物語りの"語りなおし"を試みるのである。

　2 つ目は、教師の語りの仕組みを再考する方法であるが、以下では教師による物語りの作法について述べていきたい。教師が事例を記述する際に、子どもの言動を再現するために用いる言葉とコンテクストに着目するならば、次のことが指摘できるだろう。つまり、教師が語ろうとする子どもの問題や出来事が言葉に変換される時に、慣習的に用いられる語句とその用語法（レトリック）が、その意

味を変えている可能性があるという点である。たとえば、医療現場において医者
の診断場面では、患者の語りを医学用語に置きかえる際に起きる事態に類似して
いるといえるが、この言語変換による意味の変質は、その専門性に比例して不可
避であろう[5]。

　本章で示した事例記述においても、このような現実認識とその意味の変容が少
なからず起きており、場合によっては固有の意味を通念的な解釈によって隠蔽し
排除している可能性があることは否定できない。事例において「伸司への期待や
うがった見方は、彼にとって酷なのかもしれない」とする先行理解を振りかえる
場面が、一部語られている。しかし「自分の能力の全てを母との生活に賭け、学
んで賢くなることに母と賭けている」とする見立てが教師の思考と行動を制約的
に規定していたとするならば、たとえば「おしゃべりをしないで、静かに演技に
見入っている」伸司の様子を「大人びてみえる」「落ち着きすぎている」と見な
す場面では、たとえば「無気力」や「放心」そして「目は虚ろ」などの"読みの
可能性"に気づくことは困難であったといえるかもしれない。

　これまで述べてきたように、事例は、個々の出来事や行動がどのように結びつ
けられ"母子物語り"のコンテクストが出来ていくのかを端的に示しているわけ
であるが、いわば学校現場における事例作成の手の内を見せた、記述についての
典型的な実際例ともいえる。言いかえれば、子どもや教師自身も"上手く"表現
しそして語りにくい出来事をたとえば"性急に"不登校と見立て、不登校に関連
する言葉とそのコンテクストを用いた語りによって、当の出来事の意味を牽強付
会的に不登校として封印する学校現場の言説空間の内情を、逆照射的に物語って
いるといえるかもしれない。事例として記述するということは、すなわちひとつ
の真実を語ることではなく、さまざまな出来事を結びあわせる語りのコンテクス
ト創りの側面をもち、出来事についての"差し当たって"のひとつの仮構的な物
語りの創作作業に他ならないといえるだろう。したがって、出来事に対して通念
に囚われた言葉と因果律をもって説明し尽そうとする場合、その語りの明快性に
比例して、別様のコンテクストによる"語りなおし"の必要性が増すことに自覚

5）たとえば、裁判関係の法律用語を操るレトリックは、出来事の意味を日常的な曖昧さを
　排して一義的に限定してとらえることを特性にしていると考えられる。教育を語るレト
　リックの仕組みと語り方（語りのスタイル）を考究する上で、和田（2020）の解釈法社
　会学の立場による論考は示唆的である。

的であることが求められるのである。

（2）事例記述に求められる工夫

　事例に開かれる子どもの意味の世界を“物語り的現実”とすれば、教師にとって懸案となる“物語り的現実”そのものと“媒介する言葉”と、さらに記述者である教師が“読みとった出来事”、そして読み手が“読みとる出来事”の各項は、それぞれ次元を異にすると考えられる。つまり、事例として記述されたテクストは“現実”そのものではなく、したがって言語化される時に“現実”は教育の場から切りとられ変質を被ることになるが、しかしその変質の内実は、言葉の限界としてのみ語られるといえる。“現実”とは、実にさまざまな物事が同時かつ平行して起きているのであり、決して直線的な時間の流れのなかで発生するわけではない。事例では、伸司をめぐって多様な人間関係が輻輳的にすべて同時進行で生起し、この複数の過程が言語化される際に時間軸のなかで直線化され、ひとつの物語り的現実“として”語られえるのである。事例作成において記述する際には、したがって早計に特定の原因を追及し、また単線的な因果論から論理的かつ実証的に導かれる理解にもとづき科学的に説明したいメンタリティに対し、自覚的に抗する態度が求められるといえるだろう。

おわりに

　本章で取り上げた“母子物語り”という単一のコード化を被った教師の語りは、先に示した事例記述における工夫の観点が確保されるならば、複数のコンテクストによる語りなおしに開かれていくと考えられる。そしてその語りなおしは、子どもとの語りあいにもとづく“新たな”物語り創りとして教師自身の諸活動を省察する契機になるといえる。さらに（語りなおしは）学校教育全体を支えている私たちの教育観や子ども観、つまり自明化した教育言説を差異化（Verfremdung, alienation）し、それらが覆いかくす教育の多義的な性格に気づくチャンスにもなりえるだろう。このように問題を介しての経験のテクスト化をとおし、子ども理解の通念を支えるコンテクストに対して意味論的な差異化を仕掛ける解釈の試みは、教師自身の自明化した子ども観に浸透している偏りや囚われ（さらには教育に対する幻想）をさまざまな教育の意味の連関のなかへ引き出しその相対化をう

ながし、"教師であること"の意味の主体的な獲得につながっていくと考えられるのである。

　現今の教育改革の方向性をみれば、学習指導に関する"新たな授業方法の習得"と生徒指導に関する"危機管理マニュアルの習熟"に急傾斜し、端的にいえば教職に対する使命感と指導技術の研修ばかりが求められる実情にあるといえるだろう[6]。それゆえに一層、それらの知識・技法が"健全"に機能するためにも、教師一人ひとりが自身の経験のリフレクションを深化させ、自らの手によって教職の存在論的（ontological）な意義の内実を獲得することが求められるのである。

＊本稿は、鈴木卓治・松田恵示「教職教育における『専門職性』の再構築に関する臨床教育学的考察（5）―実践事例研究の「意味論」的再生へ向けて―」（『東京学芸大学紀要』第 69 集、2017 年、pp. 159-165）、その他を改稿したものである。

[引用・参考文献]

・今津孝次郎（2017）「教師専門職化の再検討―教職専門性に関する諸概念」『新版変動社会の教師改革』名古屋大学出版会、pp. 46-77

---

6)　今日的な教育論議のひとつの基調となっている「主体的・対話的で深い学び」をめぐる諸言説には、子どもたちへ"（学びへの意志の）強さ"を求める志向性が高く、教育の豊かさを一面化・皮相化する面があることに留意したい。逆に、"（強さの欠如態ではない）弱さ"に着目し、その特質とみなされる不完全性・繊細性・曖昧性などから得られる事柄を意識化し、さらに単に（制度的には不利な評価を受ける）否定・排除すべき克服の対象ではない価値のあるものとして、"弱さ"を有機的に「生きる力」へとつなげていく視点を確保することが求められるといえる。この"弱さ"を哲学的な知の課題として検討した（「臨床知」の提唱者である）中村（1999）は、近代の文化、社会、人間を支配し「自分たちの生（生命、生活）の基礎をなす生態系（環境）を汚染し、破壊し続けてきた」のは「強さの思想」だと指摘し、近代合理主義の知としての"強さ"志向の知に"弱さ"を対置させ、その"弱さ"から得られる知の重要性を早くから主張している。また本稿の研究手法である解釈学の立場からは、日本文化のもつ"弱さ"に関する知の伝統に着目して近代合理主義を批判するミケーレ（Marra, Michele；1997）の論考は、欧米の先進国で行われる教育モデルを規範としがちな日本の教育風土に対し、学校現場における日常的な教育の営みのなかから、教師が自らの手による（学習指導要領などからのキーワードの追認ではない）「臨床知」の獲得と新たな教育言説の創造へ向けた可能性を示唆している。

・岩田康之（2008）「教育改革の動向と教師の『専門性』に関する諸問題」久冨善之：編著『教師の専門性とアイデンティティ—教育改革時代の国際比較調査と国際シンポジウムから』勁草書房、pp. 31-48

・鈴木卓治（2007）「問題事例のテクスト化に関する臨床教育学的考察—教育の『意味論』的再生へ向けた事例記述の作法をめぐって」『臨床教育学的・エスノグラフィー的・物語論的教育研究の展開—学校における言説空間の輻輳性に着目した授業研究の試み』平成 16 年度〜平成 18 年度科学研究費補助金（基盤研究 C）研究成果報告書、pp. 153-160

・鈴木卓治（2012）「教育実習体験の振り返りに関する臨床教育学的検討（4）—『語り直し』の契機をどこに求めれば良いのか？」『教育システム研究』奈良女子大学教育システム研究開発センター　研究紀要　第 7 号、pp. 5-20

・中村雄二郎・金子郁容（1999）『弱さ—21 世紀へのキーワード』岩波書店、p. 17

・奈良女子大学文学部附属小学校内学習研究会：編（2004）『学習研究』第 412 号、pp. 36-41

・ミケーレ，マルラ（1997）『弱き思惟—解釈学の未来を見ながら』国際日本文化研究センター

・和田仁孝（2020）「法廷における法言説と日常的言説の交錯—医療過誤をめぐる言説の構造とアレゴリー」『法の権力とナラティヴ』北大路書房、pp. 159-181

・OECD（2013）, *Teaching and Learning International Survey 2013 Conceptual Framework.* (OECD, https://www.educacionyfp.gob.es/inee/dam/jcr:a9d6a63d-0e4d-44a0-83b8-4b1c26b290f1/talis-2013-conceptual-framework.pdf, retrieved February 11, 2024.)

・OECD（2018）, *Teaching and Learning International Survey 2018 Conceptual Framework.* (OECD, https://www.oecd-ilibrary.org/docserver/799337c2-en.pdf?expires=1707724406&id=id&accname=guest&checksum=5967EAE91C3FDC37AC5DB6C756F4092B, retrieved February 11, 2024.)

・Rogers, Carol（2002）, Defining Reflection: Another Look at John Dewey and Reflective Thinking, *Teachers College Record*, vol. 104, no. 4, pp. 842-866.

第11章　教師と子どもについての事例(2)

―― 語りのコンテクスト変換による、
もうひとつの"物語り"の浮上 ――

鈴木卓治

はじめに

　今日の子育て全般にわたる課題の複雑化と深刻化が進むのに応じ、学校教育のあり方について、その問いなおしも社会的な要請として強まっている。その担い手である教師一人ひとりへは、とりわけ"資質・能力の向上"への期待が高まりをみせており、生徒指導や教育相談の各領域にあっては、学校現場で発生する児童生徒（以下、子どもと記す）の問題に対し、教師のより一層の的確なかかわりが求められているといえる。

　子どもの問題については、さまざまなレベルで実に多くのことがこれまで語られてきた。たとえば、問題発生の要因を短絡的に学校や家庭へ還元し、そのかかわりの不適切さを糾弾する語り、あるいは（その反動として）情緒的な"ふれあい"の大切さを訴えて"こころの教育"のさらなる充実を喧伝する語りは、子どもの問題をめぐる語りの典型例といえるだろう。実際に直接、学校教育に携わってきた筆者にとって、幾度も反復されるスローガン化した感傷的な語りには"疎遠"を感じ、また一方で、医療面に特化された対症療法的な語りには"違和"を感じ、自身が問題を語る際には、次のような問いに迫られるのである。

・個々の問題のもつ個別性を恣意的に看過し、類型化された既成のカテゴリーへ安易に回収することで、問題を"語り尽くした"かのような思いこみに陥ってはいないだろうか。

・理解が難しく面倒な問題に対し手もちの解釈図式を用いて単純化し、通念的な

語りの無批判な再生産に与してはいないだろうか。

　学校という「場」における子どもの経験の世界は、解釈学にもとづく臨床教育学の立場からは、生活世界と同じように、まだ分節化（articulation）されていない場での子どもと大人の関係において成立する意味の世界と理解することができる。そして、その意味世界は、多様なコンテクストで語ることができる可能世界と捉えることができる（皇 2018）。しかし実際には、既存の制度化された生徒指導関連のカテゴリー（いじめ、不登校、非行など）そして発達障害関連のカテゴリー（自閉症、注意欠陥多動性障害、学習障害など）を用いたコンテクストで語られるケースがきわめて多く、学校現場では語りの固定化と画一化が進んでいるという実感をもっている。端的にいえば、それらの語りは因習化した解釈の枠組みに起因し、同時に問題の内包する多義性がそぎ落とされることによって意味の一元化と形骸化が広く進行している実情を指摘することができるだろう。したがって今日の教師にあっては、子どもの問題の解釈が通念化していないかどうかを意識的に自省し、そして定型化した語りのコンテクストについてその変換を試みることによって子ども（の問題）理解の深化を図っていくことがとても大切だといえるのである[1]。本章では、これらの現状認識と課題意識から、学校現場で実際に発生した問題を取り上げ、その問題の"語り方"に着目した解釈をとおして教師教育の高度化に資する論点を示していきたい。

1.　生徒 A と私をめぐる物語り

　ここで取り上げる事例は、筆者が学校現場（公立学校・教諭職）において、クラス担任（以下、担任と記す）として、ある生徒との実際のかかわりを記述しテクスト化したものである。（＊主旨が変更されない範囲で、本人が特定できないよう細部に改変を加えた部分がある。また本事例については、学会大会など他の

---

1) これまで学校現場をフィールドとして、筆者は自己の経験をテクストにした事例研究を行ってきた。現時点までの研究をとおして見出されたことは、教育的な日常の不毛性（限界）ではなく、逆にその肥沃性や厚みつまり"教育の物語り"の可能性であって、この観点から本書を編んでいる。現職教員としての主なフィールド研究については、拙論（鈴木 1999, 2001）を参照。

機会で示したことがあるが、本書の目的である教育の新たな "物語り" の探究という観点から再度の "語りなおし" を試みたものである。）

　4月、始業式ではじめて会ったＡ（2年生、20歳）は、声をかけても頭を少し傾けるくらいで口を開くことは全くなかった。青白い顔色と全身黒づくめの服装との対照的な色の落差、そして表情にとぼしい能面のような面もちに強い印象が残った。前籍校では病気（神経症）のため休学と入院、退院と復学をくり返し、そのため同級生とは少し年上で編入学したためかクラスの雰囲気に馴じめないようすで、授業が終わればそそくさと帰ってしまうのが常であった。このようなＡの素ぶりが気になり、ある日の帰りぎわによび止め普段の生活のことを聞いたものの、「はぁ」「まぁまぁ」と、ごく短い無機質な言葉しか返ってこなかった。会話をつづけようとすればするほど一層ぎこちなくなってしまいそうなので、「気をつけて帰ってな……」とありきたりのことをいって話しを終わらせるしかなかった。"積極的にかかわろうとする姿勢が、かえって煩わしさを感じさせてしまうのでは" と思い、今度は「落ちついて話しがしたい」旨の短信を何回か、配付プリントに挟んで手わたすようにした。しかし返答はなく、梨のつぶてであった。"手紙を送ること自体、Ａを追いつめてしまっているのか" それとも "今すぐにでも家庭訪問をした方がいいのか" など、さまざまな考えが頭のなかを駆けめぐり、なかなか言葉をかわす場がもてない状況にいら立たしさを感じつづけた。

　私を避けるような態度をとるＡへ話すきっかけができるのを待っていたところ、折しも養護教員から「最近、Ａが保健室に顔をみせるようになった」と知らされた。Ａは、決まって「体が重い……」といって来室し、しばらくボーとしてから "今は昼夜逆転の生活をしている、20歳で高校生の自分がはずかしい" と何回も「20歳で高校生」という言葉をくり返し、いつまでも高校生のままでいる自分にかなり嫌けがさしているようで、この前は同情すると急に泣きだしたという。そして「情緒の不安定が激しく、それに入院歴もあるので、まずはスクール・カウンセラーに診てもらった方がいいのでは」と助言された。私の方でもかかわりの手だてが見つからず悶々としていたこともあり、Ａにカウンセリングを勧めることにした。しかし内心では、これまで控えていた電話をとおして、その上はじめて話す内容がカウンセリングであることは "Ａの心証をさらに害してしまうのでは" と不安だったが、これからの学校生活のことを考えると受話器を取

らざるをえなかった。しばらく呼びだしたが誰もでないので切ろうとすると、か
すれた声で「はぁい」と本人が出たのでびっくりし、Ａも同じようすだった。直
ぐにでもカウンセリングの話しをしたい気持ちをぐっと抑え、その場の気まずい
空気を打ちけそうと当たりさわりのないことから話しはじめたが、「はぁ……」
「んん……」と校内での会話と同じような返事のくり返しがつづくだけだった。
それで思いきって話しをきりだすと、「病院でも同じことをやっているからいい
（嫌だ）！　薬をのんでいるから大丈夫だ！」と急に口調があらくなり、いらい
らが高じているのがわかった。"通院し、服薬している"ことははじめて知る内
容で、意外な事実にかえす言葉がなかなかみつからなかった。そして、病院のこ
とを根ほり葉ほり聞くのはどうかと思い、「あまり無理をしないように」と型ど
おりのことをいうのが精一杯であった。この時、"もうこれ以上Ａにかかわると、
自分の方が苦しくなる"という考えが頭をよぎった。しかし同時に、"煩わしさ
を感じさせてしまう"、"追いつめてしまっている"、"心証を悪くしてしまう"な
どと、これまで実際にかかわることをためらっていたこと自体が、Ａの今の状況
を自分にとって都合よく推しはかり"自己保身"策をとっていたのでは、とも思
い返された。それからしばらく、担任として何ができるのかとさまざまな葛藤に
悩んだ。

　その後、Ａは完全に学校へ足をむけなくなってしまった。校内の会議では"長
期の不登校"になる可能性の高い生徒の一人として状況を説明し、養護教員をふ
くむほかの教員からの情報提供や助言を仰ぐなどして、何とか欠席日数をへらせ
ないか思案する日がつづいた。そして心配がつのり、話しの途中で切られてもい
いと思い、再び電話をすることにした。今度は母親がでて「（Ａは）今休んでい
る（寝ている）、夜中心の生活がずっとつづき、話しをしたくてもできないでい
る、具合が悪いときは病院にきちんと行かせているので、取りあえずそっとして
おいてほしい」と一方的に話しつづけた。父親のことを聞くと「家にはいるんで
すが……」と急に口が重くなってしまった。受話器をおいた後、家族の協力が得
られずたった一人で苦悩をせおう母親の孤独な姿が目にうかび、担任として何か
できないか思いをめぐらした。そこで、保健室へは週に２回ほど電話をかけてき
ているので、養護教員にカウンセリングを勧めてもらうことにした。すると、Ａ
は意外にもすんなりと聞きいれ、数日後に受けてくれた。スクール・カウンセ
ラーの所見によれば「Ａは思春期に多い自律神経失調症で軽い躁うつ病の可能性

がある、主訴は将来に対する不安で、社会に出ていくのを保障する自我形成がまだできていない、通院先の精神科の担当医とよく連携し、登校刺激はしばらく控えるようにして、周りの人はこうしなさいと本人にはいわないように」とのことだった。母親にこの内容を伝えると、知らないうちにカウンセリングが勝手に行われ、さらに本人の口から精神科への通院が明かされたことにとても驚き、隠しておきたかったことが暴かれとても心外なようすだった。そして、担当医に学校と家庭ですべきことを聞いてくれるようにお願いすると、はじめは「仕事が忙しくて」の一点ばりであったものの「時間があれば（病院に）聞いてくる」といってくれた。しかし実際には、母親からの連絡はないままであった。

　6月に入り、音信不通となっているＡが、その後どうしているか知りたかった。"電話をすることで、再びＡを刺激することになり症状を悪化させてしまうのでは"と不安が先にたったが、母親の帰宅時間を見はからって夜おそくかけてみた。すると、意外にもＡが電話に出て、カウンセリングを受けた日は「病院でもやっているからやっぱりいい（行かない）かな」と思ったけど、「すっぽかすと学校の先生に悪いから（教育相談室に）行った、（カウンセリングの内容は）病院と同じだった」と自分から詳しく教えてくれた。そして「（自分は）神経症で身体がきつくてしょうがない」、「今の目標は、学校よりも自動車の運転免許をとることだ」と淡々と話してくれた。しかし、後方から聞こえていたテレビの音が急に高くなったのを機に「先生も、もう眠いでしょうから……」と突然切ってしまった。電話の向こうに家族の気配がしたが、母親と同様になぜ家族のことを隠そうとするのか不思議でならなかった。

　それからＡは、私の方へ電話をしてくるようになった。「学校が終ったらどうしよう」と、自分の居場所が卒業後なくなってしまう不安に、どうしても囚われてしまうようだった。話しに耳を傾ける時間が増えるにつれて、次第にＡの"今"の様子が直に伝わってくるように感じられた。そしてＡは、自分から少しずつ家族のことを、口ごもりつつ話してくれるようになった。

　「バリバリ働く会社員」と「部活に精を出す高校生」の弟がいる。二人とも「俺にはねぇ精神力」をもち「すっげぇ良いダチ（友達）」がいて、弟たちを「尊敬している、マジで」。それに比べ「長男なのに全然だらしねぇ自分が、本当に情けねぇ」。「何もできねぇ、どうしようもねぇ俺自身が、悔しい」。父親は「俺と

同じ病気にかかっている」。「いい歳して、仕事に出ねぇ奴」だ。「昼間、ゴロゴロばっかりしてる」。だから「一緒にいるのが嫌で嫌で、（自分は）夜に動いてる」。父親の病気は「もう治らないかも……、俺も同じかも……」。

　これらの語りを聞いた時、なぜしきりに「20歳で高校生」に"こだわり"、そしてなぜ家族との生活時間を逆転させているのかを、はじめて関連づけて理解することができた。それから段々と（電話をとおして）普通に言葉をかわせるようになり、気がつくとＡへの強ばった構えはいつの間にか消えていた。
　その後、6月下旬には数日置きに登校できるようになり、7月に入ってからは欠席することはなくなった。この段階で、教頭先生からは「緊急の事態に対応できるよう備える」ことを指示され、養護教員や各教科の教員にもＡの今の状況をよく理解してもらい、できるだけ密に連絡を取りあうようにした。クラスではＡを特別あつかいはせず、自然な形でみんなのなかに溶けこめることを願った。担任としての私は、"学校に来れるようになった"嬉しさと"もし何かあったら"との懸念が複雑に絡みあい、毎日何事もなく下校するまで気をゆるすことはできなかった。校内でのＡは、昼休みや放課後は保健室ですごし、教室のなかでは私によそよそしく振るまうのに対し、電話では落ちついて色々と話しができるようだった。毎回、電話をとおし「今の自分に何ができるか、さっぱり分からない……」とくり返し、私の方で同情をあらわすと突然泣きだすこともあり、またお互い押し黙ったままでいることもしばしばであった。Ａの悩みをくり返しきくなかで、"ただきいてもらうだけでなく、直接どうすればよいか教えてくれるのを待っているのではないか"と直感する場面が何度かあった。くり返して語られる「20歳で高校生」という、Ａ自身にとっての現実とその言葉の重みをどのように受けとめればよいか、それが、これからのＡにとって大事な転機になるのではないかと切実に思われた。「20歳で高校生」という言葉をとおし、Ａは現在の自分という存在の意味の一端を表明しているのではないか、そう考えると、この言葉に対し通常レベルでの理解ですませてはならない、言葉の日常性を超えて「20歳で高校生」の背後に広がる意味の世界を理解する手がかりを、語りの断片に求めることはできないか、それにはＡとの関係がもっと熟すことが必要であり、今はただ待つしかない……。日常生活のなかでＡのことがふと思い起こされると、このような考えがぐるぐると交錯し、直ぐには行動へ移すことができないも

どかしさが日に日につのった。

　それからAからの電話は、次第に少なくなっていった。気になってスクール・カウンセラーに相談すると「通院していれば、まずは心配ない。安易に登校刺激はしないように」との助言がなされ、その後の職員会議をへて、Aを刺激するのを避けるために学校側からは（緊急の場合をのぞいて）連絡をとらないことになった。これ以降、学校でAの姿を再び見ることは一度もなく、とうとう次年度に再履修する事態になってしまった。苦しい思いで母親にその旨を知らせると、言葉少なく半ば安心したようすで応対してくれた。最後に消えいるような声でいった「もし何かあったら……こちらから連絡しますので……。」との言葉が、しばらく頭から離れなかった。

2. 生徒Aと私をめぐる、もうひとつの"物語り"の浮上

（1）Aをめぐる関係性の推移と語り口の変転

　学校現場において子どもの言動が問題と捉えられると、事例のように、本人へカウンセリングを受けるようにうながし、そしてスクール・カウンセラーから担任に対し問題解決へ向けた具体的な対処法が示される、という手順で問題への対応がなされるのが一般的であろう。ここではAをめぐる担任（筆者である私）、養護教員、スクール・カウンセラー、教頭（管理職）がどのような関係性にあったのか、そしてその推移する関係性のなかで語り口はどのように変転していったのかをみていきたい。

　まずAと出会った初期のころは、担任が積極的にかかわることによってAへの理解を深めようとすると、期待に反しAは担任を避けて養護教員を話し相手とするようになった。このように当初の教師−生徒の関係性は、養護教員が仲立ちすることによって辛うじて保たれていた脆弱な「空転」関係にあったといえる。そしてカウンセリングを勧める電話によって、担任は"通院し、服薬している"事実をはじめて知ることになるが、その後Aとの音信は不通になってしまい「断絶」関係に陥る。それからスクール・カウンセラーによるカウンセリングを転機として、"医療者−疾患者"に準じる「救護」関係へ変質していくことになったといえる。この時期のAについての語りには"自律神経失調症"そして"躁うつ病"という疾患名が強く作用し、医療のコンテクストによる記述に変転して

いったといえるだろう。したがって学校では、症状悪化の未然防止に努める「救護」関係を保持することが最優先におかれ、Aへのかかわりに厳しい制約が加えられることになっていく。

　その後6月に入り、Aは養護教員ではなく担任に連絡を取りはじめ、少しずつ自分のことを語ってくれるようになる。そして、今まで隠していた家庭内のようすや深刻な悩みを打ちあけるなど、Aと担任とのコミュニケーション回路が次第に拓かれ「相談」関係が芽生えはじめ、この時期の記述（語り）には"子どもが語り－教師が聴く"という従来の垂直的な教師－生徒関係を転換させた水平的な関係性を認めることができるだろう。そして7月には欠席することはなくなった反面、学校全体としては"Aに異変が起これば直ぐに対応できる救急体制"を組織することになった。つまりAとの関係性は「救護」関係に再び変転し、危機管理のコンテクストによる語り口に変質していったといえる。担任としては、通常の登校が可能になったAに対し、他の生徒と同じような関係性をむすびたいのにもかかわらず、スクール・カウンセラーの所見によってかかわりが厳しく制限され、結果的に先にはぐくまれはじめた「相談」関係は進展することなく、単位修得不足という事由によりAとの関係そのものが終息させられてしまうことになったといえる。

　学校現場における問題への実際の対応については、教師は日常的に子どもにかかわっている分、本人の言動の背景にある生活史を踏まえた思考と判断ができる立場を活かし、スクール・カウンセラーと協働するなかで相互の専門性を交流させることが期待される。スクール・カウンセラーとの協働関係が求められる場面での教師にあっては、問題をかかえる子どもへのかかわりをスクール・カウンセラーに"丸投げ"し責任を放棄することによって"無"関係の立場に逃避するのではなく（これは、今日的な教師教育領域のキーワードである"実践的指導力"の衰退化と無能化をまねくことになる）、事例のように、子どもの語りを聴くという「相談」的な関係性をもとに、危機管理のコンテクストによって覆いかくされている事柄とその意味を掘りおこしていく解釈作業が、問題をかかえる子どもの理解を深化させる大切な基礎になると考えられる[2]。この未発掘の意味の探索

2）本稿において方法論とする解釈学的な臨床教育学の発想と思考法は、筆者が学校現場で事例研究をつみ重ねていく際の大きな推進力となった。その経緯と研究過程については、拙論（鈴木 2017，2018）を参照。

作業は、たとえばパズルのなかの欠落したピースを捜し求め全体像に迫るようなイメージをもちつつ、事例でいえば、医療や危機管理のコンテクストによって断片化と分散化さらには "無" 意味化を強いられたさまざまな出来事をつなぎ合わせ再度のコンテクスト化（re-contextualization）を試行する、いわばパッチワーク的な解釈作業といえるかもしれない。

(2) コミュニケーション回路を拓く "関係の二重性"

次に、担任とスクール・カウンセラーのそれぞれの語りとコミュニケーション回路に着目していきたい。スクール・カウンセラーの活動の場は教育相談室に限定され、来談者である子どもが相談内容をうち明けることを前提としている。「（カウンセリングの内容は）同じだった」とＡが明かすように、スクール・カウンセラーは問題発生の要因を主にその病理性に焦点化させる意向でカウンセリングを行うため、したがって子どもとの関係性は必然的に「医療者−患者」関係を容易に生じさせることになる。この関係性にもとづき、医療次元に回収できる内容が選択的に聞き出されるのが一般的であるだろうし、事例もその例外とはいえない[3]。

教師の場合はスクール・カウンセラーとは対照的に、活動を展開する "日常そのもの" がコミュニケーション回路の作動可能な場となっている。事例では、Ａとの関係性は「空転」関係から「断絶」関係へ、そしてカウンセリングを転機として「救護」関係に変転しその後の関係性の基調となったものの、電話を介して時折「相談」関係がはぐくまれ（「救護」関係とは異なる）コミュニケーション回路が拓かれていったことを示した。この各場面を語りの視点からは、次のことが指摘できるだろう。つまり、「空転」関係から「断絶」関係にあった時期は、固有の生活史を背景にもつＡに対し、かかわり方の手だてがみつからず戸まどいといら立ちが絡みあう状況にあった。そして「救護」関係では、Ａと母親への "何とかしたい" という思いとともに "自分の言葉ひとつで大変なことになって

---

3) 現今の子どもの問題をめぐる語りの特性は、後述するように、子どもの言動の反合理性に対して疾患カテゴリーを準拠枠として問題化し主として因果論から実証科学的に問題を語ろうとする点に象徴される。抽象化された疾患名を用いて一義化された今日の（子どもの）問題の語りは、端的にいえば、問題を解釈する枠組みである語りのコンテクストを医療次元に限局化し、その結果、子どもの意味の世界の多義性が一元的に縮減された言説の組成構造になっていることが指摘できるだろう。

しまう”という自己防衛的な思わくを交錯させながら、最初に発する言葉を思案
し、実際に言葉をかわす場面では一言の重みを考えつつ慎重に話しを進めていか
なくてはならない、とても苦しい状況にあった。このような「空転」－「断絶」
－「救護」のそれぞれの関係性における対話は、自然と“構えた”語り口となり、
（多分 A も感じとっていたと推するが）“実際に話しをした”という事実だけを
残す、つまり生徒指導のマニュアルにある“記録を残す”という形式化した虚し
い言葉のやりとりに終始していたといえる。そして「相談」関係における語りに
注目してみると、その特徴は電話を介したコミュニケーション回路の機能的な意
義に求めることができるだろう。電話をもとにした関係性は“直接的”に顔をあ
わせる対面関係ではないため一定の距離がとりやすく、関係性そのものを維持し
ていく上で自由度が高いといえる。つまり“遠くから”、“声だけで”、“A の方か
らいつでも切る（止める）ことができる”という、学校生活という日常を離れて
拘束や制約のない関係性を保障したことが、A との「相談」関係を成りたたせる
上で決定的な役割をはたしていたといえる。学校における「対面」関係と家庭に
おける「（電話をとおした）非対面」関係という“関係の二重性”においてはじめ
て、A とのコミュニケーション回路が拓かれたといえるかもしれない。とりわ
けこの電話を介した関係性によって、直に対向するのを回避し“いつでも自己を
守ることが可能な関係”を確保したことが、A にとって大きな意味をもっていた
のであり、A 自身の語りに変容をもたらした大きな要因のひとつと考えられる。

　以上のような観点をもとに“教育の日常”における語りを再考していくと、教
師そして子ども同士の複雑かつ多様な関係が織りなす学校という場において、教
師はその活動のさまざまな場面で、語りのチャンネルを臨機に変換させながら子
どもとの関係を保持しているといえる。つまり、授業・生徒指導・教育相談・学
校行事・部活動などといった各場面において、コミュニケーション回路をその場
に即して多様な形態で作動させているといえる。たとえば、ひとつの考えに過度
に囚われている子どもに対し、意図的に敢えて反感を生じさせる言葉をかけその
“こだわり”に揺さぶりを仕掛け解きほぐそうとすることがある。見方によれば
反教育的なこの行為は、カウンセリングにおける共感または受容的態度（カウン
セリング・マインド）とは相反する、“教師ならでは”のかかわりに関する一つ
の工夫といえるだろう。このように教師には、複数のコミュニケーション回路が
“可能態”として日常的に開かれているという点で、まさに教育の日常において

子ども理解を深化させる好機にめぐまれた、教育の"新たな"物語りを産出し発信する場として旧来の学校像を描きなおしていくことが構想されるのである。

　家族形態の変容、価値観やライフスタイルの多様化、地域社会のつながりの希薄化、情報通信技術の進展といった現今の社会・経済の急速な変化にともない、学校のかかえる課題は複合化と困難化の一途をたどっている。そのため既存の心理学・精神医学領域のほかに、社会福祉や法律など学校教育以外の高い専門性が求められるようになってきている。文部科学省としては新たな学校像として「チームとしての学校」づくりを掲げ、スクール・ソーシャル・ワーカー（School Social Worker）やスクール・ロイヤー（School Lawyer）などの新しい専門職の参入がはじまっている今日、教師が子どもへの教育の日常性を担っているという（当たり前ともいえるこの貴重な）事実を、教師の専門性（professionalism）を他の専門職との対比において考究していく起点にすえることが、学校教師としてのアイデンティティ確立へ向けて重要な基盤形成につながると考える[4]。そして事例に示すように、問題の発生こそが子ども理解を深めるチャンスであるという"教育の意味の探索的な思考法"をもとに、問題の解釈作業をとおし、危機管理や医療といった自明化したコンテクストとは異なるコンテクストによって（子どもの）問題を語りなおすことに意識化を図る取りくみが真摯に求められているといえる。

(3)　もうひとつの"物語り"の浮上に必要な教師の立場と役割

　事例では、養護教員が情緒の不安定を問題化したことがAに対するかかわりの制限につながり、そしてスクール・カウンセラーによるカウンセリングをへてAとの関係は"危機管理"を最優先にする「救護」関係へ変転したことを示した。

---

4)「専門性（professionalism）」について、このタームは社会学分野のプロフェッション論において「専門職性（professionality）」の一要件としてとらえられてきた。石井（2008）によれば、当該の職業が基盤とする知識・技術が学問的に体系化され、その学問の履修を前提とした資格が成立することが専門職化（professionalization）の重要な指標となっている。この指標は、養成段階における資質・能力の養成課題そして学校教師のアイデンティティを考究する際の参照すべき観点といえる。なお、professionalism と professionality の相違と使い分けについて、現時点では論者により異なっており、米英圏でも議論がつづいている。なお、教師の専門性について近年の研究論文をレビューしたものに、辻野・榊原（2016）の論考がある。

スクール・カウンセラーはその職能上、当初から医療上のカテゴリーに回収が可能な事象を焦点化してカウンセリングを行うため、必然的に診断を主目的とする医療のコンテクストによって問題を語ることになるわけで、事例もその例外ではないといえる。スクール・カウンセラーの活用が広く推進されている今日の学校現場においてはとくに、カウンセリングのあり方によっては、問題を短絡的に病理的な子ども個人の発見やその矯正と処遇の対象と捉えてしまう危険性に自覚が求められる。また教師にあっては、経験的に身につけている子ども（の問題）理解の惰性化した型に準拠し、（子どもの）問題のなかに通念的なコンテクストを無批判につまり前意識的に読みとってしまうことに留意が不可欠であろう。

　一義化された解決志向型の語りを多義的な語りへ変換させていく要件のひとつには、教師が語るのではなく"子ども自身が物語る"のを可能にする関係性の構築があげられる。事例において、"新たな"コンテクストを見出した場面を再び記述するならば、次のように語りなおすことができるだろう。

　A本人によって生きられる経験がもつ意味から遠くはなれて成立しているかのように思われる問題の理解とは一体何であるのか、と自問しそして再考する場面があった。つまり、"A自身"が自己を物語ることで"新たに"見出される事柄（の意味）を探索することが、自明化した理解の限界をあらわにし、Aを取りまく人たちの通念によって隠蔽された未発掘のコンテクストを発見する契機になるのではないか、と考えたのである。そして担任としての私は、Aと母親が家族のことをどこまでも隠そうとするのを疑問に思いながら、"敢えて"聞き出すことを断念した。それは、なかなか見えてこないAの語りの萌芽が、私の言葉の圧力によって押しつぶされてしまいそうに感じられたからである。それから突然、父親が同じ病にかかっていることや弟たちへの心情が切々と語られはじめた。すると、それまで腑におちずに混沌とした渦のなかに浮き沈みしていた数々の不可解な出来事が一挙に意味の連関をもち、"新たな"Aとその家族の物語りとして目の前に現れたのである。

　もうひとつの"物語り"が浮上してきたこの場面は、先に示したように、学校と電話の"関係の二重性"において従来の「主（教師）-客（子ども）」関係を転換させた"Aが「語り」-私（担任）が「聴く」"関係がむすばれることによって

はじめて生成されたといえるかもしれない。このように、未発掘のコンテクストを発見していくためには、Aに対して医療（そして生徒指導上の評価）の対象とはしない“（純粋な）聴き手”としての教師の立場と役割が重要であったと考えられるのである。

3. 語りのコンテクストの変転と「20歳で高校生」の意味の変容

　最後に、Aと（筆者である）私における「空転」－「断絶」－「救護」－「相談」という関係性の推移とともに、Aを語るそのコンテクストがどのように変転し、連動してAの意味の世界を象徴する（とみなされる）「20歳で高校生」の意味が、Aにかかわる人たちにどのように受けとられていったのかをみていきたい。

　まずはじめの「空転」関係から「断絶」関係へ変転する過程においては、Aは“集団への不適応状態があり、欠席が多く、また神経症という病の既往歴をもつとくに配慮が必要な生徒”として毎回、生徒指導部や学年団の会議で話題にしなければならず、校内での友人関係や学習への取りくみについて見守りを欠かすことができないという、生徒指導上の慣例的なコンテクストによって語られていたといえる。したがって、「空転」関係から「断絶」関係へ移行するあいだに養護教員から知らされた「20歳で高校生」の意味は、この段階では単に“話しのしやすい保健室の先生にクラスや担任に馴染めない不満をこぼしているのだろう”と、ごく一般的な捉え方に終始していた。そして「救護」関係では、医療のコンテクストがAへのかかわりに強力に作用し、なかば強制的に関係性の危機管理化が進められた。

　ここでの「20歳で高校生」という言葉は、“自律神経失調症”や“躁うつ病”そして“自我形成が未完成”と同一のコンテクストのなかに配置されることにより、“病気が原因で入学年齢の異なる生徒”という疾患の意味が深く浸透した言葉として捉えられ、その結果、Aの言動の全てが医療対象の観点から語られることになったといえる。

　しかしその後の「相談」関係では、生徒指導のコンテクストや医療のコンテクストでは語られることのなかったコンテクスト、つまりAをめぐる人たちによって“外側”から語られる物語りではなく、A本人の“内側”から語られる固有の

物語りとして理解の深化がなされようとしたといえる。「20歳で高校生」という言葉で自己を表出するAの物語りでは、父親・母親・自分・弟たちの5人家族のさまざまな関係のなかでA自身にとって大切な意味をもつ事柄がしっかりと織りこまれて語られ、これまでのいわば通念的なコンテクストによって隠され表に出てこなかった事象、つまり"自律神経失調症"などの病に先立つ重要なエピソードが打ちあけられることによって、Aの家族を含んだひとつのストーリー（物語り）として理解されたといえる。

　その後のAは欠席時数が超過してしまい留年することになったが、年度末の会議ではAを含めて数名にのぼる"次年度に再履修する生徒たち"の問題は、校内の生徒指導の方針にもとづき生徒本人の責任を問う"自己責任"を求めるコンテクストによって一括して語られ、「20歳で高校生」の意味は問いかえされることもなくいわば事務的に、つまり生徒指導のマニュアルに忠実に則ってAの処遇が決められていくことになったのである。

　Aを語るコンテクストの変転と連動して漂流する「20歳で高校生」の意味は、このような変容過程をたどっていったといえる。学校現場においては対応の規準を明確にして生徒指導にあたる必要があり、そして段階的に指導する方式として"寛容の名のもとに曖昧な指導をしない"考え方（ゼロ・トレランス）がいまだ根強く支持されている実情にある。したがって事例のように、子どもの問題は旧来の生徒指導のコンテクストを用いて一義化されて語られ、その会議は危機管理の観点から当面の対応策を練る戦略会議になってしまうことが多いといえるだろう。また、先に示した"Aの心証をさらに悪くしてしまうのでは"という教師の"ためらい"は、一面的には教育的な配慮がなされたと釈明することができるかもしれない。しかし、教育用語の一つである"教育的配慮"という言葉が問題の語りに関連づけられることによって、問題に直面する教師の立場を守る免責的な安全地帯を確保する責任回避の語りとして機能し、直接問題にかかわる教師の意識と行動を自己保身的に支配してしまうケースが、実際には多いといえるだろう。

　今日の学校現場にあっては少なくとも医療そして危機管理の双方のコンテクストは親和性が高く、事例においても担任や養護教員による"クラスの雰囲気に馴染めないようす"、"情緒の不安定が激しい"という見立てはAの入院歴と合わせて危機管理的なコンテクストを補強する方向で作用していたといえる。いわば

　Aについての語りは、磁石が砂鉄を吸いよせるように、学校や家庭でのAのさまざまな言動のなかで、危機管理的な語りのコンテクストという"磁場"に類縁性のある事柄が（コンテクストを組成する言葉として）場合によっては恣意的にそして過度に選択されることによってコンテクストのさらなる強化が図られ、他のコンテクストによる語りを排他的に抑制している可能性を全て否定することはできないだろう。

　スクール・カウンセラーやスクール・ソーシャル・ワーカーなど他の専門職との協働が強く推奨される今日の学校現場にあっては、とくに心理的または精神的な病をかかえる子どもが"発見"された場合、学校全体と教師個人がその問題をどのように（捉えた上で）語り、そして実際にどのように対応するのかという点で、Aの事例は危機管理のコンテクストによる（子どもの）問題の語りの典型ともいえる。事例のように、社会全体の危機管理意識の高まりを背景にして、とりわけ（臨床）心理学や精神医学の知見・技法が学校現場へ広く迎えられることにより、教師一人ひとりの関心が学校や社会のあり方全般から子ども個人の内面へと移行する傾向が年々強まっているように思われる。つまり、子どもの問題を学校システムや地域社会そして家庭との諸関係あるいは教師と子どもの関係性という複数の観点を解釈の枠組みに収めた複数のコンテクストから多元的に解釈するのではなく、端的にいえば問題の要因を子どもの内面に限定して結論づけてしまうことが慣例化しているといえるのかもしれない。もしそうであるならば、単一化したコンテクストによって（子どもの）問題を語ることに関する課題を挙げるとすれば、問題を介して直面する諸相からくみ取れる教育の意味の矮小化を指摘することができるだろう。相関関係にある（問題の）語りと解釈をもとに考えるならば、「健常/病気」そして「正常/異常」といった二分法的に限局した解釈は、同時に危機管理や医療のコンテクストに限定された語りをもたらし、子ども本人にとって意味のある出来事までも短絡的に"こころ"の問題へと縮約し意味の一元化をもたらすのである。したがって事例のように、問題の発生とかかわりの推移とともに、子どもとの関係性も連動して安全確保とリスク回避に軸足をおいた関係へと変質してしまうといえる。学校現場における問題の捉え方として、その専制的な科学化・客観化・実証化の追求は、問題が内包する（であろう）多様性・曖昧性・一回性という特質、つまり教育のアクチュアリティ（actuality）を感得する好機を教師自ら消失させることになり、その結果として教育の意味を切りつ

め、その空疎化と劣化を招いているといえないだろうか⁵⁾。

おわりに

　21 世紀は知識基盤社会の時代とよばれるなか、学校現場の教師に対する実効性のある授業技術にもとづいた授業づくりを求める声は一層強くなっており、今後も教職の専門化はこの要請に応えるために教師教育領域の重要な課題でありつづけると予想される。また他方では、子どもの生活世界に発生するさまざまな（社会）病理的な事象は、もはや例外的なものではなく誰にでも起こりえる問題とみなされて久しく、教師もまた同時に子どもへ直にかかわる"当事者"でありつづけるといえる。

　「主体的・対話的で深い学び」の実現（「アクティブ・ラーニング」の視点からの授業改善）が主題化される今日、たとえばこの指導法への習熟を目指した授業研究を中心にして教師の専門性を自己限定することは結果的に、多価的で相対的な価値観のなかでゆれ動く子ども（の意味の世界）を、その多元性と多様性において受けいれるという、教師にとって不可避の子ども理解の深化へ向けた不可欠な取りくみを放棄することにつながりかねない。（この事態のもとでは、子どもの成長を支援するという学校教育の全体的な営みは、どれだけ学術的そして教育行政的な修飾が施されて語られていても、結局は教師のきわめて恣意的な抑圧と無責任な放任との間をさまようことになるだろう。）つまり学習指導だけではなく、先に示したように当事者として"生徒指導"の場面においても、教師の専門性がまさに問われているのであり、学校現場で発生する問題群は、教師の専門性と教職の意味の問いなおしを鋭く迫るものであるといえる。したがって子どもの問題とは、単純に解決や解消の対象として限定的にみなされるのではなく、むしろ思考のベクトルを反転させ、教師一人ひとりの教育のあり方に対する思考と実

5）本稿で試論的に示す子ども理解の深化を可能にする方法とは、教育にかかわる技術や知識そして理論の習得ではなく、自身の経験を教材としてテクスト化し解釈作業を進めることによって、教育の意味を（再）発見していく方法のことである。つまり、自己の経験を、教育の意味の所在と連関を開示する素材として言語化し"物語る"ことが、教師自身に"覚醒"をもたらす決定的な手順になると考えられる。この具体的なリフレクションのあり方については、拙論（鈴木 2022）を参照。

際の取りくみ自体が逆に問いかえされる"有"意味な出来事として、つまり教育
の意味の連関の"新たな"分節を可能にするひとつの手がかりとして位置づけら
れることが大切だといえる。教師の役割の限定化や責任範囲の明確化そして校内
外での分業化と代行化が広く実行に移される現在の学校現場においては、自己の
経験のテクスト化とその解釈をとおして教育の意味を（再）発見していく事例研
究の試みは、教師自身の思考の偏りや自明化した前提を自己言及的に問いなおす
契機となり、さらには"教師であること（being a teacher)"の意味の内実を獲得
する重要な要件になっていると考えられるのである[6]。

＊本稿は、鈴木卓治・松田恵示「教職教育における「専門職性」の再構築に関す
　る臨床教育学的考察（6）―事例解釈の再文脈化（re-contextualization）による
　子ども理解の深化の試み―」（『東京学芸大学紀要』第 70 集 2018 年、pp.
　113-121)、その他を改稿したものである。

[引用・参考文献]

・石井美和（2008）「アカデミック・プロフェッション養成における制度と政策―専
　門職論の視点からの一考察」『東北大学大学院教育学研究科研究年報』第 57 巻　第
　1 号、pp. 133-151
・鈴木卓治（1999）「教育実践における『通念』の解体と『気づき』―教育の新しい
　物語りのために」『臨床教育人間学』京都大学大学院教育学研究科臨床教育学講座
　第 1 号、pp. 39-59
・鈴木卓治（2001）「教育問題の『語り』の変換と『意味』の復興―教育現場におけ

---

6) 教師教育の今日的な急所のひとつは、教職の課題を個々の教師の態度や技能の問題に還
　元し対処療法的な意味で専門主義化することを積極的に断念するところから、学校教師
　の"専門性"についての問いなおしをスタートさせることにあると考える。本稿での課
　題意識との関連で教育実践のリフレクションについての海外の研究を一瞥すれば、ホ
　リー（Holly, M. L. H.）とマクラーレン（Mcloughlin, C. S.）そしてスミス（Smyth, J.）の
　論究が参考となる。これらの論考においては、前者では研究者の示す「公的理論（public
　theories)」に対し、実践者である教師が経験をもとに理論化する「私的理論（private
　theories)」をより重視して「理論―実践」関係へ検討をくわえている。そして後者では、
　「生きられた経験（lived experience)」のリフレクションにもとづく実践の理論化（前者
　の論考と関連づければ「私的理論」の獲得）によって教師の成長を図ろうとしていると
　いえる。

る問題事例を基にした『臨床教育学』的考察」『関西教育学会研究紀要』関西教育学会　第 1 号、pp. 30-43
・鈴木卓治（2017）「方法としての臨床教育学に関する覚書（1）―なぜ "語り（Narrative）" に注目するのか：学校現場における経験から」『教育システム研究』奈良女子大学教育システム研究開発センター　研究紀要　第 12 号、pp. 9-14
・鈴木卓治（2018）「方法としての臨床教育学に関する覚書（2）―教師に求められる "新たな" 教育学的思考の基盤形成へ向けて」『教育システム研究』奈良女子大学教育システム研究開発センター　研究紀要　第 13 号、pp. 11-16
・鈴木卓治（2022）「実務家教員の育成に求められる "教育の語り方" へのリフレクション」『教育学術新聞』日本私立大学協会　第 2875 号
・皇 紀夫（2018）『臨床教育学三十年―その歩みといま』ミネルヴァ書房、pp. 78-86（初出「『臨床教育学』とは」和田修二・皇紀夫：編著『臨床教育学』アカデミア出版会、1996 年、pp. 44-54）
・辻野けんま・榊原禎宏（2016）「『教員の専門性』論の特徴と課題―2000 年以降の文献を中心に」『日本教育経営学会紀要』日本教育経営学会　第 58 号、pp. 164-174
・Holly, M. L. H. & Mcloughlin, C. S.（1989）, Professional Dvelopment and Journal Writing, in Holly, M. L. H. & Mcloughlin, C. S., eds., *Perspectives on Teacher Professional Development*, The Falmer Press, pp. 259-283.
・Smyth, J.（1991）, *Teachers as Collaborative Learners* , Open University Press, pp. 83-88.

おわりに

　「語り」が内容や研究として以上に、よりよくを志向する実践そのものとして捉えられ、そして新たな実践へとつながる、研究、実践、社会の三位一体的なプラットフォームのようなものとして作用していくこと。そこでは、言葉の持つ力が、ヘゲモニックな特権性を持たず、さりとて無為な空想にとどまらない、ちょうど遊んだときに事後的に心地よく残る、なんともはっきりとはさせにくい充実感と未来への期待感に結び付けられているような「場」を醸成すること。教育と「語り」に関して、こんなイメージや必要感を持って、すでに長い年月が経ってしまったように感じる。

　そのような漫然とした志向性に、ひとつの形を与えることができたのではないかと思うのが本書である。そして、このようなことが成功したのは、飛び抜けて広くそしてエッジのある「語り」を紡いでくださった各章の著者の先生方と、とりもなおさず、本書をまとめましょうとお誘いくださり、先導して本書に形を与えてくださった共編者の鈴木卓治先生のお力ゆえであった。あらためて、ここで深くそして心より感謝申し上げると共に、この書をとってくださった読者の皆様にも、本書が目指そうとした教育をめぐるそのような「場」を共に感じていただくことができることを願うばかりである。

　高度な技術環境の中で張り巡らされる情報の海に溺れるなかで、格差やいじめ、虐待、不登校の問題、あるいは教員の働き方改革や VUCA の時代の教育のあり方など、教育をめぐっては、国際的な社会環境や自然環境の変化にも伴って、解決を喫緊に求められる課題も本当に多い。このような状況では、どうしても、立ち止まったり、隙間を創って見方を変えてみたり、ゆっくりと休憩してじっくりととりかかってみるなどの、余裕やその意味での遊びの精神が教育から見失われているように見えることが気になってしまう。けれども、「生きている」という実感と掛け値のない面白さの中にそのあり方を捉え直そうとする努力を、やはり放棄したくないとも思う。また、研究というものが、そのような圧倒的な差し迫るリアリティの中でこそ、輝くような「遊び＝学び」であるような知識を提供し続けることのできる営みであってほしい。もちろん、それがどのように現れる

かは人それぞれであるとは思うけれども、本書が、少なくともその一助になれば望外の喜びである。

　最後に、本書を企画してから、実に5年の月日が経ってしまっている。執筆者の先生方には本当にご迷惑をおかけしてしまったことを重ねてお詫び申し上げるとともに、遅々として進まぬ作業を、本当に根気強く支えてくださった書肆クラルテの秋山洋一様、それにいつものことながら丁寧な編集とアドバイスを常に送り続けてくださった河合篤子様には、気持ちを表す言葉がすぐに見つからないほどに厚く御礼申し上げたい。お二人のお力がなければ、本書がまとまることはなかった。本当に、ありがとうございました。

松田恵示

執筆者紹介 （所属および職位は 2024 年 3 月末現在）

第 1 章

稲垣恭子（いながき・きょうこ）

京都大学理事・副学長／教育社会学

『女学校と女学生─教養・たしなみ・モダン文化』中央公論新社（中公新書）、2007 年

『教育文化の社会学』放送大学教育振興会、2017 年

『教職教養講座 第 12 巻 社会と教育』（共編）協同出版、2018 年

第 2 章

牧野 篤（まきの・あつし）

東京大学大学院教育学研究科教授／社会教育学、生涯学習論

『公民館をどう実践してゆくのか─小さな社会をたくさんつくる・2』東京大学出版会、2019 年

『発達する自己の虚構─教育を可能とする概念をとらえ返す』東京大学出版会、2022 年

"Learning as the Key for the 100-Year Life Society: The Experience of Policy and Practice in Japan as a Super-Aged Society", Brian Findsen, Hui-Chuan Wei, Ai-tzu Li, ed., *Taiwan's Senior Learning Movement: Perspectives from outside in and from inside out*, Springer (Lifelong Learning Book Series Volume 28), 2022, pp. 81-93.

第 3 章

西村拓生（にしむら・たくお）

立命館大学文学部教授、奈良女子大学名誉教授／教育哲学、教育思想史

『子どもの表現活動と保育者の役割』（竹井 史と共著）明治図書、1998 年

『教育哲学の現場─物語りの此岸から』東京大学出版会、2013 年

『「美と教育」という謎─プリズムとしてのシラー『美育書簡』』東京大学出版会、2021 年

第4章

鈴木晶子（すずき・しょうこ）

京都大学名誉教授、大阪大学社会技術共創研究センター総合研究部門招へい教授、理化学研究所革新知能統合研究センター客員主管研究員／教育哲学、科学哲学、歴史人類学
『イマヌエル・カントの葬列―教育的眼差しの彼方へ』春秋社、2006年
Takt in modern education, Waxmann, 2010.
『智恵なすわざの再生へ―科学の原罪』ミネルヴァ書房、2013年

第5章

小国喜弘（こくに・よしひろ）

東京大学大学院教育学研究科教授／日本教育史、インクルーシブ教育
『障害児の共生教育運動―養護学校義務化反対をめぐる教育思想』（編著）、東京大学出版会、2019年
『「みんなの学校」をつくるために―特別支援教育を問い直す』（木村泰子との共著）、小学館、2019年
『戦後教育史―貧困・校内暴力・いじめから、不登校・発達障害問題まで』中央公論新社（中公新書）、2023年

第6章

浅井幸子（あさい・さちこ）

東京大学大学院教育学研究科教授／教育学、学校教育、幼児教育
『教師の語りと新教育―「児童の村」の1920年代』東京大学出版会、2008年
『教師の声を聴く―教職のジェンダー研究からフェミニズム教育学へ』（浅井幸子ほか：編著）学文社、2016年
『アトリエからはじまる「探究」―日本におけるレッジョ・インスパイアの乳幼児教育』（共編著）中央法規、2023年

第7章

石井英真（いしい・てるまさ）

京都大学大学院教育学研究科准教授／教育方法学
『再増補版 現代アメリカにおける学力形成論の展開』東信堂、2020年
『授業づくりの深め方―「よい授業」をデザインするための5つのツボ』ミネルヴァ書房、2020年
『中学校・高等学校 授業が変わる学習評価深化論―観点別評価で学力を伸ばす「学びの舞台づくり」』図書文化社、2023年

第 8 章

松田恵示（まつだ・けいじ）

立教大学スポーツウエルネス学部特任教授、東京学芸大学理事・副学長／文化社会学、スポーツ社会学

『交叉する身体と遊び―あいまいさの文化社会学』世界思想社、2001 年

『おもちゃと遊びのリアル―「おもちゃ王国」の現象学』世界思想社、2003 年

『教育支援とチームアプローチ―社会と協働する学校と子ども支援』（共編）書肆クラルテ、2016 年

田嶌大樹（たじま・ひろき）

東京学芸大学講師／スポーツ教育学、スポーツ社会学

「子どもの『放課後』という時間」松田恵示：監修、加瀬　進・入江優子：編著『子どもの貧困とチームアプローチ―"見えない""見えにくい"を乗り越えるために』書肆クラルテ、2020 年

「運動遊びの『つくり出し』『つくり替え』『切り替え』局面にみられる子どもたちの実践―放課後児童クラブにおけるフィールドワークから」『学童保育』第 11 巻、2021 年

「子どもの遊びにかかわる放課後児童支援員の意識に関する基礎的研究―首都圏の放課後児童クラブの事例を中心に」『教育支援協働学研究』Vol. 3、2021 年

第 9・10・11 章

鈴木卓治（すずき・たくじ）

帝塚山大学全学教育開発センター長、教授／臨床教育学、教師教育学、学校教育学

「教育実践における『通念』の解体と『気づき』―教育の新しい"物語り"のために」『臨床教育人間学』京都大学大学院教育学研究科臨床教育学講座　第 1 号、1999 年

「教育問題の『語り』の変遷と『意味』の復興―教育現場における問題事例を基にした『臨床教育学』的考察」『関西教育学会研究紀要』関西教育学会　第 1 号、2001 年

『「家庭団欒」の教育学』（共著）福村出版、2016 年

教育の新たな"物語り"の探究
—— 現代教育学のフロンティア ——

2024 年 4 月 20 日

編　　　者　鈴木卓治・松田恵示

発　行　者　秋山洋一

発　行　所　株式会社書肆クラルテ
　　　　　　〒603-8237 京都市北区紫野上若草町 31-1
　　　　　　電話・FAX 075-495-4839

発　売　元　株式会社朱鷺書房
　　　　　　〒635-0085 奈良県大和高田市片塩町 8-10
　　　　　　電話 0745-49-0510・FAX 0745-49-0511
　　　　　　振替 00980-1-3699
　　　　　　ホームページ　http://www.tokishobo.co.jp

印刷・製本　尼崎印刷株式会社